DEL AUTOR

Errores y omisiones de la obra ''Bibliografía del General San Martín y de la Emancipación Sud Americana''.

Rehabilitación y matrícula (agotado).

Rehabilitación, concordato y matrícula (agotado).

La cláusula de no volver a establecerse - 2 ediciones (agotado).

Sobre concordato preventivo — Maneras de ver sugeridas por la práctica - 2 ediciones (agotado).

Sobre adjudicación de bienes — Observaciones y comentarios al pasar - 2 ediciones (agotado).

Diccionario de Jurisprudencia (3 volúmenes).

Crítica estéril.

Juan B. Estrada — In memoriam (edición privada).

Dr. Juan Carlos Avila — Memoratio (edición privada).

Juan Manuel Balado — Memoratus (edición privada).

Dr. Mario A. Carranza — In memoriam (edición privada).

''Gaceta del Foro'' — Jurisprudencia — Legislación   Doctrina
Desde febrero de 1926 — En curso de publicación - agotados los 35 primeros tomos (77 volúmenes).

PROXIMOS A APARECER

Diccionario de Jurisprudencia — Tomos 4 y 5

Crítica vana — Un tomo.

ERRORES Y OMISIONES

DEL

DICCIONARIO

DE

ANONIMOS Y SEUDONIMOS

HISPANOAMERICANOS

DE

JOSE TORIBIO MEDINA

OTHER TITLES ON ARTS, CRAFTS, FOLKLORE, NATIVE LIFE

Bibliography of Latin American Folklore: Tales, Myths, Festivals, Customs, Arts, Music, Magic. By Ralph Steele Boggs. Blaine Ethridge reprint of: New York--H. W. Wilson Company, 1940, 109 pp., author index.

Life in Brazil; or, A Journal of a Visit to the Land of the Cocoa and the Palm. By Thomas Ewbank. Blaine Ethridge reprint of: New York--Harper & Bros., 1856, 469 pp., over 100 picturesque engravings. Handsomely printed, bound.

The Death Thorn: Magic, Superstitions, and Beliefs of Urban Indians and Negroes in Panama and Peru. By Alma M. Karlin. Blaine Ethridge reprint of: London--Allen & Unwin, 1934, 346 pp., portrait, glossary.

Estancia Life: Agricultural, Economic, and Cultural Aspects of Argentine Farming. By Walter Larden. Blaine Ethridge reprint of: London--T. Fisher Unwin, 1911, 320 pp. + 48 plates of estancia, field, and camp-town scenes.

History of Ancient Mexico: Anthropological, Mythological, and Social. By Bernardino de Sahagun. Translated by Fanny R. Bandelier from the Spanish version of Carlos Maria de Bustamante. Foreword by Clark Wissler. Blaine Ethridge reprint of: Nashville--Fisk University Press, 1932, 315 pp., frontispiece portrait, bio-bibliography.

Arcane Secrets and Occult Lore of Mexico and Mayan Central America: A Treasury of Magic, Astrology, Witchcraft, Demonology, and Symbolism. (Originally, *Magic and Mysteries of Mexico: Arcane Secrets...*) By Lewis Spence. Blaine Ethridge reprint of: London--Rider & Co., 1930, 288 pp. + 16 plates.

Three Dollars a Year; being the Story of San Pablo Cuatro Venados, a Typical Zapotecan Indian Village. By G. Russell Steininger and Paul Van de Velde. Blaine Ethridge reprint of a book published privately in New York, 1935; 121 pp., 16 plates.

Mexican Popular Arts: A Fond Glance at the Craftsmen and Their Handiwork in Ceramics, Textiles, Metals, Glass, Paint, Fibres, and Other Materials. By Frances Toor. Blaine Ethridge reprint of: Mexico City--Frances Toor Studios, 1939, 144 pp., 88 illustrations, including 16 new in this edition.

Artists and Craftsmen in Ancient Central America. By George C. Vaillant. Blaine Ethridge reprint of: New York, American Museum of Natural History, 1935, 102 pp., bibliography; 161 plates and text illustrations.

WRITE FOR ANNOTATED BROCHURE

BLAINE ETHRIDGE--BOOKS
13977 Penrod Street, Detroit, Michigan 48223

RICARDO VICTORICA

ERRORES Y OMISIONES

DEL

DICCIONARIO

DE

ANONIMOS Y SEUDONIMOS

HISPANOAMERICANOS

DE

JOSÉ TORIBIO MEDINA

*Correction implique direction
vers le bien...*
DESCURET.

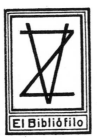

El Bibliófilo

VIAU & ZONA
Editores
FLORIDA 641 - BUENOS AIRES - 1928

Republished by Blaine Ethridge--Books, Detroit, 1973

Library of Congress Catalog Card Number 73-78356
International Standard Book Number 0-87917-027-1

SERIE ANÓNIMOS Y SEUDÓNIMOS HISPANOAMERICANOS

José Toribio Medina
Diccionario de anónimos y seudónimos hispanoamericanos

Ricardo Victorica
*Errores y omisiones del Diccionario de anónimos y seudónimos
hispanoamericanos de José Toribio Medina
Nueva epanortosis al Diccionario de anónimos y seudónimos
de J. T. Medina*

Blaine Ethridge--Books, 13977 Penrod St., Detroit, Michigan 48223

Al véspero de mi vida,
mi querida nietita Carmen Fanny.

INTRODUCCION

---

*Como la luz, la verdad no marcha
sino en línea recta.*

CARLOS CALEB COLTON.

*Malgrado todo el respeto que nos merece la lucubración ajena,
bien netamente diseñado en la modesta y desconocida obra seudocrítica,
que como inocente pasatiempo, y no como ejercicio presuntuoso de sagrado ministerio, venimos realizando de tiempo atrás, como si conver-
sáramos con nosotros mismos respecto del libro leído, sin preocuparnos
ni poco ni mucho de ser escuchados, pues la predicación en el desierto
no nos arredra, ni lastima nuestro amor propio, atrayéndonos por el con-
trario, sin saber por qué, o porque sí, cambiamos hoy, transitoriamente
nada más, de melopea, obligados por la fuerza de las cosas, que obra con
prepotencia irresistible, en circunstancias múltiples, variando directrices
unas veces, reafirmándolas otras.*

*Guardando la respetable distancia que nos separa del poeta dis-
cutido y genial, que se llamó Baudelaire, repetimos hoy con él, explican-
do, dentro de lo posible, el concepto de la predicación en el desierto y
sus encantos: "Multitud, soledad; términos iguales y convertibles para
el poeta activo y fecundo. Quien no sabe poblar su soledad, no sabe tam-
poco estar solo entre una multitud atareada y afanosa."*

*El libro que hoy entregamos al gran público indiferente, sin ma-
yores entusiasmos y solo entendiendo cumplir ineludible deber de recta
y justiciera conciencia, que debe ser antepuesto a todas las otras razones,
sale de la tesitura habitual de respetuosa benevolencia para las obras
de los otros, sin la cual no es posible ninguna verdadera civilización,
respeto que caracteriza nuestra modesta labor crítica, no precisamente por
lo que hemos de decir en estas breves líneas explicativas, de lo que,
en rigor de verdad, explicación no necesita, sino por la inevitable fuerza
demostradora sin matices atenuadores, del material acumulado con orden*

pero escuetamente, que sin recargo de tintas, dice, con la elocuencia exclusiva, convincente, de los hechos innegables, mucho más que sólidos argumentos y empíricas demostraciones, todo, va sin decirlo, sin la menor intención de fazferir.

Y esto sin aceptar en absoluto lo que sostiene Menéndez y Pelayo: "la elocuencia es un dolo artificioso que, por medio de una exhibición sensitiva, trata de deslizarse cautelosamente en la inteligencia".

Sobriedad que no será un obstáculo a que se imponga, a quien quiera ver, con la desesperante e indiscutida evidencia, de lo que contemplamos y palpamos, como en relieve, dueños en absoluto de nosotros mismos, libres de toda ilusión o sugerencia de escuela y de todo preconcepto dominante anterior, que nos torture o extravíe en el recto juzgar de la obra de arte o de la científica y literaria, violando el sabio precepto de Pitágoras: "no ultrapasar jamás el fiel de la balanza".

Ese material cuidadosamente acumulado y clasificado, demostrará seca, árida, escolásticamente, mejor y con más elocuencia persuasiva, que toda disquisición o glosa, la falta de sentido exacto del valor de las palabras, que denota el haber llamado pomposamente: "Diccionario de anónimos y seudónimos hispano-americanos", a lo que con propiedad apenas pudo llamársele: "Pequeña contribución al estudio de los anónimos y seudónimos hispano-americanos".

Lejos, lejísimo sin duda nos encontramos, de la observancia de la teoría de Flaubert respecto a la identidad de la justa y exacta aplicación hasta hacerse musical del vocablo que debe usarse, y que Villiers de l'Isle Adam, en quien la luz fué el alma del estilo, que resplandece encantadora y atrayente en toda su mirífica obra, observaba con escrúpulo encomiable, dando sin modestia la fórmula por medio de la cual obtenía el prodigioso efecto: "mis palabras, decía, son pesadas en balanza de tela de araña".

Inobservancias de sabias reglas, desconocimiento de la relatividad de la propia obra, han llevado al autor de ella, al título desproporcionado, aun si se agregara a lo que el reputado bibliófilo chileno José Toribio Medina publicó, lo que nosotros, sin pretensiones, entregamos hoy al juicio público, más que por propia satisfacción de la parva obra realizada, que la sabemos imperfecta y deficiente, para demostrar lo incompleto y mal confeccionado de aquel libro, del que éste será un indispensable y útil suplemento, innecesario de haber sido el primero un modelo en su género como debió serlo, dado quien era el autor y quien lo editaba, no con propósito ni remoto de lucro, sino creyendo hacer eficiente obra cultural científica y de avanzado perquirir.

De que el libro de Medina era deficientísimo, más aún, malo podría decirse, tanto es lo omitido en él, nos percatamos de inmediato a su aparición, como lo prueba la crítica, que sin exagerar la nota, en su momento publicamos(1), *y cuyas documentadas revelaciones a muchos sorprendieron aunque de esos no pocos disimularon exteriorizar su extrañeza, contribuyendo a que el error de juicio perdurara y se extendiera, desde que no se trata de error puro y evidente y sí del mucho más peligroso: el encubierto y mixto.*

Hoy queremos, ante todo, completar datos en sorprendente proporción, que no sugieren y sí prueban, con obra constructiva, lo que debió hacerse primitivamente si se hubiera tratado de algo serio; y breve, demostrar que: no se ha conseguido hacer pasar gato por liebre, en este nuestro país, a despecho de los dos pabellones importantes, que cubren la mercancía, pero que no han podido ocultar la improlijidad exagerada que caracteriza el libro.

Sin que petulancia pueda imputársenos, hemos dicho cierto y exacto, que: constructiva es nuestra crítica de hoy, puesto que ofrecemos tantas o más obras anónimas y seudónimas descubiertas, que las ofrecidas por Medina, con el agregado digno de notarse, que de aquellas, es decir, de las que nosotros damos, muchas no figuran hasta la fecha en ninguna de las bibliografías conocidas, lo que puede dar la medida de la labor realizada, de personalísima investigación.

Estamos, pues, por el momento, y en el caso particular, comprendidos en la menor parte de los críticos a que el abate Du Reshel se refería al decir: "la mayor parte de los críticos son en medio de los literatos, lo que los zapadores entre los militares, su único talento es destruir".

La razón no quiere fuerza, pero suele exigir demostración, es el caso de exclamar con Corneille:

La preuve est convaincante et l'exemple suffit.

Así nosotros, con el material recopilado por orden alfabético de título de la obra, nombre del autor descubierto y del seudónimo usado, que hará corta la búsqueda sin recurrir a índices, innecesarios en un diccionario, índice magno en definitiva, desterraremos la duda, vestíbulo de la fe, que el título exacto y no agresivo de nuestro libro pueda suscitar en los pusilánimes, como en los espíritus sin crítica, que sienten y exteriorizan místico respeto por el renombre consagrado, sin causa alguna valedera, que el propio intelecto justifique razonadamente, y sí sólo admitiéndolo como artículo de fe, que se proclama sin examen previo, en esta época procelosa en la que precisamente es del libre examen de lo que se abusa, para justificar la sistemática y en auge irrespetuosidad reinante.

Artículo de fe, que en el caso particular, no resiste el más ligero embate, o sea, el más rápido hojear de nuestra modesta e incompleta

---

(1) "Gaceta del Foro", página 45, tomo 63, julio de 1926.
"Crítica estéril" — Buenos Aires, 1927 — Viau y Zona, editores.

recopilación de anónimos y seudónimos descubiertos, que José Toribio Medina no conoció, descuidó u olvidó, y que lógicamente debió así omitir o describir con errores evidentes, en su libro de pretencioso cuanto inadecuado título, y lo que no poner de manifiesto, importaría creerlo completo o aceptarlo como tal, es decir, sentar plaza de supinos ignorantes en bibliografía americana, aquende los Andes, donde el libro se editó sin criterio explicable, como traviesa y, a la verdad, desconsoladora ironía.

No debe, pues, en este libro nuestro, de rectificaciones y de ampliación, ver dilogía alguna, ni dársele otro alcance que el resultante de lo que con toda sinceridad acabamos de decir, contrariando un tanto nuestros hábitos bonachones. Mucho menos, claro es, debe pretenderse ver en él, la realización, quimérica por otra parte, de un trabajo perfecto y menos aún completo, pues él requeriría muchos años de labor, y asimismo, mucho quedaría todavía por hacer después de realizado.

Hemos querido solo, con espíritu justiciero, en la medida de nuestras escasas fuerzas, dar una voz de alerta, para evitar se duerman sobre tan marchitos laureles quienes a ello no tienen derecho. Así también hemos querido precaver del error en que puede inducir un mal libro, consagrado al parecer, por el silencio o el superficial suelto de diarios, anunciando la aparición, que suele ser por lo general el alcance de la crítica corriente, que a lo más glosa el prólogo, cuando no lo copia fragmentariamente.

Por otra parte, podríamos todavía, en tren de justificación y poniendo a prueba la paciencia del lector, repetir con el poeta francés aquél que se definía: "perezoso por naturaleza y amigo del placer", el hermano de la célebre y eximia retratista Madame Vigée Le Brun, de quien se ha podido con verdad decir: "reproducía agradablemente modelos agradables". Hemos nombrado a Luis Juan Vigée, que, perito en la materia, decía:

...Quand la critique veille
Les sots n'ont pas beau jeu.

Y más que todo ello, nos mueve a salir a la palestra, la esperanza de tal vez provocar que otro argentino, con mejores títulos y mayor versación y elementos más abundantes disponibles, amplíe estos tan necesarios datos para el mejor conocimiento de la historia americana en sus detalles de luenga data esperados y de día en día más indispensables; sin atrevernos a repetir, sino como mero dato informativo, lo que decían los editores de la nueva colección publicada por la Columbia University: "Studies in the story of ideas": "Los editores de la presente colección propónense estimular la rebusca y el ejercicio de la imaginación histórica".

Es, pues, nuestra obrita, entiéndase bien, una simple y mínima contribución a un trabajo ciclópeo, que está recién en su comienzo, del que puede decirse sin exageración ni pesimismo, queda aun todo por hacer.

Por lo que ha sido petulancia o error craso, dar el título de

"*Diccionario*" *a una incipiente recopilación de notas tomadas al pasar de las lecturas, o copiadas a última hora y a la disparada, de lo ya existente, con premura de debutante, inexplicable en el ducho y viejo publicista, que es su autor, si no lo consideramos como hombre práctico, cuando se resolvió la publicación de ellas, con tan ampulosa denominación, como si ésta hubiera de cubrir la franciscana pobreza del texto, y con ello asegurar el éxito material.*

El espíritu práctico, no exige sino el juego de facultades inferiores, anestesiando parecería, las superiores del cerebro, y genera así los hombres mediocres, que llegan... llegan y se suceden en la meta, aumentando el número y bajando el nivel.

Número que acepta embelesado el deslumbrante y promisor nombre, que, como hemos dicho, y repetirlo conviene, aun a riesgo de sentar plaza de pesados, no le cuadra, porque le queda enorme, como grande le quedaría aun mismo adicionándole a aquel deficiente trabajo, todo lo recopilado por nosotros, también en el curso de nuestras variadas, diarias y a las veces proficientes lecturas, realizadas no siempre con orden aunque sí con método, lo que nos ha proporcionado el placer de ofrecer hoy por primera vez descubiertos, muchos autores que habían permanecido hasta ahora en el misterio.

Pero con todo lo expuesto, enunciado sin orgullo ni vanidad, damos por descontado de antemano, como es lógico y aun necesario, que otro entendido nos saldrá a la cruzada, más irrespetuosamente todavía, puesto que no nos ampara la fama consagrada y proclamada "urbi et orbi", de erudito bibliófilo, que no es nuestro propósito ni negar, ni discutir; aun cuando sí vale la pena de recordar a Brunetiére: "el consenso universal suele no ser otra cosa que el error común".

Apenas podríamos escudarnos bajo o tras el muy modesto título de simples juntadores de libros, débil y vulnerable loriga, pese a lo petulante del lema inscripto en la oriflama, que nos impele a obrar: "sólo no se equivoca el que nada hace".

No nos extrañaría ni afectaría que tal aconteciera; lo esperamos tranquilos y confiados, ya que nosotros mismos, poseemos más de seiscientos títulos de obras anónimas y seudónimas americanas, o europeas que de América se ocupan, cuyos autores nos ha faltado tiempo para descubrir hasta este momento, pero cuyo esclarecimiento proseguimos, pues entendemos que la tarea seria recién empieza y conveniente fuera ponerla al día, para lo que también tenemos muchos elementos reunidos, que no caben aquí por ser posteriores o contemporáneos al libro de Medina, por lo que éste no pudo en él incluirlos.

Por otra parte, la confianza que este trabajo esbozado, pueda inspirar en algunos de los que con él apechuguen, que no serán muchos, va con todo, a importar para nosotros deuda que estamos en la obligación, grata por otra parte, de saldar o por lo menos de amortizar, con una obra mucho más completa, que no tendrá por objeto señalar lunares de otra, sino que en ella se volcará todo el material conocido por nosotros directamente o por interpósita persona capacitada. En ella señalaremos datos omitidos en ésta, que consideramos simple aporte informativo provisional, como ser medidas en centímetros, número de páginas, reseña biográfica del autor y, para mayor comodidad, cuando se trate de ejemplares rarísimos, lugar donde puede hallarse el libro. Obra necesaria que veríamos con gusto fuese ejecutada por alguien más experto en bibliografía.

Por más que sepamos por propia experiencia, que: "no todo lo que se persigue se adelanta", como dice Baltasar Gracián, el auténtico filósofo español, a quien dos autores italianos: F. Palazzi y S. Spaventa Filipi han nacionalizado alemán al traducir de ese idioma algunos de sus pensamientos. No debe extrañarse que recalquemos se cita al auténtico Gracián, lo hacemos para que no vaya a pensarse hemos querido referirnos al "Baltasar Gracián", que un conocido escritor argentino ha adoptado como seudónimo (ya descubierto por nosotros), en una interesante obra recientemente publicada bajo el apropiado título de "Caracteres del ambiente".

El no haber querido demorar más tiempo la publicación de este trabajo, por razones obvias de oportunidad, malgrado aquilatar todos los inconvenientes de la precipitación, nos ha inducido a prescindir de catalogar las obras anónimas y seudónimas no descubiertas, ya que si bien creemos, que haríamos labor útil, al entregarlas aquí a la publicidad, contando así con la eficaz y voluntaria colaboración del lector de esta clase de estudios, que algún dato interesante podría aportar, no lo hemos hecho, temiendo ver tal proceder atribuido a mala fe o a improbidad, al aumentar así el número de las muchas omisiones en que ha incurrido Medina, por ignorancia o por incuria dando posible calce a que se argumentase o pudiera suponerse cavilosamente, que él no las dió a la luz por no tenerlas descubiertas, no por desconocerlas. Que al fin y al cabo, de todo puede haber en la viña del Señor.

Esta confidencia, de lo que nos queda entre pecho y espalda, envuelve la intranquilizadora amenaza, de una posible nueva publicación si realizamos otros descubrimientos, como lo esperamos, tal vez con exagerado optimismo, pero a lo que nos autoriza el cómo con paciencia y curiosidad creciente aunque sin precipitación, continuamos la búsqueda, sin dejar de lado todas nuestras otras atenciones de órdenes diversos, que nos solicitan, por más que hayamos penetrado en esa edad, en que se vive casi exclusivamente con sus viejas penas, y en la que los placeres, salvo el de la lectura, carecen de sabor y de matices atrayentes.

Feliz, pero muy feliz, podría considerarse, quien como James Dyer, pudiera exclamar: "mi espíritu es para mí un verdadero imperio, tales son los goces que a cada instante me proporciona".

Que aquel peligro, de tal posible nuevo libraco con que amagamos, no mueva al problemático lector. a preventivamente formular promesas a la divinidad, para que no alcancemos, en este gris atardecer de la existencia, a develar esos misterios que el erebo intelectual americano de la conquista, la colonia, la independencia con su cruenta guerra y las revoluciones subsiguientes, guarda con fidelidad de leyenda y aun en fantástico número, que pareciera acrecer sin cesar, resistiendo a ésta como a las similares lucencias aportadas, más o menos orgánicamente, por los que de estos interesantes estudios se han ocupado.

Porque, si no es en esta forma, y con tan plausible y útil motivo, pues el encanto que más conmueve el alma, es el misterio, será con otro más fútil e insustancial pretexto, con el que continuaremos deslizándonos por el resbaladizo plano inclinado del publicar... y publicar a tontas y a locas, como en la gran mayoría de los casos se hace, adquiriendo contornos de epidemia, contra la cual no hay profilaxia ni cordón sanitario eficiente.

Sí, publícase lo que no ha de leerse sino por la familia, legión de la que formamos parte, y que de leerse en más extenso círculo, no ejerce influencia alguna, pues las cosas continuarán, no obstante, lo mismo, sin modificar en lo más mínimo el curso de los acontecimientos que mueven y conmueven a la humanidad, en su acelerada marcha al cada vez más achicado ideal, concretado en "Don Dinero", el célebre personaje de Quevedo, mucho más satirizable hoy todavía, que en los tiempos aquellos, de ese grande ingenio.

Refiriéndonos a las obras del espíritu, podríamos repetir con Séneca: "cuánto abundan las que no merecen ver la luz del día".

Por lo que el reino de la tiniebla y no el de la luz, sería lo que mejor sentara a esas dulces fatigas del amor al renombre, a la supervivencia, a la gloria, tal vez, cuando no solo son ondulaciones espasmódicas del ensueño irritado, en el incesante buscar de lo cierto, obedeciendo a sobresaltos de conciencia, iluminada intermitentemente por ese faro que llamamos carácter, desarrollo metódico de la voluntad, que debe guiarnos al través del inmenso e inexplorado océano de la verdad, sujeto también a la ley del flujo y reflujo y no a las del azar.

RICARDO VICTORICA.

A

A. A. (*Seud. de Amancio Alcorta*), véase: De la utilidad

A. B. M. *(Seud. de F. Scannavecchio)*, v.: Los estudiantes

A. E. L. *(Seud. de Andrés E. Level)*, v.: Informe sobre el Estado

A. G. *(Seud. de A. Gebhart)*, v.: Recueil des traités de paix

A. G. de C., v.: Carta del defensor de tontos...

A. J. B. (*Seud. de Auguste Jean Baptiste Bouvet de Cressé*), v.: Précis de l'histoire générale

A. J. C. *(Seud. de Angel Justiniano Carranza)*, v.: Conmemoración de 18 de junio; La epopeya americana.

A. M. D. G. *(Iniciales bajo las cuales se imprimió el* "Sommaire de la geographie", de Loriquet), v.: Sommaire

A. U. G. *(Seud. de Antonio Urízar Garfias)*, v.: Inauguración

A. Z. S. *(Seud. de Alfredo Zimmermann Saavedra)*, v.: El doctor José Figueroa Alcorta.

A. BEL (*Seud. de Augusto Belín Sarmiento*), v.: El gobierno... ; Reseña biográfica de Domingo

A CAÇA no Brasil, ou Manual do caçador em toda a America tropical, acompanhado de um glossario dos termos usuaes de caça por um brasileiro devoto de S. Huberto. Río de Janeiro 1860, in 8º.

Seud. de FRANCISCO ADOLFO DE VARNHAGEN.

A CITIZEN OF CONNECTICUT (*Seud. de Henry Trumbull*), v.: History of the discovery

A CITIZEN OF THE UNITED STATES (*Seud. de Silas Wood*), v.: Thoughts...

A COLLECTION of voyages and travels some now first printed from original manuscripts, others now first printed in English... London, 1732, 6 vols. in folio.

Recopilación, como se sabe, de CHURCHILL.

A CHRONOLOGICAL abridgement, or history of discoveries made by europeans in different parts of the world. London, 1756, 3 vols. in 8º.

Autor: JOHN BARROW.

A DEFENCE of the Scots Settlement at Darien. With an answer to the spanish memorial against it. And arguments to prove that it is the interest of England to join with the Scots, and prevent it. To which is added: A Description of the country, and a particular account of the Scots Colony. Edimburgh, 1699. [La dedicatoria está firmada por Philo-Caledon].

Seud. de GEORGE RIDPATH.

A DESCRIPTION of East-Florida, whit a journal, kept by John Bartram of Philadelphia, botanist to this Magesty for the Floridas; upon a Journey from St. Augustine up the River St. John's as far as the Lakes. With Explanatory botanical notes. London, 1769.

Sus autores: WILLIAM STORK y JOHN BARTRAM.

A ENGLISHMAN *(Seud. de Thomas George Love)*, v.: A five years residence

A FIVE YEARS residence in Buenos Aires, during the years 1820 to 1825. Containing remarks on the country and inhabitants: and a visit to Colonia del Sacramento. By a Englishman. With an appendix, containing rules and policy of the port of Buenos Aires... etc., etc. London, 1825.

Seud. de THOMAS GEORGE LOVE.

A FLOR DE ALMA. Por Américo Llanos. Pórtico de Rubén Darío. San Sebastián, 1907, in 8°.   ,

Seud. de ARMANDO VASSEUR.

A FRIEND IN THE COUNTRY *(Seud de George Lyttelton)*, v.: Considerations upon the present state...

A HISTORY of the American Revolution, comprehending all the principal events, both in the field and in the Cabinet. By Paul Allen, esq. Baltimore, 1822, 2 vols. in 8°.

A pesar de figurar PAUL ALLEN como autor, la obra fué escrita por JOHN NEAL y TOBIAS WATKINS.

A HISTORY of the lives and exploits of the most remarkable pirates, highwaymen, murderers, street robbers, etc. Birmingham, 1742, in 4°.

Compendio de la obra del mimo título del capitán CHARLES JOHNSON.

A JOURNAL of the expedition to Carthagena, with notes. In answer to a late pamphlet; entitled, An Account of the expedition to Carthagena. London, 1744.

Autor: el General WENTWORTH.

A JUST and modest vindication of the Scots design for the having established a Colony at Darien. [Edimburgh] 1699.

Atribuída a Mr. FLETCHER, de Salton (véase también

A DEFENCE OF THE SCOTS SETTLEMENTS).

¡A LA BRECHA! Por Franklin Harrow. Mendoza, 1906, in 8°.

Seud. de JULIO LEONIDAS AGUIRRE.

A LA NACION. — Bogotá, 1861.

Autor: ANTONIO M. PRADILLA.

A LADY (*Seud. de Miss Hassall*), v.: Secret history

A LOS AMIGOS del doctor Martín Gabriel Güemes. Recuerdo de su viaje a la Capital de la República. Salta, 1887, in 8°.

Autor: el Dr. DIEZ GOMEZ.

A LOS CUBANOS — [Philadelphia, 1825?], in 8°.

Por JUAN GUALBERTO DE ORTEGA—

A LOS ESCRITORES del país. Jamás se había presentado a los sabios de Chile oportunidad para hacer brillar la sublimidad de sus talentos, como la que ofrecen las actuales circunstancias... 1814.

Suscrito por ALEJANDRO SALAS Y GLUMEN, seud. de MANUEL JOSE GANDARILLAS.

A LOS ESTRATOCRATAS — Valparaíso, 1825, in 8°.

Autor: CARLOS RODRIGUEZ.

A LOS HABITANTES de la Isla de Cuba — París, 1844, in 8°.

Autor: A. JOLLIVET.

A LOS HABITANTES de la provincia de Entre Ríos en general y a mis amigos en particular — Uruguay, 1870.

Autor: FIDEL SAGASTUME.

A MIS comitentes de la provincia, heróica ciudad de Santa Rosa de Cangallo. Ayacucho, 1858.

Autor: TADEO DUARTE.

A MIS COMPATRIOTAS — [Tacna], 1840.

Firmado por JOSE BALLIVIAN.

A MIS COMPATRIOTAS — Tacna [1864].

Autor: GUILLERMO E. BILLINGHURST, que firma el prólogo.

A NEW AND EXACT account of Jamaica, wherein the ancient and present state of that colony. Edimburgh, 1739, in 8°.

Autor: CHARLES LESLIE.

A NEW COLLECTION of voyages, discoveries and travels: containing whatever is worthy of notice. London, 1767, 7 vols. in 8°.

Autor: JOHN KNOX.

A NOMBRE del Pueblo de Arequipa, dedica esta composición J. M. C. Al Benemérito Sr. Jeneral de Brigada Prefecto actual de este Departamento D. Francisco de Paula Otero. [Arequipa, 1824].

Seud. de JOSE MARIA CORBACHO.

A PHYSICIAN (Seud. del Dr. Wurderman), v.: Notes on Cuba

¿A QUIEN RECHAZAN O TEMEN? á Montt. ¿A quién sostienen y desean? á Montt. Motín de San Felipe y estado de sitio. Motín de Santiago. Abril de 1851. Candidato a la Presidencia de Chile para 1851 don Manuel Montt, antiguo Ministro de Estado y Presidente de la Suprema Corte de Justicia. Santiago, 1851.

Incluimos aquí este folleto de Domingo Faustino Sarmiento porque en sus obras completas, en el índice de las mismas hecho por RICARDO ROJAS (en el que aparece la página equivocada), y en ZINNY, figura como impreso en 1851 y no 1850 como señala Medina, en el que el título aparece también incompleto.

A REPUBLICA DOS JESUITAS. (?)

El autor de esta obra, de la que hay una traducción francesa, es SEBASTIAO JOSE DE CARVALHO e MELLO MARQUES DE POMBAL.

Según un manuscrito de la Biblioteca Nacional ''el embajador Almada gastó en Roma seis millones de pesos para desparramar sus libros por medio del librero Pagliarino, reo convencido: se le condenó a destierro y aún a muerte, en Roma. Carballo lo hizo Caballero. Tiene relación esta obra con la llamada ''Nicolás I Roy du Paraguay'', sobre la que recientemente se publicó en ''La Prensa'' una nota bibliográfica como probable primer libro impreso en Buenos Aires. Ya probamos, al ocuparnos de los ''Incunables bonaerenses'' en ''Crítica estéril'', que la primer imprenta en Buenos Aires empezó a trabajar en 1780. Este libro dice: Buenos Aires, 1756.

A REVIEW of Captain Basil Hall's travels in North America, in the
years 1827 and 1828. By an American. [London, 1830], in 8º.

Seud. de RICHARD BIDDLE.

A RUSSIAN (*Seud. de Pierre Polétika*), v.: A Sketch of the internal
condition...

A SHORT VIEW of the state of affairs, with relation to Great Britain,
for four years past; with some remarks on the treaty lately
published and a pamphlet intitled, observations upon it. London, 1730.

Autor: WILLIAM PULTENEY, Conde de Bath.

A SKETCH of the internal condition of the United States of America, and of their Political Relations with Europe. By a
Russian. Translated from the French, by an American, with
notes. Baltimore, 1826, in 8º.

Seud. de PIERRE POLETIKA, Embajador Extraordinario
y Ministro Plenipotenciario de Rusia en Estados Unidos.

A SOUTHERNER (*Seud. de William Gilmore Simms*), v.: Osceola

A SOUTHORN (*Seud. de William Gilmore Simms*), v.: Michael Bonham

A SUMMARIE and true discourse of Sir Francis Drake West Indian
Voyage..., London, 1589.

Autor: THOMAS CATES.

A SUMMARY account of the present flourishing state of the res-
pectable colony of Tobago in the British West Indies. Illustrated with a map and a plan. London, 1774, in 8..

Autor: JOHN FOWLER.

A VOYAGE to Peru. Performed by the ship Conde of St. Malo, in
the years 1745, 1746, 1747, 1748, 1749. Writted by the Cha-
plain. To wich is added and Appendix, containing the present

state of the spanish affairs in America in respects to mines, trade and discoveries. London, 1752.

> Es la traducción de la obra de COURTE DE LA BLANCHAR-DIERE, que a su vez no hizo más que traducir en su mayor parte la de ALONSO CARRILLO LASO DE LA VEGA: "De las antiguas de España... etc.".
> Sabin, por su lado, dá la obra como original de COURTE DE LA BLANCHARDIERE. La edición francesa (París, 1751), no tiene por qué figurar aquí, pues autor y traductor aparecen en ella, aunque, es cierto, aquél como CARILLO.

A VOYAGE to the eastern part of Terra Firma, or the Spanish Main in South America, During the years 1801, 1802, 1803 and 1804, etc. By F. Depons, late agent of the French Governor at Caracas. Translated by An American Gentleman. New York, 1806 [otra ed. Londres, 1807], 3 vols. in 8º.

> Aunque el seudónimo fué usado en la traducción del libro de MOLINA, por RICARDO ALSOP, esta obra fué traducida en su mayor parte por WASHINGTON IRVING.

ABAD QUEIPO (Manuel), v.: Carta Pastoral

ABADIE (Federico N.), v.: Nociones de Geometría

ABBACO per la prima classe elementale. Biblioteca delle Scuole Italiane. Buenos Aires, 1882, in 8º.

> Autor: CARLOS F. SCOTTI.

ABBAD (Iñigo), v.: Historia Geográfica

ABEL KARL (Seud. de Daniel Mantilla), v.: Artículos Escogidos

ABRÉGÉ chronologique de l'Histoire d'Espagne et de Portugal. Paris, 1759-1765. 2 vols. in 8º. Otra ed. Amsterdam, 1765, 2 vols., in 8º.

> Autores: Ch. JEAN FRANÇOIS HENAULT, llamado el Presidente Hénault, JACQUES LACOMBE y PHILIPPE MACQUER.

ABRÉGÉ de géographie commerciale et historique, par L. C. et F. P. B. 14e. édition, Paris, 1840. in 12.

> Las iniciales corresponden a LOUIS CONSTANTIN et frére PHILIPPE BRANSIET.

ABRÉGÉ de géographie physique et politique, terminé en novembre 1808. Paris, 1808, in 12º. [Otra ed. de Paris, 1809].

El autor: L. S. AUGER.

ABRÉGÉ de géographie, pour servir de préparation aux ''Leçons élémentaires de géographie''. Bouillon, 1792, in 8º.

Autor: NICOLAS B. HALMA.

ABRÉGÉ de géographie précédé de Notions élémentaires de géographie et chronologie. Par un ancien professeur de l'Université. Lyon. 1824.

Seud. de l'Abbé J. D. ROUSSEAU.

ABRÉGÉ de géographie suivi d'un Dictionnaire géographique. Rouen, 1716, in 8º.

Autor: P. Ph. BUNON, S. J.

ABRÉGÉ de la nouvelle géographie universelle... de William Guthrie, 4e. ed. soigneusement revue et corrigée. Paris, 1805, in 8º.

Autor: HYACINTHE LANGLOIS.

ABRÉGÉ élementaire de géographie ancienne et Moderne. Paris, 1804, in 8º.

Autor: el barón de STASSART.

ABRÉGÉ portatif de l'histoire universelle, sacrée et profane. Paris, 1778. 3 vols. in 12º.

Autor: P. DES CHAVANETTES.

ABRÉGÉ raisonné de l'histoire universelle, sacrée et profane, a l'usage des pensionnaires du Collège des nobles de Varsovie, de la Compagnie de Jésus. Varsovie, 1766-71. 2 vols.

El autor es CHARLES WYRWIEZ.

ABREU (Luis A. d'), v.: El doctor D. Bernardo de Irigoyen

ABUL-BAGI (Seud. de Antonio Babuglia), v.: Armonías y rebencazos

ACCARIAS DE SERIONNE (Joseph) v.: Le commerce de la Holande; Les intérêts des nations.

ACCOUNT of the first Settlement, Laws, etc., of the Cessares, a people of South America, in nine letters. in 8º.

Autor el Dr. COLLET, de Newbury.

ACKERMANN (Paul), v.: Dictionnaire biographique

ACOSTA (Nicolás), v.: Poder discrecional

ACTO DE CONTRICCION expresado a verso y reimpreso a solicitud de un devoto. Buenos Aires, 1885, in 16º.

Autor: PANTALEON GARCIA.

ACTUALIDAD política. Consideraciones por un hombre del Pueblo. Buenos Aires, 1880. in 8º.

Seud. de SANTIAGO ELEJALDE.

ACUSACION a dos vocales de la Suprema Cámara de Justicia y juez de letras de la 1ª sección civil por abusos e infracción de leyes. Salta, 1880. in 8º.

Autor: NICOLAS CARENZO.

ACUSACION criminal promovida por el señor don Clemente Basavilbaso contra el doctor don Cándido Irazusta por injurias y calumnias. Bs. Aires, 1885. in 8º.

Escrito de acusación de ESTEBAN MARIA MORENO.

ADA HERIDREA REAL (Seud. de Adela Herrera), véase: Margarita.

ADDITIONS á l' Essai sur l' histoire générale, etc. et sur l'Esprit et les moeurs des nation (sic.) depuis Charlemagne jusqu'a nos jours. Tirés de l'édition augmentée de 1761-1763, imprimée en 7 vols. Pour servir de supplément a l'éd. de 1757 en 7 volumes. Amsterdam, 1764. in 8º.

Autor: FRANÇOIS MARIE AROUET DE VOLTAIRE.

ADICION al manifiesto publicado por mi en 1º del que espira, sobre el juicio de pesquisa que se me suscitó. Lima, 1830.

Suscrito por MARIANO SANTOS DE QUIROS.

ADMINISTRACION de Justicia en la República Oriental del Uruguay'', Montevideo, 1841.

El autor de esta recopilación es TRISTAN NARVAJA.

ADOLFO ALSINA. Buenos Aires, 1882.

Folleto de que es autor el Dr. ENRIQUE SANCHEZ, gran amigo de Alsina.

ADRESSE de la Société démocratique séante au Mexique, aux grenardiers du corps législatif comprenant la confession générale de cette société et le secret de ses grandes mesures. Paris. in 8º.

Dice Barbier que aunque firmado por LEBLANC, el folleto es de VAYSSE DE VILLIERS.

ADRIFT; or, the rock in the South Atlantique. By Harper Atherton London, 1861.

Seud. de FRANK FOWLER.

ADROGUÉ (César), v.: Un Antiguo Vecino de esos Pagos. (Seud.).

ADRY (M.), v.: Essai bibliographique...

ADVERTENCIAS en hecho y en derecho para acreditar el de Diego Sánchez Pascual, vecino que fué de la Concepción del Valle de Jauxa, y sindico del señor San Francisco que en estos Reynos se llamó Antonio López Duarte, y de Gerónima de la Parra su mujer. [Madrid, 1644], in 4º mayor.

Este folleto del que Medina da el título incompleto, es de PAULO VIDAURRE y no de VICTORIA como dice aquel.

AFFAIRES de La Plata. Observations sur le projet de convention signé par M. le contre-amiral La Predour. Paris. in 8º.

Su autor es ALFREDO GUSTAVO BELLEMARE, de quien Medina cita en su ''Diccionario'' algunos otros anónimos sobre cuestiones del Plata.

AGÜERO (Julián Segundo), v.: Un Observador (Seud.).

AGÜEROS (Victoriano), v.: Leyenda de Navidad

AGÜEROS (Victoriano), v.: José (Seud.)

AGUILAR (José de) v.: Las cinco letras del nombre de María

AGUIRRE (José María), v.: Compendio

AGUIRRE (Julio Leónidas), v.: Franklin Harrow (Seud.).

¡AHI VAN! Versos de Marco Nereo. Buenos Aires, 1892.

Seud. de ALBERTO GHIRALDO.

AIDE mémoire du voyageur, ou questions relatives a la géographie physique, a l'industrie et aux beaux-arts, etc.... a l'usage des personnes que veulent utiliser leurs voyages ou acquérir la connaissance exacte du pays qu'elles habitent. Paris, 1834, in 12º, con atlas.

El autor es J. R. JACKSON.

AIREDIDES EMOYAN (Seud. de Desideria M. de Bruach), véase: Leyenda India

AL BELLO sexo peruano. [Hoja suelta que empieza: "Las acciones heróicas..." y termina: "en sus esposos e hijos"], firma Un Americano.

Seud. de BERNARDO MONTEAGUDO.

AL COMERCIO de Bolivia y de Valparaiso. Sucre, 1858.

Folleto de los comerciantes ARANA y CASO contra MAR-CELINO A. GOMEZ, el que lo refutó, como se verá más adelante.

AL EJÉRCITO argentino. El ejército de Chile y la guerra de mañana. [Por A. M.]. Buenos Aires, 1898, in 4º.

El autor: A. MALIGNE.

AL PERU independiente y libre en su Congreso. Lima [1841].

El autor del manifiesto fué ALEJANDRO COCHET.

AL PUBLICO. ''He visto la publicación que ha hecho el coronel Vivanco de una carta..., etc.''. Santiago, 1838. in 4º.

Autor: MANUEL BLANCO ENCALADA.

AL PUBLICO. Una vindicación. Tras una injuria viene una verdad. Salta.

Suscripto por: CONCEPCION y CARMEN ORMAECHEA.

AL RESPLANDOR del incendio. Kaiserismo y democracia. (Desde campo argentino). Por Sich Versagen. Buenos Aires, 1915. in 8º.

Seud. de JUAN ESTEVAN GUASTAVINO.

AL S. D. D. Ignacio de Noboa, Abogado de las Audiencias Nacionales y del Ylustre Colegio de Lima, por el desempeño en su Alcaldía del año 1821. Por J. M. C. Arequipa, 1822.

Seud. de JOSE MARIA CORBACHO.

AL SOBERANO Congreso. Lima, 1845.

Lo firma JUAN MOSS, y es una solicitud de exclusividad .para la venta de un específico.

AL SOBERANO Congreso de 1864. Lima. [*Solicitud, en la que se pide se tributen honores a unos soldados*].

Firmado por SIMEON DE LA ROZA DE LA QUINTANA.

ALAIS (Octavio P.), véase: O. P. A. (Seud.)

ALBERDI. Septiembre 28 de 1902. [Buenos Aires]. in 8º

Recopilación de cartas, opiniones, etc., sobre JUAN B. ALBERDI, y de que es autor FRANCISCO CRUZ.

ALBERDI (Juan Bautista), v.: Bauprés; Un ciudadano de aquél país; (Seuds.).

ALBERDI (Juan Bautista), v.: Biografía del general; El gigante Amapolas; Indice alfabético.

ALBERT. v.: Un observateur ami de la paix, de la justice et de la verité, témoin de tous les évenements (Seud.).

ALBIZURI (José María), v.: Quinta entrevista.

ALBUM de la Caridad. Conferencia literaria celebrada en el Gran Teatro de Colón de Buenos Aires, el 29 de julio de 1877, a beneficio del Hospital Español. Buenos Aires, 1877. in 8º.

El recopilador fué don ENRIQUE ROMERO JIMENEZ, director del ''Correo Español'', muerto en duelo por Paul y Angulo.

ALCANCE al Comercio número 742. Sobre la cuestión del huano. Lima. 1841.

Lo firma AQUILES ALLIER.

ALCOBENDAS (Francisco), v.: Corona fúnebre del doctor José María Moreno.

ALCORTA (Amancio), v.: A. A. (Seud.).

ALDACO (Manuel), v.: Constituciones del Colegio

ALDAO (Martín C.), v.: Luis Vila y Chaves (Seud.).

ALDREY (Cayetano A.) (Editor), v.: Barbarismos

ALEGATO de bien probado presentado por la sucesión del General Urquiza, demandada por los herederos de don Cipriano Urquiza... Buenos Aires, 1885. in 8º.

Aunque defensa jurídica, en este folleto se defiende la personalidad de Urquiza como político, y lo suscribe ESTEBAN MARIA MORENO, como abogado defensor.

ALEGATO presentado por varias compañías de seguros en la causa seguida con don Antonio Caviglia. Buenos Aires, 1885. in 8º.

Autor: HUGO A. BUNGE.

ALEGRIA (Adolfo Isaac), véase: Satanás. (Seud.).

ALEJANDRO SALAS Y GLUMEN (*Seud. de Manuel José Ganda-rillas*), v.: A los escritores

ALEMBERT (d'), v.: Seconde lettre a M***

ALFRED DE BREHAT (*Seud. de Alfred Guezenec*), v.: Histoire d'amour...

ALFREDO DE LHERY (*Seud. de Alfredo C. Franchi*), v.: Momentos líricos

ALGO SOBRE Yumina, sus antecedentes y consiguientes a propósito de la proclama del G. San Roman. Arequipa, 1857.

Autor: MANUEL IGNACIO VIVANCO.

ALGUNOS apuntes sobre el mineral de la Higuera. Por *** Serena, 1882. in 8º.

El autor es Don CARLOS G. AVALOS.

ALMA MIA. Por Luis Fernan. Con prólogo de A. Meyer Arana. Epílogo de V. French Matheu. Buenos Aires, 1905, in 8º.

Novelita de que es autor LUIS FERNANDEZ DE LA PUENTE.

ALMA SABIA (*Seud. de Isabel Monasterio de Gsell*), v.: Mangacha

ALMAFUERTE (*Seud. de Pedro B. Palacios*), v.: Amorosas; Apóstrofe; El Misionero; Evangélicas; Incontrastable; La canción del hombre; La inmortal; Poesías; Trémolo.

ALMANACH américain, asiatique et africain, ou état physique, politique, eclésiastique et militaire des colonies d'Europe en Asie, en Afrique et en Amérique... Paris, 1784. in 8º.

Autor: JEAN CHARLES PONCELIN DE LA ROCHE-TILHAC.

ALMANACH américain, ou état physique, politique, ecclésiastique ; ouvrage qui comprend les forces, la population, les loix, le commerce et l'administration de chaque province de cette partie du monde, etc. Paris, 1783. in 18º

Autor: JEAN CHARLES PONCELIN DE LA ROCHE-TILHAC.

ALMANACH bibliographique pour l'année 1709... On y a joint un vocabulaire de la langue des Sauvages qui habitent les terres Magellaniques. Paris, 1709, in 12º.

El autor de esta recopilación bibliográfica fué el Abate de LA MORLIERE. No se continuó, según parece.

ALMANACH géographique et chronologique, avec la population des quatre parties du monde... etc., pour l'an VIII. París, 1799. in 18º.

Autor JOSEPH JERQME LE FRANÇOIS LALANDE.

ALMANACH géographique, ou tableau précis et général du globe du monde, etc. Paris, 1783. in 8º.

Autor: L. BRION DE LA TOUR.

ALMANAQUE DE ORION. 1875. Novelas. Cuentos. Fantasías. Historias. Historietas. Anécdotas. Poesías. Turín, 1875.

Es sabido que ORION fué el seudónimo usado por el gran publicista argentino HECTOR FLORENCIO VARELA.

ALMANDOS ALMONACID (Vicente), v.: Cuestiones de la Rioja

ALMAZAN (Pascual), v.: Natal del Pomar (Seud.).

ALMENDRO EN FLOR. Por Necha Comas Ruiz. Buenos Aires, 1924.

Seud. de MATILDE COMAS RUIZ.

ALSINA (José), v.: Colección de datos y documentos

ALSOP (Richard), v.: An American Gentleman (Seud.).

ALVA (Manuel M.), v. M. M. A. (Seud.).

ALVAREZ MAZA (Jermán), v.: Breve reseña del origen

ALVEAR (Carlos), v.: Refutación de la calumnia

ALVISSE (Querini), v.: Ormildo Emeressio (Seud.).

ALZAMORA (Blas José), v.: Reforma de los estatutos

ALLAN KARDEC (*Seud. de H. L. D. Rivail*), v.: Filosofía espiritualista; Los principios del espiritismo.

ALLEN (Paul), v.: A history of the American revolution

ALLETZ (Pons-Aug.), v.: Petite encyclopedie

ALLIER (Aquiles), v.: Alcance al Comercio

AMBICION FATAL. Novela por Edgard Wath. Buenos Aires, 1924.
Seud. de MARGARITA FORCHIERI DE BANCALARI.

AMELIORATION de nos colonies. Engagements libres de travailleurs naturels habitants de la côte d'Afrique... Nantes, 1855. in 8º.
Memoria firmada por Th. SIMON.

AMERICA and the West Indies... Búsquese por: The geography of America.

AMÉRICO LLANOS (*Seud. de Armando Vasseur*), v.: A flor de alma

AMI DU CORPS SOCIAL (*Seud. de Joseph André Brun*), v.: Le Triomphe du Nouveau Monde.

AMICH (José), v.: Historia de las misiones.

AMNISTIA, por F. Z. Paraná julio 8 de 1854. Buenos Aires, 1854.

Seud. de FACUNDO ZUVIRIA.

AMOR IDEAL [Por] Lucio Magez Nigona. México, 1882, in 8º.

Anagrama de IGNACIO GOMEZ LUNA.

AMORETTI (Carlo), Trad., v.: Premier voyage autour du monde.

AMOROSAS. Por Almafuerte. Bs. Aires. in 16º.

Seud. de PEDRO B. PALACIOS.

AMUSEMENTS géographiques et historiques, ou les Mémoires de
M.... contenant ses voyages et ses aventures dans la quatre
parties du monde. Meaux, 1786. Otra ed. Paris, 1788, 2 vol.
in 8º.

Autor: P. NAVARRE, abogado de Meaux.
Hay una edición 1821, 2 vols. in 8º, con mapas, completamente
rehecha por DEPPING.

AN ACCOUNT of the proceedings of the governor and assembly of
Jamaica in regard to the maroon negroes; published by order
of the assembly, London, 1796. in 8º.

Autor: EDWARDS BRYAN.

AN ADVOCATE (Seud. de Henry Good), v.: The law of Chile.

AN AMERICAN (Seud. de Richard Biddle), v.: A review of Captain
Basil Hall's

AN AMERICAN CITIZEN (Seud. de J. Victor Orville), v.: The
American rebellion

AN AMERICAN CITIZEN (Trad.) (Seud de William Beach Lawrence), v.: The history of Louisiana

AN AMERICAN ENGLISHMAN (Seud. de Samuel Mather), v.: An
attempt to show that America

AN AMERICAN GENTLEMAN (*Seud. de Washington Irving*), v.: A Voyage to the eastern part of Terra Firma

AN AMERICAN IN LONDON (*Seud. del Rev. C. Colton*), v.: The Americans

AN ANALYTICAL index of the whole of the documents relative to Louisiana, deposited in the Archives of the Departement de la Marine et des Colonies, a Paris. New Orléans, 1841.

Autor: E. J. FORSTALL.

AN ATTEMPT to show that America must be known to the Ancients. By An American Englishman. Boston, 1733.

Autor: SAMUEL MATHER.

AN ENQUIRY into the causes of the Miscarriage of the Scots Colony at Darien. Or an answer to a libel entituled a defence of the Scots Abdicating Darien. Submitted to the consideration of the good people of England. Glasgow, 1700.

Autor: GEORGE RIDPATH.

AN ENQUIRY into the reasons of the conduct of Great Britain, with relation to the present state of affairs in Europe. London, 1727.

Autor: B. HOADLEY.

AN ESSAY on the antiquities of Great Britain and Ireland; wherein they are placed in a clearer light than hitherto. Designed as an introduction to a larger work, especially an attempt to shew an affinity between the languages, etc., of the ancient britains, and the Americans of the Isthmus of Darien. Edimburgh, 1738, in 8º.

Autor: DAVID MALCOLME.

AN ESSAY on the natural history of Guiana, in South America. Containing a description of many curious productions in the animal and vegetable systems of that Country [etc., etc.]. In several lettres from A Gentleman of the Medical Faculty during his residence in that country. London, 1769, in 8º.

Autor: EDWARD BANCROFT.

AN INTRODUCTION to the history of the kingdoms and States of Asia, Africa and America, both ancient and modern. London, 1705, in 8º.

Autor: SAMUEL PUFFENDORF.

AN OFFICER LATE IN THE COLOMBIAN SERVICE *(Seud. de Francis Hall)*, v.: The Present State.

ANADON (Lorenzo), v.: Informe que la delegación...

ANBUREY (Thomas), v.: Un officier de l'armee royale (Seud.).

ANDERSON (A.), (Grabador), v.: The American Atlas

ANDRADE (Olegario V.), v.: Las dos políticas

ANDRE, DES VOSGES (J. Fr.), v.: M. A*** (Seud.).

ANGELIS (Pedro de), (Trad.), v.: Descripción de Patagonia; Documentos relativos al cese de la intervención; Explicación de un monetario; Pensées sur le monument; Quelques reflexions en réponse...

ANIBAL LATINO *(Seud. de José Ceppi)*, v.: Gentes y paisajes; Lejos del terruño.

ANIVERSARIO. Lima, 1861.

Folleto suscrito por IBRAHIM CLARETE y que se atribuye a MANUEL MARIA DEL MAZO.

ANNALES contemporains, ou précis des événements les plus memorables que se passent sur la surface du globe dans le cours de chaque année. Par. M. E. D., tome 1er. Janvier-Mars, 1828. París, 1829.

Seud. de EDOUARD DUBUC.

ANNALES du Conseil Souverain de la Martinique, ou Tableau historique du gouvernement de cette colonie, depuis son premier établissement jusqu'á nous jours... Bergerac, 1786, 2 vols. in 4º.

Autor: PIERRE DESSALLES.

ANNE BUTLER (*Seud. de Fanny Kemble*), v.: Journal

ANNUAIRE statistique, pour 1838. De l'Europe, de l'Asie, l'Afrique, l'Amérique et l'Océanie. Par C. Moreau, París, 1838, 2 vols. in 8º.

Seud. de AMABLE LEMAITRE.

ANONYMES et pseudonymes français, par Un Bibliophile russe. Bruxelles, 1848, in 8º.

Seud. de POLTORATZKY, de Moscou.

ANT. C***t (*Seud. de Antoine Caillot*), v.: Nouvelle histoire des naufrages.

ANTAÑO Y HOGAÑO — Algo de pronto sobre la cuestión que ha existido entre el Perú y la Francia con motivo de la prisión y enjuiciamiento del carpintero Pablo Durhin. París, 1860, in 8º.

Suscrito con las iniciales F. R. que corresponden a FRANCISCO DE RIVERO.

ANTECEDENTES sobre cuestión de límites entre las provincias de Salta y Jujuy. Salta, 1884, in 8º.

Capítulo de una obra de MANUEL SOLA.

ANTELO (Nicomedes), v.: Documentos justificativos.

ANTI-LUCY, v.: La Martinique

ANTI-MENIPEAS — Polémica sociológico-político-jurídica con el doctor don Angel Floro Costa. Por Byzantinus. Montevideo, 1899.

El seud. corresponde a DOMINGO ARAMBURU.

ANTITESIS y censura de la tesis sostenida por D. César A. Cordero al optar el grado de bachiller en la Facultad de Jurisprudencia de la Universidad Mayor de San Marcos de Lima. Lima, 1873, in 4º.

Atribuído a PEDRO GUAL.

ANTOINE (A.), v.: M. A. (Seud.).

ANTON MARTIN SAAVEDRA (*Seud. de Vicente A. Salaverri*), v.: La comedia

APARICIO (Manuel J.), v.: Ashaverus (Seud.).

APENDICE al opúsculo sobre la pena de muerte. Lima, 1862.

Firmado por FRANCISCO DE PAULA VIGIL.

APERÇU de la situation intérieure des Etats Unis d'Amerique et de leurs rapports avec l'Europe. Par Un Russe. Londres, 1826.

Seudónimo de PIERRE POLETIKA, Embajador extraordinario y Ministro Plenipotenciario de Rusia en Estados Unidos.

APIANO, v. Cosmographiae introductio cum quibusdam.

APÓSTROFE. Con las poesías inéditas: El alma de tu señor; Mi alma. Por Almafuerte. Buenos Aires, 1920, in 8º.

Seudónimo de PEDRO B. PALACIOS.

APPEL des étrangers dans nos colonies. Paris, 1763, in 12º.

Autor: TURMEAU DE LA MORANDIERE.

APUNTES biográficos de Monseñor Dr. Juan José Alvarez, Deán de la Catedral del Paraná y prelado doméstico de Su Santidad. Buenos Aires, 1885, in 8º.

Autor: El general BENJAMIN VICTORICA.

APUNTES de finanzas arregladas al programa de la Facultad de Derecho y Ciencias Sociales, por J. R. de los Ll. y M. T. S. Buenos Aires, 1894, in 8º.

Las iniciales son de JULIO RUIZ DE LOS LLANOS y MARTIN T. SOSA.

APUNTES hidrográficos sobre la costa de Chile acompañados de algunos planos levantados por los oficiales de la Armada de la República, Sgo. de Chile, 1866.

Es recopilación de FRANCISCO J. MOLINAS y F. VIDAL GORMAZ.

APUNTES para un estudio interesante sobre la cuestión de límites. Santiago de Chile, 1900, in 8º.

Lo firma F. A. GANDARA.

ARAMBURU (Domingo), v.: Byzantinus (Seud.).

ARAMBURU (Pedro), v.: Homenaje a la memoria...

ARANA Y CASO, v.: Al comercio de Bolivia.

ARANDA (Conde de), v.: Fígaro (Seud.).

ARAOZ (José S.), v.: J. S. A. (Seud.).

ARAUJO (Joseph Joaquín), v.: Guía de Forasteros...

ARBOLES históricos de la República Argentina. Buenos Aires, 1913, in 8º.

Las iniciales E. U. que aparecen como firma en la ''Advertencia'' de este libro con casi tantos errores gráficos como líneas, corresponde a don ENRIQUE UDAONDO.

ARISTARCO *(Seud. del Dr. Octavio Garrigós)*, véase: El Banco...

ARITMÉTICA redactada para la instrucción de los alumnos de la Academia Militar de Buenos Aires, por su director F. B. Año 1828. (Imprenta Potosina).

Iniciales de FRANCISCO DE BIEDMA.

ARMONIAS y rebencazos — Por Abul Bagi. París, 1870, in 8º.

Seudónimo de ANTONIO BABUGLIA.

ARNAULD (Antonio), v.: La morale pratique.

ARNAY OU ARNEX (A. S. d'), v.: Recueil de voyages intéressans.

ARNEX OU ARNAY (A. S. d'), v.: Recueil de voyages intéressans.

ARODIO-EL-EFO (Seud. de Rodolfo Dillon), v.: Cuentos; El gusanillo de la tierra; La fragata negra; Matt; Un padre modelo.

ARTE DE FUMAR y tomar tabaco sin disgustar a las damas, escrito en francés por dos mercaderes de tabaco, y traducido al español libremente por F. de P. M. Madrid, 1833, in 12º.

Obra que habla del origen e historia del tabaco y las iniciales de cuyo traductor corresponden a FRANCISCO DE PAULA MELLADO.

ARTE DE HABLAR, leer y escribir correctamente el castellano. Estudios elementales y superiores de ortología, lógica gramatical, ortografía, lectura y escritura. Obra útil para los alumnos de la Escuela Normal de profesores y del Colegio Nacional, literatos, oradores, calígrafos, tipógrafos, correctores de pruebas, etc., etc. Por el Dr. Moorne. Buenos Aires.

El seudónimo usado corresponde a FRANCISCO MORENO.

ARTE DE LA LENGUA aymará con una sylva de phrases de la misma lengua y su declaración en romance. Juli Pueblo [1612].

Autor el Padre LUDOVICO BERTONIO.

ARTE NOVISSIMA de lengua Mexicana. México, 1753, in 8º.

Autor: CARLOS DE TAPIA ZENTENO (o CENTENO).

ARTHUR BULLARD (*Seud. de Albert Edwards*), v.: Panamá.

ARTICULOS ESCOGIDOS — Búsquese en Escritores colombianos.

ARTICULOS ESCOGIDOS de Abel Karl. Bogotá, 1879, in 8º

Seudónimo de DANIEL MANTILLA.

ARTURO PRATT y el combate de Iquique. Relación de los testigos. Homenaje público. Opiniones de la prensa. Corona poética. Documentos sobre la vida de los héroes. Con un plano, un facsímil y 7 retratos. Santiago de Chile, 1880, in 4º.

Autor: LUIS MONT.

ASCASUBI (Hilario), v.: Urquiza en la patria nueva.

ASHAVERUS (*Seud. de Manuel J. Aparicio*), v.: Tierra adentro.

ASHBURTON (Lord) (?), v.: Junius's letters.

ASUNTO CARRANZA-CASAL sobre pretendida nulidad de un rescripto de legitimación. Escrito de la parte demandada. Buenos Aires, 1885, in 8º.

Los escritos están firmados por JUAN JOSE ROMERO.

ASUNTOS ADMINISTRATIVOS. Conflictos y contiendas. Buenos Aires, 1904.

El autor de esta recopilación de antecedentes y explicación de una propia actitud burocrática es el Dr. JOSE HILARIO MARTINEZ CASTRO.

ATALA et Musacop, histoire peruvienne, suivie des petits orphelins des hameaux. Par J. H. F. Geller. Paris, 1821, 2 vols. in 8º.

Seud. de ELISABETH GUENARD, baronesa de MERE.

ATCHESON (Nathaniel), v.: Collection of interesting...

ATLAS ET TABLES de géographie ancienne et moderne. Nouvelle édition. Paris, 1777, in 8º.

Su autor: LOUIS BRION DE LA TOUR.

ATLAS HISTORIQUE, ou introduction a l'histoire, a la chronologie et a la géographie ancienne et moderne. Par M. C. Publiée par Gueudeville et Garillon. Avec le supplément par H. P. de Limiers. Amsterdam, 1718|20. 7 vols. in folio.

Autor: CHATELAIN.

ATLAS MODERNE portatif, composé de 28 cartes; nouvelle édition augmentée des éléments de géographie. Paris, 1786, in 8º.

Su autor fué el ex jesuita LOUIS DOMAIRON.

ATLAS UNIVERSEL indiquant les établissemens des jésuites avec la manière dont ils divisent la terre, suivi des événements remarquables de leur histoire. Paris, 1826, in 16º. Album.

Su autor fué LOUIS DENIS.

ATONDO (Isidoro de), v.: Voyages de l'empereur de Chine.

ATTWELL DE VEYGA (José Eduardo), v.: Metkeob de Aldebaran (Seud.).

AUBERT (J. L.), v.: Les traits de l'histoire.

AUBERT DE LA CHENAYE-DES-BOIS (Alejandro), v.: M. D. L. C. D. B. (Seud.).

AUBERTEUIL; búsquese por d'Auberteuil

AUBINEL (Pablo), v.: O. Taneblo Pacat (Seud.).

AUDEBERT DE BOVET (Mme.), v.: El Guapo Fernando.

AUGER (L. S.), v.: Abrégé de géographie physique.

AUGIER-DUFOT (Ann. Amable), v.: Journal historique...

AUGUSTE L*** (Seud. de Antoine Jean Letronne), v. Dictionnaire
geográphique.

AULNOY (Condesa d'), v.: Madame D*** (Seud.).

AURELIEN et Asterie, ou les malheurs des préjugés; aventure colo-
niale. París, 1804, in 12º.
Autor: BERQUIN DUVALLON.

AURORA. Por G. Saint Ouen. Buenos Aires, 1913, in 8ª.
Seudónimo de GUALTERIO OWEN.

AUTEUR DE LA FLORE DES ANTILLES (Seud. de F. R. de
Tussac), v. Le cri des colons.

AUTEUR DE LA PHILOSOPHIE DE LA NATURE (Seud. de J. B.
Isoard, dit Delisle de Sales), v.: Histoire philosophique du
monde.

AUTEUR DES LETTRES D'UN CULTIVATEUR AMERICAIN,
(Seud. de J. Hector Saint-John de Crevecoeur), v.: Voyage
dans la Haute Pensylvanie.

AUTEUR DU SYLLABAIRE CHRETIEN (Seud. de Charles Duvivier), v.: La géographie des écoles.

AUTOR DE AMITIÉ AMOUREUSE (Seud. de Lecomte de Nouy
(Mme. H.) née Oudinot), v.: Duda y amor

AUX COLONS DE Saint Domingue. Paris, 1797, in 8º.
Por DAVID DUVAL SANADON.

AUX MANES de Louis XV, et des grands hommes qui ont vécu sous son règne. Lausanne, 1777.

Obra de PAUL PHILIPPE GUDIN DE LA BRENELLERIE; en la segunda parte habla de un viaje a California.

AVALOS (Carlos G.), v.: *** (Seud.).

AVECE *(Seud. de Alberto Valenzuela C.)*, v.: Ruy Blas.

AVENTURAS de un francés en América. Por Pancho Bambalujá. Buenos Aires, 1889.

Seudónimo de LUIS BARRERE.

AVENTURES de Robinson Crusoé. Traduction de l'anglais. Paris, 1761, 1782, 3 vols. in 12º.

Es la misma traducción que señalamos como ''Vie et aventures surprenantes...'' etc., de la obra de FOE, que aquí aparece con diferente título.

AVILÉS (Gonzalo), v.: Memorial del hecho del pleyto.

AVIS aux cultivateurs sur la culture du tabac en France. Publiée par la Société Royale d'Agriculture. Paris, 1791, in 8º.

El autor fué HENRI-ALEXANDRE TESSIER.

AYCINENA (Mariano), v.: El Gefe del Estado...

B

B. D. (*Seud. de Deleselle*), v.: Géographie élémentaire

B. D*** (*Seud. de L. N. Baudry-Des-Lezières*) v.: Voyage à la Louisiane.

B. M. (*Seud. de Bartolomé Muñoz*), v.: Día de Buenos Aires

B. M. (*Seud. de Bartolomé Mitre*) (trad.), v.: El diario de una mujer

B. ALLENT (*Seud. de Ballent*), v.: Les animaux industrieux

B... DUVALLON. v.: (*Seud. de Berquin Duvallon*), v.: Vue de la colonie

BABUGLIA (Antonio), v. Abul Bagí (Seud.).

BACQUEVILLE DE LA POTHERIE, v.: Voyage de l'Amérique.

BACHE (R.), v.: Notes on Colombia

BAERT (Alejandro B. T. barón de), v.: Tableau de la Grande Bretagne

BAIBIENE (Santiago), v.: El Gobierno Nacional

BAILLEUL (Jacques Ch.), v.: M. B. (Seud.).

BAIZAN (Ernesto) (Publ.), v.: El pleito de Nicolás Bergalli

BAIZAN (Julio A.) (Publ.), v.: El pleito de Nicolás Bergalli

BALBONTIN (Manuel), v.: Bontilbaen de Luna   (Seud.).

BALZAC (H. de), v.: Histoire impartiale.

BALLENT, v.: B. Allent (Seud.).

BALLIVIAN (José), v.: A mis compatriotas

BANCROFT (Edward), v.: An essay on the natural history

BAPTISTA (M.), v.: Carta al señor Ministro

BAPTISTA (Mariano), v.: Bolivia. Breve exposición

BARBARISMOS de la inscripción del monumento a los mártires de
Carral. (Colección de artículos). Buenos Aires, 1907.

> Estos artículos, recopilados por JULIO DAVILA, fueron edi-
> tados por CAYETANO A. ALDREY, según se desprende de una
> carta del primero a éste.

BARBÉ DE MARBOIS, v.: Journal d'un déporté non jugé. Reflexions sur la colonie de Saint Domingue.

BARBER (Salvador), v.: La Consagración.

BARINS (Le comte de) (Seud. de Louis François Raban), v.: Precis
de l'histoire d' Espagne.

BARON DE ARRIBA (Seud. de Osvaldo Saavedra), v.: Grandezas
chicas; Risa amarga.

BARRA (Federico León de la), v.: La comunidad de San Carlos.

BARRAGAN (C.), v.: Observaciones al manifiesto.

BARRAGAN (M.), v.: M. Nagarrab (Seud.).

BARRAL (P.), v.: Dictionnaire historique literaire

BARRE (Jean de la), v.: Histoire universelle

BARRERA (Pantaleón), v.: Napoleón Trebarra (Seud.).

BARRERE (Luis), v.: Pancho Bambalujá (Seud.).

BARROILHET (Carlos), v.: Peruanos.

BARROS ARANA (Diego), (Recop.), v.: Diario de los...

BARROS PAZOS (José), v.: Breve exposición que hace al público.

BARROT-ROULLON, v.: Des peuples et des gouvernements.

BARROW (John), v.: A chronological.

BARTRAM (John), y STORK (William), v.: A Description of East-Florida.

BASES fundamentales de la organización del Ejército. in 12º.

Lo firma C. SARMIENTO.

BASSIN DE PREFORT, v.: Dictionnaire des origines.

BATELET (Col.), v.: Memorial portatif de chronologie; Revue de l'historie universelle.

BATOLLA (Octavio C.), v.: Oscar C. Bermúdez (Seud.).

BATURRILLO Uruguayo por Timoteo. Libro que contiene cuentos e historias, anécdotas y dichos, etc., etc., de la República Oriental del Uruguay. Montevideo, 1885, in 8º.

"Timoteo", "El Negro Timoteo" y "Vinagrillo", fueron seudónimos que usó WASHINGTON P. BERMUDEZ.

BAUDEAU (Nic.), v.: Nouvelles éphémérides économiques.

BAUDRY-DES LOZIERES (L. N.), véase B. D*** (Seud.).

BAUPRES (*Seud. de Juan Bautista Alberdi*), v.: Si y no.

BAYLEY (Frederick W. N.), v.: Son of a Military Officer (Seud.).

BEAUGENCY (Trad.), v.: Telémetro.

BEAUMARCHAIS (P. Aug. Caron de), v.: Influence du despotisme; Le voeu de toutes les nations.

BEAUTE, de l'Histoire des voyages les plus fameux antour du monde et dan les deux hémisphéres. Par J. B. J. de Chantal, Paris, 1835, 2 vols.

J. B. J. CHAMPAGNAC usó el apellido materno CHANTAL.

BEAUTES de l'histoire des Espagnes. Par D. Paris, 1814, in 12º.

Seudónimo de R. J. DURDENT.

BEAUTES de l'histoire naturelle des animaux. Paris, 1819, 2 vols. in 12º.

Autor: el padre L. COTTE.

La 1ª edición se tituló: "Leçons sur les moeurs et sur l'industrie des animaux". Paris, 1799.

BEAUVOIR (José Mª), v.: Los Shelknam.

BEAUX traits de l'histoire des naufrages ou récits des aventures les plus curieuses des marins et des voyageurs célébres, par M. A. Paris, 1836, in 12º.

Autor: A. ANTOINE.

BECHAMEL (François Jean), v.: Voyage du chevalier...

BECHER (J. J.), v.: Gründlicher Bericht von Beschaffenheit

BEHRENS (Carlos Federico), v.: Histoire de l' Expedition

BEITRAGE zur genanen Kenntniss der spanischen Bertzungen in Amerika. Dresden, 1802.

Por P. ESTALA.

BELAUNDE (A.), v.: Documentos esenciales.

BELGRANO (Manuel) (Trad.), v.: Despedida de Wáshington.

BELGRANO (Miguel de), v.: M. de B. (Seud.).

BELIN SARMIENTO (Augusto), v.: A. Bel (Seud.).

BELMONTE BERMUDEZ (Luis de), v.: Historia del descubrimiento.

BELZU y mi defensa. Arequipa, 1852.

Por CALIXTO CLAVIJO. Belzú fué esposo de Juana Manuela Gorriti.

BELLEFOREST(F. de), (Trad.), v.: Commentaire premier

BELLEMARE (Alfredo Gustavo), v.: Affaires de La Plata.

BELLEMARE (Louis de), v.: Gabriel Ferry (Seud.)

BELLEZE della storia delle Spagne dalla signora D*** e tradotte da C. Lor. Panfili. Napoli, 1822, 2 vols. in 8º.

El autor fué RENE JEAN DURDENT, pese al traductor que lo llama "Signora D***".

BELLIN, v.: Candide fils (Seud.).

BELLIN (Jacques Nicolas), v.: Description géographique des îles; Le Neptune.

BELLO (Andrés), (Anot.), v.: Publii Ovidii Nasonis.

BEN NEBO: a pilgrinage in the South Seas. By Caliban. San Francisco, 1871.

Seudónimo de HECTOR A. STUART.

BERARD (S.), v.: Essai bibliographique

BERENT, v.: Bibliotheca mejicana

BERGERON (Pierre), v.: Traité de la navigation

BERMEJO (Antonio), v. Informe que la comisión...

BERMUDA: a Colony, a fortress and a prison; or eighteen months in the Somers Islands. London, 1857, in 8º. Con mapa y planchas.

Autor: ROSS LEWIN.

BERMUDEZ (Washington P.), v.: Timoteo (Seud.).

BERNARD (J. F.), v.: Recueil de Voiages

BERNARD (Jacques), v.: Recueil des traités de paix, de trèves...

BERNARDELLI (Oscar), v.: Corrado de Altamura.

BERON DE ASTRADA (Angel), v. Casos concretos

BERQUIN DUVALLON, v. Aurélièn et Astérie; Travels in Louisiana

BERQUIN-DUVALLON, v.: B... Duvallon; Un Colon de Saint-Domingue (Seuds.).

BERRA (F. A.), v.: El canto modal

BERTIN, v.: Des moyens de conserver la santé.

BERSCHRIJVINGE van de volkplantinge Zuriname. Leyden, 1718, in 4º.

Autor: J. D. HARLEIN.

BERSCHRIJVINGE van het Heerlijcke ende Gezende Landt Guajana. Gravenhagen, 1660, in 4º.

Autor: O. KEYE.

BERTONIO (Ludovico), v.: Arte de la lengua Aymará.

BIBLIOGRAPHIE instructive, tome X, contenant une table destinée a faciliter la recherche des livres anonymes. Paris, 1782, in 8º.

Autor: JEAN FRANÇOIS NEE DE LA ROCHELLE.

BIBLIOMAPPE, ou livre-cartes, textes analytiques, tableaux et cartes, indiquant graduellement la géographie naturelle, les divisions géographiques, politiques, civiles, etc., les noms géographiques et historiques de tous les ages et de toutes les parties de l'univers, avec l'indication chronologique des découvertes des navigateurs..., etc., etc. Rédigé d'aprés les plans de M. B. par una société d'hommes de lettres et de savants géographes, sous la direction et verification, 1º pour le texte de la géographie (temps anciens), de M. Daunou; temp. modernes), de M. Eyriès; 2º pour l'ordre des matières et l'ensemble, de M. B.; 3º pour le dessin des cartes et pour la gravure, de M. Perrot... Paris, 1824. 2 vols. in 4º.

M. B. es seudónimo de JACQUES Ch. BAILLEUL; esta obra apareció por entregas.

BIBLIOTHECA Americana: being or choice Collection of Books relating to North and South America and the West Indies, including voyages to the Southern Hemisphere, Maps, Engravings, and Medals. Paris, 1831, in 8º. Otra edición, 1840.

Autor: D. B. WARDEN.

BIBLIOTHECA Americana vetustisima. A descriptions of works relating to America, published between years 1492 and 1551, New York, 1866, in 8º.

Autor: HENRY HARRISSE.

BIBLIOTHECA Americana vetustísima. A description of works relating to America, published between the years 1492 and 1551. Addition, Paris, 1872, in 8º.

Autor: HENRY HARRISSE.

BIBLIOTHECA Americo-septentrionalis, a choice colection of books in various languages, relating to Nort America, from its first discovery. Paris, 1821, in 8º.

Autor: DAVID BAILE WARDEN.

BIBLIOTHECA americo-septentrionalis, ou collection d'ouvrages écrits en diverses langues, qui traitent de l'histoire, du climat, de la géographie, etc., de l'Amérique septentrionale. Paris, 1820, in 8º.

Autor: DAVID BAILE WARDEN.

BIBLIOTHECA mejicana. A catalogue of books and manuscripts, almost wholly relating to the history and literature of North and South America, particularly Mexico. London, 1869, in 8º.

Autores: AGUSTIN FISCHER y el Dr. BERENT.

BIBLIOTHÈQUE Americaine, contenant des mémoires sur l'agriculture, le commerce, les manufactures, les moeurs, et les usages de l'Amérique; l'analyse des ouvrages scientifiques de ce pays, ainsi que de ceux des Européens qui y ont voyagé; et des extraits des journaux publiés en Amérique sur tout ce que peut interesser le commerçant et l'homme d'état. Par une société de savants et d'hommes de letres. Paris, 1807, 3 vols. in 8º.

Publicada por H. CARITAT.

BIBLIOTHEQUE annuelle et universelle, contenant un Catalogue de tous les livres qui ont été imprimés en Europe pendant les années 1748, 1749, 1750 et 1751. Paris, 1751|57, 6 vols. in 12º.

Autores: PAUL-DENIS BURTIN y l'Abbé LADVOCAT.

BIBLIOTHEQUE universelle des dames. Paris, 1785, 154 vols., in 8º.

La parte "Abrégé des voyages" que es la que tiene cabida en esta obra, fué redactada por JEAN ANTOINE ROUCHER.

BIDDLE (Richard), véase: An American, (Seud.).

BIEDMA (Fráncisco de), v.: F. B. (Seud.).

BIEDMA (José J.), v.: Cosas de la época

BIENEWITZ, v.: Apiano (Pedro) (Seud.).

BILBAO (Bernardino), v.: Representación de los eclesiásticos.

BILLINGHURST (Guillermo E.), v.: A mis compatriotas.

BILLOUART (Louis), búsquese por Kerlérec.

BINS DE SAINT-VICTOR (Jacques Max. Benjamin), v.: René de M... (Seud.).

BIOGRAFIA del Coronel don Angel Salvadores por N. Q. C. Buenos Aires, 1863.

Iniciales que corresponden al Dr. NORBERTO QUIRNO COSTA.

BIOGRAFIA del doctor don Gregorio Funes, escrita por un Argentino amigo de los servidores de la Patria. Buenos Aires. Imprenta Bonaerense, 1856.

Es una autobiografía del mismo FUNES.

BIOGRAFIA del... escrita por el mismo para proporcionar un momento de placer a su tocayo don Manuel de Amunategui... Lima, 1863.

Autor: MANUEL ATANASIO FUENTES.

BIOGRAFIA del general Flores, tomada de El Correo Peruano, números 595 a 597 y 599 y reparados algunos defectos sustanciales que sacó aquella impresión. Lima, 1846.

Se atribuye a ENRIQUE TORRES SALDAMANDO, aunque René Moreno lo dá como de FELIPE PARDO Y ALIAGA.

BIOGRAFIA del general San Martín, acompañada de una noticia de su estado presente, y otros documentos importantes. París, 1844, in 8º.

Autor: JUAN BAUTISTA ALBERDI. Según BRISEÑO se trata de una reimpresión con algunas adiciones de la que escribió JUAN GARCIA DEL RIO bajo el anagrama de RICARDO GUAL Y JAEN.

BIOGRAPHIE universelle, ancienne et moderne. Paris, 1811|28, 52 vols., in 8º.

Dirigida y redactada en parte por C. M. PILLET.

BLAKE (almirante), v.: Remarks on Com. Johnstone's Account

BLANC (Mme. Ch.) (Trad.), v.: Th. Bentzon.

BLANCO (Guzmán), v.: El Libertador

BLANCO (Manuel), v. Tácito (Seud.).

BLANCO ENCALADA (Manuel), v.: Al público; He visto la publicación.

BLANCHE (Mme.), v.: Discours sur les Américains

BLIXEN (Samuel), v.: Uno de la platea (Seud.).

BLOCQUEL (Simón), v.: Le Petit voyageur

BLOME (Richard), v.: Description des îles; L'Amérique Anglaise; The present state of his Majesties Isles·

BLUNT (Edm.), v.: Le Pilote Américain

BOCOUS (J.), v.: Supplément au "Dictionnaire..."

BOHL DE FABER (Cecilia), v.: Fernán Caballero (Seud.).

BOILEAU (Mélanie de), v.: M. de B*** (seud.).

BOILEAU DE BOUILLON (Gilles), v.: Darinel (Seud.).

BOISSY-BARINS (Le Comte de), (*Seud. de Louis François Raban*),
v.: Précis de histoire d'Espagne.

BOJORQUEZ (Juan de Dios), v.: Djed Bórquez (Seud.).

BOLIVIA ante la América y la historia. Lima, 1873.
Suscrito por DANIEL NUÑEZ DEL PRADO.

BOLIVIA ante las demás naciones. La Paz, 1868.
Autor: VICENTE MARISCAL.

BOLIVIA. Arteche y Cía. Su cuestión con el Estado Tacna. Tacna,
1873.
Por MIGUEL RIVAS.

BOLIVIA. Breve exposición sobre la administración y política nacionales. Lima, 1859.
Firmado por MARIANO BAPTISTA.

BOLIVIA. Dictadura Linares. Reseña histórica. Tacna, 1873.
Por MIGUEL RIVAS.

BOLIVIA. Escritos notables publicados en Londres acerca de este
país. Tacna, 1865.
Firmado por ANTONIO QUIJARRO.

BOLIVIA. Gastos decretados por la Secretaría General del Directorio Revolucionario. Tacna, 1876.

Publicación de JULIO MENDEZ.

BONIFACE (Joseph Xavier), v.: X. B. Saintine (Seud.).

BONNET (J. E.), v.: Reponse aux principales questions

BONNET (J. E.), v.: Un Citoyen adoptif de Pennsylvanie (Seud.).

BONNEVILLE (Zacharie de Pazzi de), búsquese por Pazzi de Bonneville.

BONTILBAEN DE LUNA (*Seud. de Manuel Balbontin*), v.: Inés

BOS o BOSCH. Búsquese por Van den Bos.

BOSQUEJO de la Revolución de la América española. Por un Americano del Sur.

Seudónimo del Dr. PALACIOS.

BOSQUEJO histórico acerca del ciudadano Carlos Tejedor y la conjuración de 1839. Por un Republicano. Buenos Aires, 1879, in 8°.

Seudónimo de ANGEL JUSTINIANO CARRANZA.

Medina, aunque hace figurar la obra, no anota el seudónimo de UN REPUBLICANO, que figura en Navarro Viola y Biblioteca Nacional. Catálogo de Historia y Geografía, N⁰ 6.

BOSQUEJO histórico de la revolución de tres días en la capital de los Estados Unidos Mexicanos. México, 1828, in 12°.

Por V. ROCAFUERTE.

Medina, aunque señala a Rocafuerte y Bejarano como autores del "Bosquejo ligerísimo de la revolución de Méjico", ni lo hace figurar en su índice de anónimos ni en el de seudónimos figura "Un verdadero americano", que aparece como autor.

BOUIS (Barón de), v.: Le parterre géographique

BOULENGER (Nicolás-Antoine), v.: M. B*** (Seud.).

BOURGEOIS (Auguste Anicet), v.: Un Americain (Seud.).

BOURGEOIS, v.: Voyages intéressans

BOURGOING (J. Fr. de) (Trad.), v.: Géographie universelle, traduite.

BOURRIT (Th.) (Trad.), v.: Descrption des terres magellaniques.

BOUTIER (Ch. M.), v.: Une société de gens de lettres et cultivateurs (Seud.).

BOUVET DE CRESSÉ (Auguste Jean Baptiste), v.: A. J. B. (Seud.).

BOVET (Mme.). Búsquese por Audebert de Bovet.

BOVET (Ephraim). Col. v.: Catálogo metódico de la Biblioteca Nacional, Tomo III.

BOYD (Hugues) (?), v.: Junius's letters

BRANSIET (frère Philippe), v.: F. P. B. (Seud.).

BRAS DE FER, la terreur des Espagnols, deuxième chef des flibustiers; aventuriers et boucaniers d'Amérique, par M. A***. Paris, 1921, in 18º.

Seudónimo de J. Fr. ANDRE, des Vosges.

BRAVO (Bernabé), v. Figarete (Seud.).

BREVE contestación al libelo publicado por D. Manuel Sainz de la Maza. Por J. Y. Buenos Aires, 1836.

Iniciales de JOSE DE ITURRIAGA.

BREVE diseño crítico de la Emancipación y Libertad de la Nación
Mexicana y de las causas que influyeron en sus más ruidosos
sucesos, acaecidos desde el grito de Iguala hasta la espantosa
muerte del libertador en la villa de Padilla. México, 1827,
in 12º.

Por AGUSTIN DE ITURBIDE.

BREVE exposición de la conducta del General Guilarte en la última
revolución de Bolivia, y en su presidencia de los diez días...
Arequipa, 1848.

¿De FRANCISCO MARIANO MIRANDA?

BREVE exposición de los motivos que obligaron al General Caravedo
a incorporarse en las tropas libertadoras, después de los sucesos de Saraja en que sostuvo al Gobierno del S. D. José Ru-
fino Echenique. Lima, 1855.

Suscrito por BALTAZAR CARAVEDO.

BREVE exposición que hace al público el general Huidobro sobre la
conducta que observó respecto al movimiento revolucionario
hecho contra el Gobierno de Córdoba por el comandante Castillo. Buenos Aires, 1834.

Autor: JOSE BARROS PAZOS.

BREVE reseña del origen y progresos del partido liberal de la N. Granada. Desde el desmembramiento de Colombia hasta la última
rebelión acaudillada por el ex-general Tomás C. Mosquera.
Lima, 1863.

Suscrito por JERMAN ALVARES MAZA.

BREVES pinceladas sobre algunos puntos interesantes a mi honor.
Sucre, 1842.

Autor: JOSE MARIANO SERRANO.

BREZ (Jacques), véase: Voyages intéressants pour l'instruction.

BRIAND DE VERZÉ (Autor supuesto) (Warrin Thierry), Dictionnaire complet, géographique

BRIEF discours et histoire d'un voyage de quelques françois en la
Florida; et du massacre autant injustement que barbarement
executé sur eux par les Hespagnols, l'an 1565. Par ci devant
redigé au vray por ceux qui s'en retirerent; de maintenant revue et augmenté de nouveau por Urbain Chauveton. Généve,
1579, in 8º.

Autor: NICOLAS LE CHAILLEUX.

BRIGNOLLE (Marqués de), v.: Observations critiques

BRILLAND-LANJARDIERE, v.: Carolus Brio (seud.).

BRION DE LA TOUR (Louis), v.: Almanach géographique; Atlas et
tables; journal du monde.

BROCHA GORDA (Seud. de Julio Lucas Jaimes), v.: Dr. Juan Crisóstomo Carrillo; Epílogo de la guerra.

BRUACH (Desideria M. de). Búsquese por M. de Bruach.

BRUN (Joseph Aud), v.: Ami du corps social (Seud.).

BRUNET (J. Ch.), v.: Dictionnaire bibliographique, historique...

BRYAN (Edwards), v.: An account; The procedings.

BUC'HOZ (P. Joseph). Búsquese por Buchoz.

BUCICH ESCOBAR (Ismael), v.: Don Torcuato; El coronel Julio S.
Dantas; Los parlamentarios radicales (?).

BUCHACA Y FREIRE (José María), v.: J. M. B. y F. (seud.).

BUCHOZ (P. Joseph), Dissertation sur l'arbre au pain; Dissertation sur le mangostan; Dissertation sur le noisetier; Dissertation sur le roucoulier; Extrait de l'historie générale; Traité usuel du chocolat.

BUENA MAISON (Trad.), v.: Exquemelín.

BUENOS AIRES. Su naturaleza, sus costumbres. Sus hombres. Observaciones de un viajero desocupado. Por Carlos Martínez, México, 1890.

Seudónimo de CARLOS D'AMICO, Gobernador de la Provincia de Buenos Aires. Hay otra edición de la misma obra, que, hecha en Buenos Aires, tiene sin embargo el mismo pie de imprenta.

BUENOS AIRES et le peuple basque, ou précis historique et moral sur ce peuple, avec une rapide analise de sa merveilleuse langue. Buenos Aires, 1859, in 8º.

Autor: A. LESPADE.

BUFFIER (Cl.), véase Histoire chronologique

BUNGE (Carlos Octavio), v.: Thespis (seud.).

BUNGE (Hugo A.), v.: Alegato presentado por varias

BUNOU (P. Ph.), v.: Abrègé de géographie suivi d'un dictionnaire

BURGO (Rosa), v.: Los sucesos del 4 de febrero

BURKE (Edmond) (?), v.: Junius's letters

BURTIN (Paul-Denis), v.: Bibliothèque annuelle

BUSHNELL (Horace), v.: California

BUSTOS (Ventura A.) (Col.), v.: Catálogo metódico de la B. N. Tomos IV y V.

BUTEL-DUMONT (Georges Marie), v.: Histoire et commerce des Antilles; Histoire et commerce des colonies anglaises; Mémoires historiques.

BYZANTINUS (*Seud. de Domingo Aramburu*), v.: Anti Menipeas; La fraternidad uruguaya.

C

C... DE S... (*Seud. de De Sodré*), v.: Les Provinces de la Plata

C. E. J. (*Seud. de Melle. C. E. Janin*), v.: Cours de géographie historique

C. G. D. B. (*Seud. de Ch. Guilloton de Beaulieu*), v.: De la nécessité
de rendre

C. H. DE MIRVAL (*Seud. de J. B. J. de Champagnac*), v.: L'Ermite
de Chimboraço

C. MOREAU (*Seud. de Amable Lemaitre*), v.: Annuaire statistique

C. V. (*Seud. de Charles Vogel*), v.: Historia del comercio

C. V. (*Seud. de Vicente Cerruti*), v.: Ricordi   ,

C. V. B. (*Seud. de Carlos Vega Belgrano*), v.: Pensamientos

CABOT (José), v.: Pancho, chacarero de San Lorenzo (Seud.).

CABRAL (Felipe J.), v.: Defensa de Corrientes

CAILLOT (Antoine),· v.: Ant. C***t (Seud.).

CALANDRELLI (Matías), v.: Salvador de la Fosa (Seud.).

CALIBAN (*Seud. de Héctor H. Stuart*), v.: Ben Nebo

CALIFORNIA, its characteristics and prospects. 1858.

> Este folleto de 42 páginas que más tarde fué reimpreso con el título ''Characteristics and prospects of California'', en San Francisco, 1858, es de HORACE BUSHNELL.

CALIFORNIA: its gold and ist inhabitants. London, 1856, 2 vols, in 8º.
Autor: HENRY V. HUNTLEY.

CALVO (Vicente), v.: Historia de las misiones

CALZADA (Rafael), v.: Homenaje a la memoria de D. Rafael Fernández Calzada

CAMAÑO (Francisco), v.: Pancho de Qubes (Seud.).

CAMBOUT DE PONTCHATEAU (Sebastián José), v.: La morale practique

CAMBRY (Jacques), v.: Fragments du voyage

CAMILA o la verdad triunfante, por E. del C. Buenos Aires, 1856, in 4º.
> Las iniciales corresponden a ESTANISLAO DEL CAMPO.

CAMPAIGNS and cruises in Venezuela and New Granada and in the Pacific ocean from 1817 to 1830. With the narrative of a march from the River Orinoco to San Buenaventura on the coast of Chocó; and sketches of the West Coast of South America from the Gulf of California to the archipiélago of Chilöe. Also tales of Venezuela illustrative of revolutionary men, manners and incidents. In three volumes. London, 1831. 3 vols., in 12º.
> Esta obra que Sabin, Cushing, Barbier, Querard y Medina, citan en la edición francesa, este último para descubrir el traductor, ha quedado hasta ahora, como anónima y esta es la primera vez que, después de una prolija investigación en las obras

de Chesterton e Hippisley, podemos afirmar que su autor fué el teniente VOWEL, oficial de la "British Brigade", formada a expensas del Regimiento 1º de Lanceros Venezolanos, y cuya vida, aunque no su nombre, figuran en la obra de Chesterton: "Peace, War...".

Hippisley, también en su "Narrative of the Rivers Orinoco and Apuré..., etc.", habla repetidas veces de VOWEL (a quien llama VOWELS), de su amigo Mac Donald y de la disolución del 1º de Lanceros Venezolanos y la formación de lo que se llamó la "British Brigade" (véase pág. 573), VOWELS.

Después de bastante tiempo de publicado lo anterior, apareció una edición del libro "Las Sabanas de Barinas" editada por "Cultura Venezolana", en que se declara haberse descubierto el autor gracias a las investigaciones del doctor LUIS ROMERO ZULOAGA.

Esta obra apareció en 1928. El libro "Crítica estéril", donde expusimos las conclusiones mencionadas, apareció un año antes.

CAMPAÑA de Chile y triunfo de Chacabuco. Canción patriótica por M. de B. Buenos Aires. Hoja suelta.

Las iniciales corresponden a MIGUEL DE BELGRANO.

CAMPBELL, v.: Candide and impartial...; Concise history

CAMPE (M.), v.: Recueil de voyages intéressans

CAMPERO (Narciso), v.: N. C. (Seud.).

CAMPO (Angel de), v.: Micrós (Seud.).

CAMPO AMORES (Seud. de Juan A. Martínez), v.: Chispazos del corazón; Lágrimas y flores.

CAMPOFLORES (Seud. de José Rotundo), v.: Música profana

CAMPOS (José A.), v.: Jack the Ripper (Seud.).

CAMUS (Fernando), v.: Memorial del hecho del pleito

CAMUS (Maximino), v.: La reforma militar

CANAL de "Uchusuma". Informe del Superintendente Interventor sobre el estado de la obra. Tacna, 1870.

Suscrito por JOSE JOAQUIN INCLAN.

CANALISATION des isthmes de Suez et de Panama par les Fréres de la Cie. Maritime de Saint Pie, ordre religieuse, militaire et industriel. Par Magny. Paris, 1898, in 8º.

Abreviatura de C. DRIGON DE MAGNY.

CANCIONES populares para cantar con guitarra, por Pepino 88, 3ª edición corregida. Buenos Aires, 1907, in 8º.

El autor es JOSE J. PODESTA.

CANDIDE and impartial considerations on the nature of the sugar trade; the comparative importance of the British and French islands in the West Indies: with the values and consequence of St. Lucia and Granada, truly stated. Illustrated with copper plates. London, 1763, in 8º.

Autor: Capitán CAMPBELL.

CANDIDE, fils (Seud. de Bellin), v.: Voyage de Candide fils

CANTILO (José M.), v.: La Constitución Argentina

CANTON JULIO (Eliseo), v.: La Provincia de Mendoza

CANTOS. Por Juan Scott. Buenos Aires [1923], in 8º.

Seudónimo de RICARDO PIOLA.

CANTOS DE AMOR argentinos. (Poesías selectas). Buenos Aires, 1885, in 8º.

El recopilador de las poesías fué el editor, PEDRO IRUME.

CAÑAS (Francisco), v.: Exploración de las islas

CAÑEDO (E.), v.: De la Revolution au Méxique

CARAFFA (Pablo I.), v.: La Independencia

CARAMILLO DE PEREYRA (María Enriqueta), v.: María Enriqueta (Seud.).

CARAMURÚ, ou la découverte de Bahia, roman-poeme héroique brésilien, para José de Santa Rita Durão, traduit en français. Paris, 1829, 3 vols in 12º.
El traductor francés fué EUGENE DE MONGLAVE.

CARANCHO (Seud. de Francisco de Paula Castañeda), v.: Suplemento a la segunda amonestación; Suplemento a la tercera...

CARAVEDO (Baltazar), v.: Breve exposición de los motivos...

CARDENAS (Manuel) (Col.), v.: El general Obando

CARDENAS (Vicente), v.: La Administración

CARDINI, cap. de gendarmes (publ.), v.: Voyage aux îles françaises

CARENZO (Nicolás), v.: Acusación a dos vocales

CARITAT (H.), v.: Une société de savans et d'hommes de lettres (Seud.).

CARLOS HUME (Seud. de Solari Bidondo), v.: El mancomunismo

CARLOS MARTINEZ (Seud. de Carlos D'Amico), v.: Buenos Aires

CARLOTA, Imperatriz de México, v.: Le llano de...

CARMEN LUNA (Seud. de Enriqueta Lucero), v.: Las de hoy

CARMONA (Manuel G.), v.: Datos estadísticos.

CAROLUS BRIO (Seud. de Brilland-Lanjardière), v.: Popote

CARON DE BEAUMARCHAIS (P. Aug.). Búsquese por Beaumarchais (P. Aug. Caron de).

CARPIO (Miguel de), v.: M. C. (Seud.).

CARRACCIOLI (L. Ant. de), v.: La vie de Joseph II...

CARRANZA (Angel Justiniano), v.: A. J. C.; Un Republicano (Seuds).

CARRANZA (Angel Justiniano), v.: Odio gratuito; Una conmemoración...

CARRERAS (Roberto de las), v.: Jorge Kostai (Seud.).

CARRILLO (F.), v.: Proposiciones

CARTA al señor Ministro de Gobierno y Relaciones Exteriores. Cochabamba, 1881.

Autor: M. BAPTISTA.

CARTA APOLOGETICA del papel inserto en El Monitor Nº 44. Santiago, 1814.

Suscripta por STANISLAO AGGAR LANDI, anagrama de SANTIAGO GANDARILLAS, hermano menor de MANUEL JOSE GANDARILLAS.

CARTA DE DIONISIO Terrasa y Rejón a sus amigos. Santiago, 1814.

Anagrama de ANTONIO JOSE DE IRISARRI. Esta carta es una sátira contra los Carreras y sus partidarios.

CARTA DE DOS AMIGOS a Don Firmiano Roca. Santiago, 1814.

Suscripta por ANDRES GALES y JUAN MILLAO, nombres que unidos forman el anagrama de MANUEL JOSE GANDARILLAS.

CARTA DE UN PARTICULAR al general El Es Burro, Prefecto de Lima. Impreso en Guayaquil, año 1832, reimpreso en Valparaíso, in 4º.

Suscrita por el seudónimo JUAN EVANJELISTA MONTES DE OCA, HIJO DE TACNA Y NIETO DE CUMANA, que se cree corresponda a RAFAEL VALDES.

CARTA DE UN PERUANO a Mr. Federico Brandsen.

Por ANTONIO TERAN DE GONZALEZ.

CARTA DEL DEFENSOR de tontos a D. de P. y B. Santiago, 1814.

De ANTONIO JOSE DE IRISARRI que la dirige a DAVID DE PARRA Y BEDERNOTON (BERNARDO DE VERA Y PIN-TADO), suscribiéndola con las iniciales A. G. de C. (véase tam-bién: Sobre-carta).

CARTA PASTORAL del ilustrísimo señor Obispo electo y gobernador del obispado de Michoacan. México, 1813, in 4º.

Autor: MANUEL ABAD QUEIPO.

CARTAS A GENUARIA, Buenos Aires, 1840, in 12º.

Autor: MARCOS SASTRE.

CARTAS CRITICAS de Pancho, chacarero de San Lorenzo. Rosario de Santa Fe, 1875, in 8º.

El autor es JOSE CABOT.

CARTAS EDIFICANTES Y CURIOSAS, escritas de las misiones ex-trangeras, por algunos missioneros de la Compañía de Jesus. Traducidas del idioma francés por el padre Diego Davin, de la misma Compañía. Madrid, 1753-1757, 16 vols. in 4º.

Fueron publicadas en francés por los jesuitas CHARLES LE GOBIEN, JEAN BAPTISTE DU HALDE, LOUIS PATOUIL-LET, N. L. INGOULT, A. J. DE NEUVILLE, JEAN BAPTISTE GEOFFROY, NICOLAS MARECHAL Y SOMMERVOGEL.

CARTAS PERUANAS. Escritas en francés por Madame de Grafigny, traducidas del español. París, 1823, in 8º.

Medina hace figurar las "Lettres d'une Peruvienne" en la edición de 1747 traduciendo literalmente lo que dice Barbier, pero, es claro, sin nombrar la edición española que indicamos y que nos sirve para hacer constar que el seudónimo "EL AUTOR DE CARTAS PERUANAS" que figura en el libro: "Ensayo sobre la supremacia del Papa", no corresponde a Mme. GRA-FIGNY como alguien ha dicho, basándose en ser ella, la autora de Cartas Peruanas, sino al Arcediano de la Catedral de Lima JOSE IGNACIO MORENO, que tiene una obra con el mismo título.

CARTAS TESTIMONIALES. Respuesta a los cargos dirigidos por "La Reforma" de La Paz, órgano oficial del gabinete Baptista contra el boliviano Julio Méndez. Tacna, 1876.

Obra del mismo JULIO MENDEZ.

CARTAS TURCAS. Historia de la revolución de 1854 por Aly Bey. Lima, 1861.

Autor: JUAN VICENTE CAMACHO.

CARTEAUX (Félix), v.: F. C*** (Seud.).

CARTONES [Por] Micrós. Ilustraciones de Julio Ruelas. México, 1894, in 8º.

Seudónimo de ANGEL DE CAMPO.

CARVALHO (Fray Jorge de), v.: Relação verdadeira.

CARVALHO (Sebastião José de), Búsquese por Marqués de Pombal

CARVER (Jonathas) (Chanla), v.: M. de C. (Seud.).

CASO (y Arana), v.: Al comercio de Bolivia

CASOS (Fernando), v.: Segundo Pruvonena (Seud.).

CASOS concretos del general Juan Ayala. [Buenos Aires, 1888], in 8º.

Autor: ANGEL BERON DE ASTRADA.

CASTAÑEDA (Francisco de Paula), v.: Carancho; El que ya está empachado con tanta merienda de negros; El que sigue empachado con la merienda; El que sigue empachado con la merienda y con síntomas de apoplegía (Seuds.).

CASTAÑEDA (Francisco de Paula), v.: Primera Amonestación

CASTELLANOS (Joaquín), v.: Dharma (Seud.).

CASTELLANOS (Uladislao), v.: Notables documentos

CASTIGAT RIDENDO, v.: Sátiras espiritistas

CASTILLO (José R. del), v.: Nick Carter en México

CASTRO (Antonio de), v.: Información en derecho

CASTRO (Fernando de), v.: Un Entusiasta del autor (Seud.).

CASTRO (Ignacio), v.: Inocencia justificada

CASTRO BARROS (Pedro Ignacio de), v.: P. I. de C. (Seud.).

CATALOGO DE LOS IMPRESOS que vieron la luz pública en Chile desde 1877 hasta 1885 inclusives. Santiago, 1893, in 4º.

> Autor: DAVID TORO MELO; de esta obra, según Vaisse, solo existen 5 ejemplares retirados por pliegos de la imprenta en el incendio de la cual desapareció toda la edición.

CATALOGO DE LAS REVISTAS y Periódicos (con exclusión de los diarios políticos) [de la Biblioteca Nacional]. Buenos Aires, 1923, in 4º.

> Autor: LUIS LEON CANAVERI.

CATALOGO METODICO de la Biblioteca Nacional [de Buenos Aires]. Tomo I. Ciencias y Artes. Buenos Aires, 1893..., in 4º.

> Autor: PAUL GROUSSAC.

CATALOGO METODICO de la Biblioteca Nacional [de Buenos Aires]. Tomo II. Historia y Geografía. Buenos Aires, 1900, in 4º.

> Autor: PAUL GROUSSAC.

CATALOGO METODICO de la Biblioteca Nacional [de Buenos Aires]. Tomo III. Buenos Aires, 1910, in 4º.

> Autor: EPHRAIM BOVET bajo la dirección de PAUL GROUSSAC.

CATALOGO METODICO de la Biblioteca Nacional [de Buenos Aires]. Tomo IV. Derecho. Buenos Aires, 1915, in 4º.

Autores: VENTURA A. BUSTOS y JOSE FIERRO, bajo la dirección de PAUL GROUSAC.

CATALOGO METODICO de la Biblioteca Nacional [de Buenos Aires]. Tomo V. Ciencias y Artes, 2a. parte. Buenos Aires, 1919, in 4º.

Autor: VENTURA A BUSTOS, bajo la dirección de PAUL GROUSSAC.

CATALOGO METODICO de la Biblioteca Nacional [de Buenos Aires]. Tomo VI. Historia y Geografía. 2a. parte. Buenos Aires, 1925, in 4º.

Autor: MANUEL SELVA, bajo la dirección de PAUL GROUSSAC.

CATALOGUE DES LIBRES imprimés et manuscrits de la bibliothèque de M. de Lamoignon, avec une table alphabetique des auteurs et des anonymes. Paris, 1770, in folio.

Autor: L. Fr. DELATOUR.

CATALOGUE GENERAL des meilleures cartes géographiques et topographiques. Paris, 1752, in 12º.

Autor: ROCH.-JOSEPH JULIEN.

CATALOGUE HEBDOMADAIRE ou liste alphabetique des livres, tant nationaux qu'étrangers. Paris, 1763|89, 27 vols, in 8º.

Autores: Empezado por BELLE-PIERRE DE NEUVE-EGLISE y continuado por PHILIPPF.DENIS PIERRES.

CATALOGUE OF PLANTS... in the Botanic Garden. Jamaica, 1792.

El autor: DANCER.

CATECISMO contra la tuberculosis. Buenos Aires, 1902, in 16º.

IEs su autor EMILIO R. CONI.

CATES (Thomas), v.: A summarie and true

CATINEAU-LAROCHE (P. M. S.), v.: De la Guyane française

CAUSA Guido-Raymond. La verdad y la calumnia. Expiación que aguarda al calumniador. Montevideo, 1893.
Su autor: RODOLFO RAYMOND.

CAUSSE (Charles), v.: Pierre Mäel (Seud.).

CAVIA (Pedro Feliciano), v.: El amigo del orden (Seud.).

CAYET (Pierre Victor), v.: Chronologie septenaire

CEBALLOS (Juan José), v.: Diálogo entre un bedel

[CEBALLOS GUERRA (José Damián)], v.: Un Americano (Seud.).

CENTENARIO 1810-1910. Por I. Alvear. Santiago, 1910, in 8º.
Seudónimo de ALEJANDRO VICUÑA PEREZ.

CENTENO (Dámaso), v.: Rasgos de la vida

CENTON (Seud. de Paz Soldan), v.: Chile ante la historia

CEPPI (José), v.: Aníbal Latino (Seud.).

CERISIER (Antoine Marie), v.: Histoire de la fondation des colonies;
Le destin de l'Amérique.

CERRUTI (Vicente), v.: C. V. (Seud.).

CESAR DUAYEN (Seud. de Emma de la Barra de de la Barra), v.:
El Manantial.

CINTA AZUL (Seud. de Oscar Lanata), v.: Hojarasca.

CISNEROS (Marqués de), v.: Por Don Félix de Guzmán

CITRI DE LA GUETTE (S. D.) (Traductor), v.: Histoire de la découverte

CIVES (*Seud. del Deán Gregorio Funes*), v.: Proclama de un habitante de esta ciudad

CLAMOR de la Justicia, e Idioma de la Verdad. Diálogo entre dos hermanos Paulino y Rosa, en el que con claridad, y la concisión posible, se vindica la causa de la Libertad Americana de las objeciones más comunes que le hacen sus contrarios. Santiago de Chile.

Cita Medina esta obra de MANUEL VERDUGO, pero tan deficientemente que no podemos menos de aclarar algunos puntos, abstracción hecha del nombre de su autor, que fué el presbítero MANUEL JOSE VERDUGO.

Reimpreso este folleto por el mismo autor con el fin de obsequiar al Gobierno con doscientos ejemplares que debían ser repartidos entre los curas y los maestros, tuvo el honor de ser reimpreso en su segunda entrega por un religioso, al parecer, de la orden de los predicadores, quien lo ilustró con notas que Montt considera más importantes que el texto. La tercera parte de este opúsculo se publicó con el título de ''El Patriotismo'' (véase), y Medina no lo cita lo mismo la cuarta parte: ''La Justicia'' (véase).

CLAMOR y protesta. Carta de ''Un argentino federal'' al gobernador don Pastor Obligado... 1854.

Seudónimo de ANTONINO REYES.

CLAUDIO CABALLERO (*Seud. de Bartolomé Mitre y Vedia*), v.: Cosas de locos.

CLAUDIUS (*Seud. de Charles Ruelle*), v.: La science populaire.

CLAVIJO (Calisto), v.: Belzu y mi defensa

CLEIRAC, v.: Us et coutumes de la mer

CLEMENCET (Charles), v.: Réligieux Bénédictins de la Congrégation de Saint Maur (Seud.).

CLEMENS (Samuel Langhorne), v.: Mak Twain (Seud.).

CLODORE (J.), v.: J. C. S. D. V. (Seud.).

CLOPPENBOURG (Jean-Everhardts), v.: Le Miroir

CLUNI (A.), v.: Le Spectateur Américain.

CLUSIUS (Charles Lecluse ou Lescluse), v.: Histoire des drogues

COBO (J. M.), v.: Jacob Numo (Seud.).

COCINA CRIOLLA. (Exitistas y buhos apagadores). Por Franklín Harrow. Mendoza, 1902, in 8º.

> Autor: JULIO LEONIDAS AGUIRRE.

COCHET (Alejandro), v.: Al Perú

CODIFICACION. La Jurisprudencia de la Europa continental y las instituciones libres. Buenos Aires, 1869, in 4º.

> Autor: FLORENTINO GONZALEZ.

COIFFIER DE VERSEUX (Henri-Louis), v.: Une Société de gens de lettres (Seud.).

COLECCION DE ARTICULOS. Sansón Carrasco. Con una introducción del Dr. Don Juan Carlos Blanco. Montevideo, 1834.

> Seud. de DANIEL MUÑOZ.

COLECCION DE DATOS y documentos referentes a Misiones como parte integrante del territorio de la provincia de Corrientes. Hecha por una comisión nombrada por el Gobierno de ella. Primera parte. Corrientes, 1877, in 8º.

> La comisión la integraban RAMON CONTRERAS, LISANDRO SEGOVIA, JUAN VALENZUELA y JOSE ALSINA.

COLECCION DE TROZOS ingleses extractados de las obras de Sadler y adaptados a la enseñanza de las clases de 1º y 2º año del 1854, in 4º.
Instituto Nacional por los profesores del ramo. Santiago,

> Autor: ENRIQUE COOD.

COLEGIO NACIONAL del Uruguay. Conferencia celebrada en conmemoración del XXXV⁰ aniversario de la fundación del Colegio del Uruguay por los alumnos miembros de la Academia Científico-Literaria de dicho colegio y las discípulas de la Escuela Normal Nacional de Alumnas Maestras el 28 de julio de 1884. Uruguai, 1884.

> Recopilación del Dr. HONORIO LEGUIZAMON, rector del Colegio en ese tiempo.

COLERA MORBUS. Hipótesis sobre su naturaleza, preservativos para su desarrollo y contagio. Métodos de curación. Compilación editada por J. S. A. Salta, 1867, in 8⁰.

> Su autor es JOSE S. ARAOZ.

COLONIZACION y navegación del Amazonas. Lima, 1853, in 8⁰.

> Atribuído a JUAN ESPINOSA.

COLTON (Rev. C.), v.: An American in London (Seud.).

COLUMBIA: being a geographical, statistical, agricultural, commercial and political account of that country, adapted for the general reader, the merchant, and the colonist. (London, 1822). 2 vols., in 8⁰. [Simultáneamente apareció en español mal traducida].

> Autor A. WALKER.

COLUMBUS de prima insularum... Basiliae, 1533.

> Autor: ROBERTUS MONACHUS.

COLLECTION of interesting and important reports and papers on the navigation and trades of Great Britain, Ireland, and the British colonies in the West Indies and America, with tables of tonnage, etc. Printed by order of the society of ship-owners of Great Britain. London, 1807, in 8⁰.

> Recopilador y editor: NATHANIEL ATCHESON.

COLLECTION portative de voyages, traduits de différentes langues orientales et européennes. Paris, 1797|1820. 6 vols, in 8⁰.

> Autor: LUIS LANGLES,

COLLET (Doctor... de Newbury), v.: Account of the first settlement

COLLIN D'AMBLY (Fr.), v.: M. C*** (seud.).

COMAJUNCOSA (Antonio) y CORRADO (Alejandro M.), v.: Dos misioneros.

COMAS RUIZ (Matilde), v.: Necha Comas Ruiz (Seud.)

COMEIRAS (Víctor), v.: Le Géographe

COMERCIO de armas en la República Argentina. Documentos de la Legación Boliviana. Buenos Aires, 1881.

> Hace la publicación, firmando en el prólogo SANTIAGO VA-CA GUZMAN.

COMERCIO de la Provincia de Santa Fe. Año 1883, in 8º.

> Autor: JONAS LARGUIA.

COMMENTAIRE premier du seigneur Alphonse d'Ulloe jusques à l'an 1568. Paris, 1570, in 8º.

> Traductor F. de BELLEFOREST.

COMPAGNONI (Giuseppe), v.: Storia dell'America

COMPENDIO de las campañas del Ejército de Los Andes. Buenos Aires, 1825, in 8º.

> Es autor el coronel JOSE MARIA AGUIRRE.

COMPENDIO de las campañas del Ejército de los Andes. Por Un jefe amante de las glorias de su patria. Buenos Aires, 1825, in 4º.

> Seudónimo de JERONIMO ESPEJO.

COMPRAR a quien nos compra, comedia argentina en 3 actos (por K. E. de Maduro). [Buenos Aires]. Foll. (Tirada de 50 ejs.).

> Seudónimo de JOSE MIERES.

CON TODA MI ALMA (Poesías). Por Yacaré. Buenos Aires, in 8º.
Seudónimo de FELIPE H. FERNANDEZ.

CONCISE HISTORY of the United States from the discovery of America till 1807. Philadelphia, 1807, in 16º.
Autor: JOHN MAC-CULLOCH.

CONDORCET (Antoine Nicolás Caritat, marqués de), v.: Un Burgeois de New Haven; Un habitant obscur de l'ancien hemisphère (Seuds.).

CONGRESO DE 1886. Siluetas parlamentarias. Buenos Aires, 1886, in 8º.
Firman estas siluetas "VALET DE PIQUE" y "VALET DE CARREAU", seudónimos ambos bajo los que las publicó en "El Nacional", ERNESTO WEIGEL MUÑOZ.

CONI (Emilio R.), v.: Catecismo; Informe de la comisión.

CONMEMORACION de 17 de junio de 1821. Homenaje a la memoria del patriota Güemes. (Edición dirigida por A. J. C.), Salta, 1885, con retrato.
Iniciales de ANGEL JUSTINIANO CARRANZA.

CONSIDERACIONES sobre el empréstito de 1853. Londres, in 4º.
Autor: M. DE MEDIBURU.

CONSIDERACIONES sobre la América española, o apelación a la verdad sobre las causas, espíritu y objeto de su revolución. Escritas en francés e impresas en París en 1817, por un Americano; y traducidas fielmente al español, en Lima: año de 1819, in 4º.
Se atribuye a JOSE DAMIAN CEBALLOS GUERRA, conde de Las Torres, y también, por Medina, a SERVANDO TERESA DE MIER Y NORIEGA. Medina sólo cita la obra francesa.

CONSIDERACIONES sobre la navegación de vapor; y plan para establecerla, del Callao a Nueva York por la vía de Panamá. Lima, 1829, in 8º.
El autor fué GUILLERMO RADCLIFF que firma el prólogo-propuesta.

CONSIDERANT (Victor), v.: Mexique; Quatre lettres.

CONSIDERATIONS sur la cause physique des tremblements de terre, par Hales, traduites de l'anglois. Paris, 1751, in 12º.

El traductor francés fué GUILLAUME MAZEAS, y fueron reimpresas a continuación de "L'Histoire des tremblements de terre arrivées a Lima... suive de la description du Pérou".

CONSIDERATIONS sur l'état présent de la colonie françoise de Saint Domingue, ouvrage politique et législatif. M. H. D. L. Paris, 1776|7, 2 vols, in 8º.

Autor: MICHEL RENE HILLIARD D'AUBERTEUIL. Obra refutada por DUBUISSON en el libro "Nouvelles considérations sur Saint Domingue".

CONSIDERATIONS upon the present date of our affairs, at home and abroad, in a letter to a member of Parliament from a Friend in the Country. London, 1739.

Seudónimo de Lord GEORGE LYTTELTON.

CONSTANTIN (Louis), v.: L. C. (Seud.).

CONSTITUCIONES de la Religión Betlemitica fundada en las Indias Occidentales. Roma, 1763, in 4º.

Autor: Fray RODRIGO DE LA CRUZ.

CONSTITUCIONES de la santa Provincia de S. Diego de México de Religiosos Menores Descalços de N. S. P. S. Francisco. [México, 1698], in 8º.

Autor: J. DE HUERTA.

CONSTITUCIONES del Colegio de S. Ignacio de Loyola de México, fundado y dotado por la Ilustre Congregación de N. Señora de Aranzaza de la misma ciudad para la manutención y enseñanza de Niñas huérfanas, y viudas pobres, etc. Madrid, 1759.

Autor: MANUEL ALDACO.

CONSULTA del Gobierno de Mendoza. La iglesia, el alma y sus cape-llanías ante el derecho civil. 2a. edición anotada. Buenos Ai-res, 1876, in 8º.

Firma el Dr. JOSE FRANCISCO LOPEZ.

CONTANT, v.: Une Société de Gens de Lettres (Seud.).

CONTEMPORAINS étrangers, ou recueil iconographique des étrangers les plus celébres dans la politique, la guerre, les lettres, les sciences et les arts, despuis 1790 jusqu'a nos jours, lithogra-phié par MM. Mauzaize et Grévedon. Paris, 1825, in folio.

Autor: PAULIN RICHARD.

CONTESTACION a la "Carta anónima" [del Deán Funes] publicada en esta corte el 31 de julio próximo pasado, contra don Juan Martín de Pueyrredón. Buenos Aires, [1813].

La firma: JOSE CIPRIANO PUEYRREDON, hermano del atacado por Funes.
Funes confesó (1814) su error y se disculpó.

CONTESTACION a los ataques y calumnias que en varios números del periódico El Comercio, ha vertido D. Alejandro Delboy contra Juan Guzmán de Malamoco. Lima, 1844, in 4º.

Autor: JUAN GUZMAN DE MALAMOCO que la firma.

CONTESTACION al folleto de D. Jayme Thorne, [Lima, 1839].

La firma JUSTO HERCELLES.

CONTESTACION al impreso que bajo el título de Breve instrucción ha publicado el Sr. D. José María del Valle, relativa al plei-to pendiente hoi en la Excma. Corte de Justicia con el objeto de justificar su administración en la hacienda de Huanchil-mailas. [Lima, 1849], in 8º.

La firma: LORENZO DEL VALLE.

CONTESTACION al libelo infamatorio publicado por la casa fallida Arana y Caso. Sucre, 1858.

Autor: MARCELINO A. GOMEZ.

CONTESTACION joco-seria al libelo publicado en el Janeiro por el marqués de Casares, ex ministro del Virrey Abascal.

El autor es el Deán GREGORIO FUNES. No conocemos lugar de impresión.

CONTESTACION que da el Prefecto del Departamento de la Capital de Lima al Manifiesto publicado por el general La Fuente. Lima, 1832, in 4º.

El Prefecto era JUAN BAUTISTA ELESPURU. (Véase sobre lo mismo: "Carta de un particular").

CONTINUACION al núm. 4º del Censor. Por L. E. M. V. A. M. Buenos Aires, 1815.

Atribuído al Deán GREGORIO FUNES. Fué contestado por un folleto "Respuesta al papel titulado "Continuación", etc. Firmado por "El amante del pueblo y de la felicidad de la causa".

CONTINUATION de l'Histoire universelle de Bossuet; Paris-Amsterdam, 1700, v.: Histoire universelle depuis l'an 800.

CONTRA-MANIFIESTO que el Gobierno del Perú dirige a las naciones amigas con motivo de la guerra que le ha declarado Chile. Buenos Aires, 1879.

Lo firma, en Lima: MANUEL IRIGOYEN.

CONTRERAS (Ramón), véase: Colección de datos y documentos; Manifiesto de los jueces.

CONTRERAS (Ramón), v.: Cuestión Misiones.

COOD (Enrique), v.: Colección de trozos ingleses.

COOLEY (W. Desborough), v.: Histoire génerale...

COPPEUS ([P.]), v.: P. C. (Seud.).

CORBACHO (José María), v.: J. M. C. (Seud.).

CORCOVOS DE LA IDEA. Versos. Por Salustio Napia y Mazarino. (1916. San Juan). Buenos Aires, 1916, in 8º.

Seud. de AMADOR CORDERO DE AUSTRIA.

CORDERO DE AUSTRIA (Amador), v.: Salustio de Napia y Mazarino (Seud.).

CORDIVIOLA (Luis A.), v.: Liub de Zina (Seud.).

CORMENIN (Vte. de). Búsquese por La Haye.

CORONA FUNEBRE del coronel don Agustín A. Olmedo, muerto el 22 de mayo de 1881. Homenaje de amistad y respeto. Córdoba, 1882.

Autor: E. T. LUQUE.

CORONA FUNEBRE del doctor José María Moreno. Buenos Aires, 1882, in 8º.

Don FRANCISCO ALCOBENDAS fué el autor de esta publicación según se desprende del prólogo.

CORONA POETICA del general San Martín. Con retrato. Buenos Aires, 1901. in 16º.

Es autor de esta recopilación JOSE ARTURO SCOTTO.

CORONA FUNEBRE del Jeneral Necochea. Lima, 1849. in 4º.

Editor y autor de la memoria necrológica que constituye la parte más importante, MANUEL ROS; la siguen versos del MARQUES DE LLONA.

CORONADO (Juan), v.: La tiranía; Manual de procuración.

CORRADO (Alejandro M.) y COMAJUNCOSA (Antonio), v.: Dos misioneros.

CORRADO DE ALTAMURA. Drama lírico dividido en un prólogo y dos actos. Santiago, 1850, in 8º.

Se atribuye a OSCAR BERNARDELLI,

CORRESPONDENCE littéraire. Découverte d'une petite mystification. Paris, in 8º.

Este folleto contiene dos cartas, la primera está firmada por RENE DE M..... que Quérard interpreta MERSENNE, nombre bajo el cual indica una segunda edición de 1849 titulada ''Deux lettres sur les voyages imaginaires de M. de Chateaubriand''. El seudónimo según el mismo Quérard equivaldría a BINS DE SAINT VICTOR o BINSSE DE SAINT VICTOR (JACQUES MAX).

CORTES generales y extraordinarias 24 de septiembre de 1810. Noticias y sucesos dignos de mención referentes a esta época. (2a. edición), Cádiz, 1896.

Estudio de E. GAUTIER Y ARRIAZA, que firma la dedicatoria.

COSAS de la época. Antonio Rial y José Rossi. Buenos Aires, 1886.

El autor es JOSE J. BIEDMA, que firma el folleto.

COSAS DE LOCOS. Por Claudio Caballero. (Tres cuentos). París, 1886, in 8º. Otra ed. Buenos Aires, 1900.

Seudónimo de BARTOLOME MITRE Y VEDIA.

COSMOGRAPHIAE introductio cum quibus dam geometriae ac astronomiae principiis ad eam rem necessariis. Insuper quattuor Americi Vespucii navigationes Universalis Cosmografiae descriptis tam in solido q plano eis etiam insertir suae Ptholomeo ignota a nuperis reperta sunt... Urbs Deodate [1607].

Autor: MARTIN WALTZEEMULLER.

COSMOGRAPHIAE introductio cum quibus dam geometriae ac astronomiae principius ad eam rem necessarius. Venetiis, 1541, in 8º.

Es un resumen de la Cosmografía de PEDRO APIANO, cuyo verdadero nombre era BIENEWITZ, nacido en 1495 y muerto en 1551.

COSTA (Angel Floro), v.: Proyecto de un puerto

COSTA (Pablo Della). Búsquese por Della Costa.

COSTANZO (Miguel), v.: Diario histórico

COSTARD (J. P.), v.: Une Société de Gens de Lettres (Seud.).

COSTUMBRES de mineros mexicanos. Curiosa venganza. Por Ricardo Colt, ingeniero de minas. México-Barcelona, in 8º.

Seudónimo de RAFAEL LOPEZ DE LA SERNA.

COTTE (El padre L.), v.: Beautés de l'histoire naturelle

COUDRETTE (Christ.), v.: Histoire générale de la naissance...

COUJET (C. P.), v.: Nouveau suplément

COUP D'OEIL rapide sur la république de Costa Rica. Paris, 1849,

Autor el Ministro Plenipotenciario F. MOLINA.

COURNAND (Antoine de), v.: Réponse aux observations.

COURS DE GEOGRAPHIE ancienne, du moyen age et moderne. 1804, in 12º.

Su autor: MIR.

COURS DE GEOGRAPHIE historique a l'usage des pensionnats de demoiselles par Mlle. C. E. J. Laon, 1833, in 12º.

Iniciales de la Srta. C. E. JANIN.

COURS ELEMENTAIRE de géographie ancienne et moderne, avec des remarques historiques, par M. T. O. Neufchâtel, 1757, 2 vols in 8º.

Seud. de SAMUEL FREDERIC OSTERWALD.

Como hay ejemplares de esta edición que llevan por título: "Geographie historique, avec un cours de géographie élementaire". Barbier la cataloga equivocadamente —según Quérard— como dos obras distintas.

COURS ELEMENTAIRE de géographie ancienne et moderne de l'abbé Pierron, par L. D. V., 8e. éd. Metz, 1824, in 12º.

Iniciales de LUIS DE VILLY.

COURS ELEMENTAIRE d'histoire universelle, redigé sur un nouveau plan, ou lettres de Mme. d'Yvry á sa fille, par Mlle. M. de B***. Paris, 1809, in 12º.

Iniciales que corresponden a MELANIE DE BOILEAU.

COURS MEMORIAL de géographie, á l'usage du corps impérial des cadets nobles. Berlin, 1787, in 4º. Saint Pétersburg, 1789, in 8º.

Autor: Ch. Fr. Ph. MASSON.

COURS PREPARATOIRE d'histoire universelle, á l'usage de la communauté des demoiselles nobles de l'institut de Sainte-Catherine. Saint Pétersburg, 1836, in 4º.

Autores: TIMAJEFF Y DE RIFFE.

COURTE DE LA BLANCHARDIERE, v.: A Voyage to Peru.

COURTOT, v.: The lives of St. Thomas...

COUSIN D'AVALLON (Charles Ives Cousin, dit), v.: Histoire de Toussaint Louverture

COUSIÑO (Ventura), v.: Semanario devoto

COUVRAY DE BEAUREGARD, v.: M. C. de B. (Seud.).

CRESPO (Joseph Rafael), v.: Reflexiones sobre la importánte cuestión...

CRETWOOD (William-Rufus), v.: Voyages et aventures...

CRISPO ACOSTA (Osvaldo), v.: Lauxar (Seud.).

CROIZAT (Leandro), v.: Predicción...

CRONICAS de Fradique Méndez. Montevideo. 1914.

Artículos con tal seudónimo publicados anteriormente en diarios y revistas por el Dr. EDUARDO RODRIGUEZ LARRETA.

CRUZ (Sor Ana Inés de la), v.: Felipe de Salayzes Gutiérrez (seud.).

CRUZ (Francisco), v.: Alberdi

CRUZ (Fray Rodrigo De la). Búsquese: De la Cruz (Rodrigo).

CUADRO histórico del gobierno del señor Freire. Lima, 1826, in 8º.

Autor: MIGUEL ZAÑARTU.

CUENCA (Claudio Mamerto), v.: Un Contemporáneo (Seud.).

CUENTOS CORTOS. Por Segundo Huarpe. Con un prólogo de Jean
Paul. Buenos Aires, 1922, in 8º.

El seudónimo del autor corresponde al Dr. NARCISO S.
MALLEA y el del prologador a JUAN PABLO ECHAGUE como
es sabido.

CUENTOS de Arodio El Efo. Historia de Juanillo y de sus aventuras
con el Negro Horqueta. La Plata, 1893.

Seudónimo de RODOLFO DILLON.

CUENTOS de tropa (Entre indios y milicos). Por Fortún de Vera.
Buenos Aires, 1891.

Seud. de JOSE IGNACIO GARMENDIA.

CUESTION chalanta. Informe in voce. Sentencia de la Cámara y comentarios a ésta. San Luis, 1885.

Tanto el informe como los comentarios a la sentencia son de
CARLOS J. RODRIGUEZ, abogado del vencido.

CUESTION CHILENO-ARGENTINA. El libro del doctor Magnasco.
Artículos publicados en ''El Heraldo''. Valparaíso, 1895, in 4º.

Lo firma FRANCISCO VALDES VERGARA.

CUESTION DE LIMITES entre Chile y la República Argentina. Títulos i prueba de Chile a todos los territorios disputados, que el
gobierno mantenía hasta hoi reservados. Montevideo, 1889.

Firmado por CARLOS MORLA VICUÑA.

CUESTION-MISIONES. Refutación del Mensaje del Presidente con el manifiesto de la H. Legislatura de la Provincia de Corrientes. Colección de artículos publicados en "La Verdad" sobre el mismo asunto. Corrientes 1881.

> Los artículos que aparecieron firmados por R. C., iniciales que corresponden a RAMON CONTRERAS, fueron reunidos y publicados en folleto por ANTONIO SANCHEZ NEGRETE.

CUESTIONES ARGENTINAS. La cuestión de la raza (Límites). Los estancos. Canalización. Córdoba, 1898.

> El autor es A. RODRIGUEZ DEL BUSTO que firma la obra.

CUESTIONES DE LA RIOJA en 1877, 1878 y 1879. Los hechos y sus autores, fechados en la Rioja a 1º de octubre de 1878 e impresos én Buenos Aires, 1880.

> Autor: VICENTE ALMANDOS ALMONACID.

CUEVA Y GACITUA (Francisco de la), v.: Por don Iusepe de Ribera.

CULLION (Valentín de), v.: V. D. C. (Seud.).

CURAMALAL. La campaña por Vinchuco. (Con un prólogo de Mario y 15 fotograbados). Recuerdo de la movilización. Buenos Aires, 1896, in 8º

> Según parece el seudónimo corresponde a JOSE LUIS MURATURE.

CH

CHABANON (Michel Paul Guy de), v.: M. de Ch***.

CHACON (Jacinto), véase: Los conflictos entre la Iglesia y el Estado.

CHAMBON, v.: Un Citadín.

CHAMPAGNAC (J. B. J.), v.: C. H. de Mirval (seud.).

CHAMPAGNAC (J. B. J.), v.: Chantal.

CHANLA (*Seud. de Jonathas Carver*), v.: M. de C. (Seud.).

CHANTAL (J. B. J.) (*Seud. de J. B. J. Champagnac*), v.: Beautés de l'Histoire. Manuel des dates. Vies et aventures remarquables.

CHARDON (Daniel Marc-Antoine Chardon), v.: Essai sur la colonie

CHARRIN, v.: en "Dictionnaire des girouettes".

CHASOT DE NANTIGNY v.: M. D. C. o M. de C., (Seud.).

CHASTENET (Gabriel), v.: G^{el.} Chast*** Desterre (Seud.).

CHATELAIN v.: M. C. (Seud.).

CHAUDON (L. Mayeul), v.: Noveau dictionnaire historique

CHAVANETTES (P. des). v.: Abrége portatif de l'histoire

CHAZOT DE NANTIGNY. Búsquese por Chasot de Nantigny.

CHÉLUS (de). Búsquese por Quélus (D.).

CHENAUT (Carlos). v.: Manifiesto de los jueces.

CHERBONNEL (A.) v.: Juan de La Bréte (Seud.).

CHETWOOD (*William-Rufus*), v.: Voyages et aventures du Capitaine
Boyle.

CHILE ante la historia. Por Centon. París, 1880, in 8º.

Seud. de PAZ SOLDAN.

CHISPAZOS del corazón. Por Campo Amores. [Bs. Aires, 1921], in 8º.

Seud. de JUAN A. MARTINEZ.

CHOMPRE (E. M.), v.: Table alphabétique

CHRISTOPHE COLOMB ou l'Amérique découverte, poëme en **XXIV**
chants, par un Américain. Paris (Montard), 1773, 2 vols.
in 8º

Seud. de AUGUSTE ANICET BOURGEOIS.

Así en Sabin, Barbier, Quérard). En cambio Barros Arana y
Medina sostienen que no lleva "Un Americain". (pág. 132, Medina). No obstante, en pág. 97 lo cita como de Un Américain, lo
mismo en los índices.

CHRONOLOGIE SEPTENAIRE de l' histoire de paix entre les Roys de France et d'Espagne contenant les choses plus memorables advenues en France... et autres endroits de l'Europe, avec les succez de plusieurs navigations faictes aux Indes Orientales, Occidentales, et Septentrionales depuis le commencement de l'an 1598 jusques a la fin de l'an 1604... París, 1605, in 8°.

> Autor: PIERRE VICTOR CAYET. Trae interesantes detalles sobre los viajes de los jesuitas al Perú. La segunda edición, también anónima, apareció en París, 1609.

CHUECO (Manuel C.), v.: M. C. C. (Seud.).

CHURCHILL (Recopilador), v.: A collection of voyages.

D

D. (*Seud. de René Jean Durdent*), v.: Beautés de l'histoire; Bellezze della storia

D*** (*Madame*); Búsquese por Madame.

D. de P. y B. (*Iniciales de David de Parra y Bedernoton, seudónimo de Bernardo de Vera y Pintado*), v.: David de Parra y Bedernoton; Sobre-carta.

D. MIGUEL LUIS AMUNIÁTEGUI (1828-1888) [Paris].

El autor es CARLOS MORLA VICUÑA.

D. O. (*Seud. de Domingo Olivera*), Trad., v.: De la América.

D. S. (*Seud. de B. de Saive*), v.: Géographie universelle par Buffier.

D. V. de M. (*Seud. de Delfina Vedia de Mitre*) (Trad.), v.: El diario de una mujer

D. Y. E. (*Seud. de Don Ygnacio Escandon*), v.: La elección de Provincial.

D'ABREU (Luis A.); búsquese por Abreu

D'AÇARO (Trad.), v.: Vies des hommes et des femmes.

DAGNEAUX, v.: M. Dag... (Seud.).

D'ALEMBERT, v.: Seconde lettre

DALRYMPE (A.) Publ., v.: Diario histórico

DAMASCENO (Hermano), v.: H. D. (Seud.).

D'AMICO (Carlos), v.: Carlos Martínez (Seud.).

DANCER, v.: Catalogue of plants

DANDRIEUX, v.: La Martinique...

DANIEL (*Seud. de Eduarda Mansilla de García*), v.: El Médico; Lucía Miranda.

DANIEL (El abate), v.: Tableaux Synoptiques de géographie

DANIEL LESUEUR (*Seud. de Juana Loiseau*), v.: La fuerza del pasado.

DANTINE (François), v.: Réligieux Béneditins de la Congrégation de Saint Maur (Seud.).

DAPPER (Olivier), v.: O. D. (Seud.).

DARCET (Juan), (Trad.), v.: Traité sur le venin.

DARINEL (*Seud. de Gilles Boileau de Bouillon*), v.: La Sphère

DARMIANT (Valère), v.: De la situation...

DARNAY ou D'ARNEX, Trad., v.: Recueil des voyages interessans

DAS ALTE MEXICO und die eroberung Neuspaniens durch Ferdinand Cortez. By Th. Armin. Leipzig, 1865.
Seud. de MARINA WITTER.

DAS BRITISCHE Reich in America, Worinnen enthalten die Geschichte der Entdeckung, des Zustandes der englischen Colonien auf dem festen Landen und den Insuln von America. Mit den Land Charten von Moll uebers von T. Arnold. Lemgo, 1744. 2 vols, in 4º.

Autor: OLDMIXON.

DATOS estadísticos de la República de Chile. Valparaiso, 1876, in 4º.

Lo firma MANUEL G. CARMONA.

D'AUBERTEIL (Hilliard), v.: M. H. D. (Seud.).

D'AULNOY. Búsquese por Aulnoy.

DAUNON (P. C. F.), véase: Funes (Gregorio), Trad.

DAURAND FORGUES (Emile), v.: Histoire génerale...

DAUXION LAVAYSSE, v.: Un coronel mayor del ejército (Seud.).

DAVID DE PARRA Y BERDENOTON al Defensor de Tontos. [Santiago, 1814].

Se trata del anagrama de BERNARDO VERA Y PINTADO contestando al opúsculo de IRISARRI.
Esta carta comprende siete páginas, está firmada por D. de P. y B.; al principio dice BERDENOTON en lugar de BEDER-NOTON.

DAVILA (Julio), Recop. v.: Barbarismos

DAVIS (J. C. B.), v.: Notes upon the tratries

DAVIS (John), v.: The American Mariners

DAVITY (Pierre), v.: Les estats, empires, etc.

DE FELICE (Trad.), v.: Histoire ecclésiastique

DE LA AMERICA MERIDIONAL [con algunas observaciones acerca de ese importante objeto, escrito en francés] por Daunou y traducido del manuscrito autógrafo por D. O. Bs. Aires, 1822, in 4º.

El traductor fué DOMINGO OLIVERA.

DE LA BARRA (Federico León) Búsquese por Barra.

DE LA BARRA DE DE LA BARRA (Emma), v.: César Duáyen (Seud.).

DE LA BORDE. v.: Recueil de divers voyages

DE LA CRUZ (Rodrigo), v.: Constituciones de la, Religión

DE LA CHENAYE - DES - BOIS (Alejandro Aubert), búsquese por Aubert de la Chenaye.

DE LA GUYANE française, de son état physique, de son agriculture, de son régime intérieur et du projet de la peupler avec des laboureurs européens, ou Examen d'un écrit de Barbé-Marbois..., Paris 1822, in 8º.

Autor: P. M. S. CATINEAU-LAROCHE.

DE LA MANIERE d'écrire l'histoire, par l'abbé de Mably, avec la critique de cet ouvrage, sous le titre de "Supplement" par G. de L. B*** [Kehl] 1784. in 12º.

Las iniciales corresponden a PAUL PHILLIPPE GUDIN DE LA BRENELLERIE.

DE LA NECESITE de rendre nos colonies françaises indépendentes, et de supprimer notre acte de navigation, par C. G. D. B. Paris, in 12º.

Autor: Ch. GUILLOTON DE BEAULIEU.

DE LA REVOLUTION au Méxique. Mars 1860. Nouvelle Orleans. s. d.

Lo firma ESTANISLAO CAÑEDO.

DE LA SERVITUDE temporaire des noirs, et d'une Colonisation de militaires a Saint-Domingue..., Paris. 1802, in 8º.

Autor: GAETAN DE RAXIS DE FLASSAN.

DE LA SITUATION des gens de couleur libres aux Antilles françaises Paris, 1823, in 8º.

Autor: VALERE DARMIANT.

DE LA UTILIDAD de los Bancos en los pueblos de la República Argentina, por A. A. [Buenos Aires], 1860.

El autor es AMANCIO ALCORTA.

DE L'AMERIQUE et des Américains, ou observations curieuses du philosophe La Douceur, qui a parcouru cet hémisphère pendant la dernière guerre, en faisant le noble metier de tuer les hommes sans le manger. (Contre les recherches de M. Paw.), Berlín, 1771.

Esta obra que Querard (Franc. Lit. 410), da como anónima y como autor de la misma a ZACH. DE PAZZI DE BONNEVILLE, el mismo Quérard (Supercheries, II, 348), la atribuye a PIERRE POIVRE. Medina da el título incompleto y repite, errando la página, lo que dice Quérard en Supercheries. Hoefer la da decididamente como de POIVRE. Se atribuyó también a PERNETTY. Como Medina, aunque informa que la obra (que es de PIERRE POIVRE) ha sido atribuída a BONNEVILLE y a PERNETTY, no hace figurar en los índices estos nombres, hemos creído conveniente incluirlos aquí.

DE LAS CARRERAS (Roberto), búsquese por Carreras.

DE L'EXPLOITATION des sucreries, ou Conseils d'un vieux planteur aux jeunes agriculteurs des colonies. A la Basse-Terre, Guadalupe, 1792, in 4º. Otra edición: París, 1803, in 8º.

Autor: POYEN DE SAINTE-MARIE.

DE LOLME (J. L.) (?), v.: Junius's letters.

DE L'USAGE du caphé, du thé et du chocolat. Lyon, 1671, in 12º.

Autor: JACOB SPON. Frecuentemente se ha confundido esta obra con la "Traités nouveaux et curieux du café", de PHILLIPPE SYLVESTRE DUFOUR.

DE SAINT-DOMINGUE et de son Indépendence; par M. **Dag**...,
créole, colon propiétaire, Paris, 1824. in 8º.

Seud. de DAGNEAUX.

DE THIER NEUVILLE, v.: Un Campagnard (Seud.).

DEBRAY (Nic. Ant. G.) Col., v.: Le géographe manuel

DECOUD (José Segundo), v.: Nociones de derecho

DEDEU (Martín), v.: El hispanismo de Mitre

DEFENCE of the Scots settlement at Darien, with an answer to the
Spanish memorial against it, and arguments to prove that it
is the interest of England to join with the Scots and protect
it, with a description of the country and a particular account
of the Scots colony. in 4º. Edimburgh, 1699.

Atribuída a Mr. FLETCHER DE SALTON. (Véase ''A just
and modest vindication'').

DEFENSA DE CORRIENTES. Rectificaciones al libro del doctor
Tejedor (Correspondencia íntegra entre los gobernadores de
Corrientes y Buenos Aires en 1879 y 1880). Buenos Aires,
1881, in 8º.

Son sus autores FELIPE J. CABRAL, JUAN E. MARTINEZ
y MANUEL F. MANTILLA.

DEFENSA DE LA IGLESIA Católica contra la bula dogmática de
Pío IX, en 8 de diciembre de 1854. Por Un Americano. Al
Congreso de la Alianza Evangélica. Lima, 1858, in 4º.

Seud. de FRANCISCO DE PAULA GONZALEZ VIGIL, (nacido en 1792, † 1875).

Dice Barros Arana (Obras completas, X, 448), ''Un fraile
catalán, misionero en el Perú, Pedro Gual, que había escrito
una obra muy extensa en crítica de la ''Defensa de la autoridad'', etc.... publicó en 1860 un volúmen de 400 páginas para
impugnar el opúsculo'' que antecede.

DEFENSA DEL GOBIERNO legítimo del Perú, en la que con razones, con hechos y con documentos se prueba la legitimidad del gobierno del gran Mariscal D. Agustín Gamarra y se refutan las falsedades y mentiras que contiene un libelo sedicioso titulado Declaración de la aceptación del mando de la República, publicado por el Coronel D. Manuel J. de Vivanco el 4 de enero de este año. Arequipa, 1841, in 4º.

> Autor: el coronel JUAN ESPINOSA, que René Moreno da como mendocino, siendo oriental.

DEFENSOR DE TONTOS (*Seud. de Antonio José de Irisarri*), v.: Carta del...

DEGROUETTE (Pepin de), v.: Tableau des moeurs

DEL CAMPO (Estanislao), v.: E. del S. (Seud).

DEL CIOPPO (Eugenio), v.: E. D. C. (Seud.).

DEL MAZO (Manuel María), v.: Ibrahim Clarete (Seud.).

DEL PRIMO SCOPRITORE del Continente del Nuovo Mondo e dei piú antichi storici che ne scrissero. Ragionamento che serve di supplemento alle due lettere su la scoperta del Nuovo Mondo publicate nel libro intitolato della patria di Cristoforo Colombo, stampato in Firenze nell'anno 1808. Firenze, 1809, in 8º.

> Autor: GIAN FRANCESCO GALEANI NAPIONE DI COC-CONATO.

DELACROIX (Eugène), v.: Máximo Ardouin (Seud.).

DELACROIX (J. V.), v.: Mémoires d'un Américain.

DELATOUR (L. Fr.), v.: Catalogues des livres imprimés...

DELESELLE. v.: B. D. (Seud.).

DELFINO RAMIREZ (*Seud. de Eutimio Roldán*) v.: Mefistófeles; Querida.

DELGADO (Joaquín), v.: Justus (Seud.).

DELISLE DE SALES (J. B. Claude Isoard, dit), v.: Auteur de la philosophie de la nature (Seud.).

DELISLE DE SALES (J. B. Claude Isoard, dit) — V.: Histoire des hommes.

DELOLME (J. R. de) — Búsquese por De Lolme.

DELPUECH DE COMEIRAS (Víctor) Col. v.: Le géographe manuel.

DELLA COSTA (Pablo), v.: Severus (Seud.).

DELLACELLA CARAFA (Teresa B.), v.: Galaxia (Seud.).

DENIS (Louis), v.: Atlas universal; Géographie des dames.

DENONCIATION au public du voyage d'un soidisant Figaro en Espagne. Par le veritable Figaro. Londres-París, 1785, in 12º.

Seud. del çonde D'ARANDA.
(Con noticias sobre las colonias españolas).

DEPREAD, v.: Preguntas que hizo Napoleón

DER FREIHEITOKAMPF im Spanischen America oder Bericht von dem Ursprunge, Fortgange und gegenwäartigen Stande des Krieges zwischen Spanien und dem Spanischen Amerika. Hamburg, 1878.

Por PALACIO.

DERECHOS de exportación. Mercado americano y nuestros productos. Serie de artículos publicados en la prensa de Rosario por E. N. P. Rosario, 1869, in 4º.

Seud. de EZEQUIEL N. PAZ.

DES COLONIES françaises et en particulier de Saint-Domingue. Paris, An X, 1802, in 8º.

Su autor: Ch. ESMANGARD.

DES MOYENS de conserver la santé des blancs et des négres aux Antilles, aux climats chauds et humides de l'Amérique. Saint Domingue et París, 1786, in 8º.

Autor: BERTIN.

DES PEUPLES et des gouvernements. Recueil de pensées extraites de l'histoire philosophique des Deux Indes. París, 1822, in 8º.

Autor: BARROT-ROULLON.

DES VERITABLES causes qui ont amené la ruine de la colonie de Saint-Domingue, et des moyens certains d'en reprende possession et de vivre tranquillement a l'abri de nouveaux ouragans politiques; par un observateur, ami de la paix, de la justice et de la verité, témoin de tous les évenements. Paris, 1814, in 8º.

Seud. de ALBERT.

DESCERPZ (François), v.: Recueil de la diversité des habits

DESCRIPCION DE LA PATAGONIA y de las partes contiguas de la América del Sur. Por el P. Tomás Falkner. S. J. (Publ. de la Universidad Nacional de La Plata. Biblioteca Centenaria). Buenos Aires, 1911.

Traductor: SAMUEL A. LAFONE Y QUEVEDO; véase nota en: "Description des terres magellaniques".

DESCRIPCION DE LA PATAGONIA y de las partes adyacentes de la América Meridional. Que contiene una razón del suelo, producciones, animales, valles, montañas, ríos, lagunas & de aquellos países. La religión, gobierno, política, costumbres y lengua de sus moradores, con algunas particularidades relativas a las islas Malvinas. Escrita en inglés por K. Tomás Falkner. 1ª edición castellana. (Colección de obras y documentos relativos a la historia del Río de la Plata. Tomo I). Buenos Aires, 1835, in 4º.

Es traducción de PEDRO DE ANGELIS.
La segunda edición se publicó por J. Lajouane en 1910; véase nota en "Description des terres magellaniques".

DESCRIPCION SUCINTA y en globo de San Carlos de Puno, capital de esta Provincia en el Reyno del Perú, y de sus respectivos partidos, del cruel e inhumano trato que se dá a los indios, y un ligero toque de aquel gobierno en la época anterior a la asonada de Montevideo trascendental a la disidencia de Buenos Ayres. Madrid, 1822, in 4º.

Autor: MANUEL QUIMPER.

DESCRIPTION DES ILES et terres que l'Angleterre possede en Amérique. Avec de nouvelles cartes de chaque isle et des terres. Traduit de l'anglais. Amsterdam, 1715, in 12º.

Traducción de una obra de RICHARD BLOME.

DESCRIPTION DES TERRES magellaniques et des pays adjacents, trad. de l'anglais (por M. Th. Bourrit). Genève 1787 [1782] (?). 2 vols. in 16º.

Medina cita esta traducción francesa de la obra de FALKNER, pero cabe notar: 1º El nombre del autor no figura en el índice de anónimos; 2º No cita la edición argentina del traductor anónimo (PEDRO DE ANGELIS), de 1835; 3º La 2ª edición de la misma, 1910; 4º La traducción de SAMUEL A. LAFONE Y QUEVEDO, publicada por la Universidad de La Plata, en 1911.

DESCRIPTION GEOGRAPHIQUE des isles de la Guiane, avec des remarques pour la navigation de ses côtes, des cartes et des plans. París, 1763, in 4º.

Autor: JACQUES NICOLAS BELLIN.

DESCHAMPS (Pierre). v.: Un Bibliophile (Seud.).

DESDE MI BUTACA (Impresiones de teatro) [Por] Uno de la platea. Montevideo, 1894. (1ª serie, 1892), 2 vols. in 12º.

Seud. de SAMUEL BLIXEN, que también usó, en el periodismo, el de "SUPLENTE".

DESFONTAINES (Trad.) v.: Histoire universelle depuis 1543

DESLANDES, v.: M. D*** (Seud.).

DESMAULANTS (J. B.), v.: J. B. D. (Seud.).

DESPEDIDA de Washington al pueblo de los Estados Unidos, traducida de su original. Buenos Aires, 1813.

Traductor el General MANUEL BELGRANO.

DESPOTS DES ZENOWITZ, v.: M. G. Z. (Seud.).

DESPOUY (Blas), v.: Predicción...

DESSALLES (Pierre), v.: Annales du Conseil.

DEUX LETTRES sur les voyages imaginaires de M. de Chateaubriand dans l'Amérique Septentrionale. Véase: Correspondence litteraire. Découverte d'une petite mistification.

DEVERITÉ (L. A.), v.: Tableau de la Terre

DEVOCIONARIO, Buenos Aires, 1791, in 16º.

Autor: RANIERO.

DHARMA (Seud. de Joaquín Castellanos), v.: El Limbo.

DIA DE BUENOS AIRES en la proclamación de la independencia de las Provincias Unidas del Río de la Plata. Por B. M., Buenos Aires, 1816, in 4º.

Seud.: BARTOLOME DOROTEO MUÑOZ, canónigo de la Catedral de Buenos Aires.

DIALOGO de los muertos. La causa académica. Con licencia. Impresso en Cumas en la Oficina de la Sybila Con otras obrillas más que después saldrán, in 4º.

Autor: PEDRO DE PERALTA BARNUEVO.

DIALOGOS entre un bedel de la Universidad de Lima, y el R. P. Fray N. Lect. de Artes en su Conv. de *** sobre la oración panegyrica, que dixo. El D. D. Miguel de Valdivieso en el recibimiento del Exc. Sr. D. Manuel de Amat etc.... En la misma Universidad. Ambato, 1762, in 4º.

Autor: JUAN JOSE CEBALLOS. En edición posterior no fué anónima.

DIALOGUES de M. le .baron de La Hontan et d'un sauvage dans l'Amérique. Amsterdam, 1704, in 8º.

> Aun cuando Leibnitz creyó que estos diálogos eran de LA HONTAN, su autor fué NICOLAS DE GUEUDEVILLE.

DIARIO HISTORICO de los viajes de mar y tierra hechos al Norte de California, de orden del Virrey de Nueva España. Marques de Croix y por dirección de D. José Galvaz. Executados por la tropa destinada a dicho objeto al mando de Gaspar de Portola y por los Paquebotes S. Carlos y S. Antonio de orden del Exc. Sr. Virrey. México, 1776.

> Firma D. MIGUEL COSTANZO, y se hizo únicamente una edición privada muy corta en español y una traducción inglesa que se sacó del manuscrito y la publicó A. DALRYMPLE.
> El traductor es WILLIAM REVELY, y apareció en Londres en 1790.

DIAZ (César), v.: El General Félix de Olazabal

DIAZ (José D.), v.: Recuerdos sobre la rebelión

DIAZ (José Domingo), v.: Documentos para la historia

DIAZ (Ramón), v.: La Lira Argentina

DIBUR (N.), v.: Reglamento de contabilidad

DICCIONARIO PORTUGUEZ e brasiliano por ***, primera parte. Lisboa, 1795.

> El editor, el Padre JOSE MARIANO DA CONCEIÇAO VE-LLOZO, dice en el prólogo que se hizo sobre un manuscrito de los misioneros.

DICCIONARIO UNIVERSAL de Historia y de Geografía, obra dada a luz en España, por una sociedad de literatos... Mexico, 1853-1855. 7 vols.

> El apéndice en tres tomos, de esta obra lo coordinó y publicó MANUEL OROZCO Y BERRA, en México, 1855.

DICTIONNAIRE BIBLIOGRAPHIQUE, historique et des livres recherchés. París, 1790. 3 vols. Supplément. París, An X (1802) 1 vol. in 8º.

> El autor del texto fué el abate DUCLOS, y el del suplemento J. Ch. BRUNET.

DICTIONNAIRE BIOGRAPHIQUE et historique des hommes marquants de la fin du XVIIIe. siècle... rédigé par une société de gens de lettres, 1800. 3 vols. in 8º.

> Su autor fué el barón HENRI LOUIS COIFFIER DE VERSEUX, aun cuando se atribuye a L. DUBOIS DE LA MAISON-FORT.

DICTIONNAIRE BIOGRAPHIQUE universel et pittoresque. Paris, 1834, 4 vols. in 8º.

> Autor: PAUL ACKERMANN.

DICTIONNAIRE complet, géographique, statistique et commercial de la France et de ses colonies, consideré sous les rapports physiques, topographiques... contenant la descripcion générale... le cours des fleuves, rivières, canaux, etc., Par Briand de Verré. París, 1831. 3 vols. in 8º.

> El autor, WARIN-THIERRY, que no quería figurar como tal en la edición original, convino con P. C. BRIAND en que le diera su nombre, pero, para evitar que éste lo hiciera suyo, hizo agregar el apellido "DE VERZE", formando así el nombre de una persona inexistente. En otras ediciones WARIN-THIERRY, figura como colaborador.

DICTIONNAIRE chronologique et raisonné des découvertes, inventions, innovations, perfectionnements, observations nouvelles et importations en France, dans les sciences, la litterature, les arts, l'agriculture, le commerce et l'industrie, de 1789 a 1820, etc., etc.... Ouvrage redigé d'après les notices des savants, des litterateurs, des artistes, etc., par Une société de gens de lettres. París, 1822|25. 17 vols. in 8º.

> Seud. de G. TOUCHARD-LAFOSSE.

DICTIONNAIRE de géographie, ancienne et moderne... Par Un Bibliophile. París, 1870.

> El seudónimo corresponde a PIERRE DESCHAMPS.

DICTIONNAIRE des gens du monde, historique, littéraire, critique, moral et physique. Paris, 1770. 2 vols. in 8º.

Autor: ANTOINE FABIO STICOTTI.

DICTIONNAIRE des girouettes, ou nos contemporains peints d'après eux-mêmes; Ouvrage dans lequel sont rapportés les discours, proclamations, chansons, extraits d'ouvrages écrits sous les gouvernements qui ont eu lieu en France, depuis vingtcinq ans; et les places, faveurs et titres qu'ont obtenus dans les differentes circonstances les hommes d'Etat, gens de lettres, generaux, etc., etc....; par Une Société de Girouettes. Paris, 1815. 2ª. édition révue, corrigée et considerablement augmentée. Avec une gravure alegorique. París, 1815. III édition, id. id., París, 1815.

> Esta obra, que en diversas partes trata de América y de americanos, ha sido objeto de una confusión, pues, mientras HOEFER y QUERARD en "La France Litteraire" lo atribuyen al conde CESAR DE PROISY D'EPPES, el mismo QUERARD, más tarde, en "Supercheries Litteraires devoilées", hace constar que si se atribuyó a PROISY D'EPPES, muerto en Guadalupe, ello se debía a que éste (conjuntamente con CHARRIN y TASTU), habían dado la mayoría de las notas al autor que fué ALEXIS EIMERY, antiguo librero, editor de la obra.

DICTIONNAIRE des origines, des découvertes, inventions et établissements. Paris, 1777, 3 vols. in 8º.

> Autores: ANTOINE SABATIER DE CASTRES y el abate BASSIN DE PREFORT.

DICTIONNAIRE des voyages. París, 1773|4. 4 vols. in 12º.

> Autor: VINCENT, cura de QUINCY. Esta obra se interrumpió en la letra G.

DICTIONNAIRE galibi, précédé d'un essai de grammaire, par M. D. L. S. Paris, 1763, in 8º.

> Las iniciales ocultan a SIMON PHILIPPE DE LA SALLE DE L'ETANG. (Según Leclerc, el autor fué DE LA SAUVAGE, y da el título en diferente forma).

DICTIONNAIRE géographique et historique, par Michel-Antoine Baudrand. París, 1705. 2 vols.

> Aun cuando la obra no es anónima de autor, lo es en cuanto a quien la corrigió y aumentó, que fué el benedictino DOM GELE.

DICTIONNAIRE géographique, historique et méthodique de la République Française, en 120 départements, y compris les colonies occidentales et orientales... et tous les traités de paix... etc., par Une Société de Géographes. Paris, 1793, 2 vols.

El autor fué LUIS PRUDHOMME.

DICTIONNAIRE géographique portatif, traduit de l'Anglais de Laurent Echard, sur la 13e. ed. par Vosgien. Paris, 1747.

Vosgien: Seud. de J. BAPTISTE LADVOCAT.

DICTIONNAIRE géographique, portatif traduit de l'anglais de L. Echart par Vosgien. Nouvelle édition, augmentée et entièrement refondue, par Auguste L***. Paris, 1813, in 12º.

Auguste L*** oculta a ANTOINE JEAN LETRONNE.

DICTIONNAIRE historique a la Franklin, ou biographie universelle et choisie, des vivants et des morts, avec des précis chronologiques de toutes les histoires nationales jusqu'á 1er. Janvier 1830... por Une Société de professeurs et de gens de lettres. Paris, 1830... 20 vols., in 8º.

Autor: ADRIEN JARRY DE MANCY.

DICTIONNAIRE historique des sièges et batailles mémorables de l'histoire ancienne et moderne ou anecdotes militaires de tous les peuples du monde. Paris, 1771. 3 vols. in 8º.

Autor: JEAN FRANÇOIS LACROIX o LA CROIX.

DICTIONNAIRE historique, littéraire et critique. Soissons et Troyes, 1758, 6 vols. in 8º.

Autores: P. BARRAL, EUSTACHE GUIBAUD y JOSEPH VALLA.

DICTIONNAIRE mythologique, ou histoire, par ordre alphabétique, des personnages des temps héroïques et des divinités grecques, italiques, ègyptiennes, hindoues, japonaise, scandinaves, celtes, mexicaines, etc. Paris, 1832, 3 vols. in 8º.

Autor: VALENTIN PARISSOT.

DICTIONNAIRE portatif, comprenant la géographie, l'histoire universelle, la chronologie, la mythologie, la physique, l'histoire naturelle, etc. Avignon, 1760|62. 8 vols. in 8º.

Autor: FRANÇOIS MORENAS.

DICTIONNAIRE raisonné universel des animaux, suivant les méthodes de Linnaeus. Klein et Brisson. Por M. D. L. C. D. B. Paris, 1759. 4 vols. in 4º.

Seud. de Fr. ALEJANDRO AUBERT DE LA CHENAYE-DES-BOIS.

DICTIONNAIRE universel de géographie commerçante, par J. Peuchet. Paris, an VIII, 1800, 5 vols. in 4º.

Todos los materiales de esta obra se deben al abate ANDRE MORELLET.

DICTIONNAIRE universel et classique d'histoire et de géographie. Mémorial contemporain, ou résume par ordre alphabétique de tous les événements accomplis de 1854 au 31 décembre 1860. Bruxelles, 1862, in 8º.

Autor: ALPHONSE RASTOUL DE MONGEOT.

DICTIONNAIRE universel, géographique, statistique, historique et politique de la France contenante... l'histoire de tous les pays conquis et réunis à la France. Par Une Société de Gens de Lettres. Paris, 1804, 5 vols. in 4º.

El autor fué LOUIS PRUDHOMME.

DICTIONNAIRE universel, historique et critique des moeurs, lois, usages et coutumes civiles, militaires et politiques..., par Une Société de Gens de Lettres, Paris, 1772, 4 vols. in 8º.

Autores: J. P. COSTARD, Nic. FALLET, CONTANT.

DIE UNBEKANTE Neve Welt, oder Beschreibung des Welt-teite Amerika, und des Sud-Landes. Durch Dr. O. D. Amsterdam, 1673. in 4º.

O. D. son las iniciales del traductor alemán OLIVIER DAP-PER de la obra holandesa de ARNOLD MONTANUS.

DIEZ GOMEZ, v.: A los amigos del doctor Martín Gabriel Güemes

DIFICULTAD imaginada y facilidad verdadera en la práctica de hacer testamentos, reducida a ocho documentos. Por el Presbítero D. Juan Antonio Zurita. Cádiz.

Es la misma obra que Medina cita en edición de México, aunque con muy diferente portada, pues, en ésta aparece como autor ZURITA, cuando en realidad, lo fué JOSE SAENZ ES-COBAR.

DILLON (Rodolfo), v.: Arodio-El-Efo (Seud.).

DIONISIO TERRASA Y REJON (*Seud. de Antonio José de Irisarri*), v.: Carta de...

DIOS ES EL PADRE de las misericordias. Buenos Aires, 1869, in 8º.

Autor: JUSTO DE ESPADA.

DISCOURS DE L'HISTOIRE de la Floride, contenant la cruauté des espagnoles contre les subjets du Roy en l'an mil cinq cents soixante cinq, redigé par ceux que en son restez, chose autant lamentable a ouir qu'elle a esté proditoirement et cruellement executé par les dits espagnols, s l. 1566.

La reimpresión de esta obra cuyo autor es LE CHALLEUX, tiene la carátula siguiente: "Discours et histoire de ce qui est advenu dans la Floride, en l'an mil cinq cents soixante cinq; rédigé au vrai par ceux qui se sont retirez". 1666, s. l.

DISCOURS DU TABAC, ou il est traité particulierément du tabac poudre. Par le sieur. Edme. Baillard. Paris 1668, in 12º.

Seud. de M. DE PRADE.

DISCOURS sur les Américains, 1874.

La autora fué una habitante de Santo Domingo, llamada Mme. BLANCHE.

DISCOURS sur les avantages ou les désavantages qui résultent pour l'Europe, de la découverte de l'Amérique... Par M. T. Vice-Consul á E***. Londres, 1787, in 8º.

Obra de FRANCIS JEAN DE CHASTELLUX.

Tanto en el texto de Medina (tomo I, pág. 157), como en el índice (pág. 309), figura "por M.", en lugar de "por M. T.",

DISCOURS sur l'exclavage des nègres et sur l'idée de leur afranchisse-
ment dans les colonies, par un Colon de Saint Domingue.
Amsterdam, París, 1786.

Por DUVAL-SANADON.

DISCURSO apolojético de la Constitución chilena de 28, por T. R.,
Santiago, 1855.

Seud. d° VENTURA MARIN.

DISERTACION histórico-canónica sobre las execuciones de los Regulares de la jurisdicción ordinaria. Por D. Francisco Osorio.
Madrid, 1787.

A pesar de la portada se ha sostenido que el autor fué AN-
TONIO DE VILLAURRUTIA.

DISSERTATION SUR L'ARBRE au pain, de premiere necessité
pour la nourriture d'un grand nombre d'habitants, et qui
mérite d'être cultivé dans nos colonies. Paris, 1787, in folio.

Autor: P. JOSEPH BUCHOZ.

DISSERTATION SUR LE DROIT PUBLIC, ou Gouvernement des
colonies françaises, espagnoles et anglaises, d'aprés les lois des
trois nations comparées entre elles. Paris, 1778, in 8°.

Autor: EMILIEN PETIT.

DISSERTATION SUR LE MANGOSTAN, un des arbres les plus uti-
les de l'Inde, tant comme aliment que comme médicament,
digne d'être transporté dans nos colonies de l'Amérique. Paris,
1787, in folio.

Autor: P. JOSEPH BUCHOZ.

DISSERTATION SUR LE NOISETIER de St. Domingue, un des
plus grands arbres de l'Amérique. Paris, 1786, in folio.

Autor: P. JOSEPH BUCHOZ.

DISSERTATIONS SUR LE ROCOULIER, sur sa culture en Europe
et en Amérique, sur la récolte de son fruit, et sur l'utilité
qu'on en tire pour la teinture et pour d'autres usages économiques. Paris, 1788, in folio.

Autor: P. JOSEPH BUCHOZ.

DIVAGANDO. Por Máximo Torre.

Seud. del difundido escritor festivo CARLOS MAESO, cuyo nombre completo era CARLOS MAXIMO MAESO TORRE.

DIX LETTRES à un Américain, sur l'histoire naturelle de Buffon, 1751, in 12.

Autor: Abate JOS. ADRIEN LELARGE DE LIGNAC.

DJED BORQUEZ (seud. de Juan de Dios Bojórquez). V. Yorem Tamegua.

DOCTOR MOORNE (Seud. de Francisco Moreno), v.: Arte de hablar

DOCUMENTOS ANTIGUOS publicados por J. P. Buenos Aires, 1917.
Las iniciales corresponden a JULIO PEÑA.

DOCUMENTOS ESENCIALES del debate Peruano Chileno, publicados por el Comité Patriótico Peruano.

Por A. BELAUNDE.

DOCUMENTOS JUSTIFICATIVOS de la inmaculada honradez, pureza y limpieza de la vida pública y privada de don Atanasio Ojeda. Salta, 1860.
Autor: NICOMEDES ANTELO.

DOCUMENTOS JUSTIFICATIVOS sobre la Expedición Libertadora del Perú. Refutación de las Memorias de Lord Cochrane...

Medina lo atribuye a JOSE IGNACIO ZENTENO, erradamente; su autor es JOSE IGNACIO ZAÑARTU.

DOCUMENTOS OFICIALES relativos a la pastoral de fecha 25 de abril de 1884 del Vicario Capitular del Obispado de Córdoba en Sede Vacante. Buenos Aires, 1884, in 8º.

Incluímos esta recopilación de documentos hecha por don ALBERTO NAVARRO VIOLA.

DOCUMENTOS PARA LA HISTORIA de la sublevación de José Gabriel Tupac-Amaru, cacique de la Provincia de Tinta, en el Perú.
Autor: JOSE DOMINGO DIAZ.

DOCUMENTOS RELATIVOS al cese de la intervención inglesa en el Río de la Plata, acompañados de dos cartas al muy honorable lord Howden, sobre el mismo asunto. Montevideo, 1847, in 8º.

Autor: PEDRO DE ANGELIS.

DOM GELÉ, v.: Dictionnaire géographique et historique

DOMAIRON (Louis), v.: Atlas moderne portatif; Recueil historique.

DOMINGUEZ (Juan de Dios), v.: Gumesindo Díaz de Juno (Seud.).

DOMINGUEZ (Luis L.), v.: El coronel Isidoro Suárez...

DOMINGUEZ (Silverio), v.: Las confesiones de un médico; Perfiles de una llaga.

"DON CORNELIO DE SAAVEDRA". Juicios de la prensa sobre dicho libro. Refutaciones diversas. Buenos Aires, 1910, in 8º

Recopilación hecha por ALFREDO ZIMMERMANN SAAVE DRA, autor de la obra criticada.

DON MIGUEL Luis Amunátegui 1928-1888.

El autor es CARLOS MORLA VICUÑA.

DON TORCUATO. Buenos Aires, 1923.

Autor: ISMAEL BUCICH ESCOBAR.

DONNANT (Denis François), v.: Louis (Seud.).

DOS AMIGOS (Andrés Gales y Juan Millao), v.: Cartas de dos amigos.

DOS LEYENDAS. Por José. Edición del "Siglio XIX". México, [1877], in 8º.

Seud. de VICTORIANO AGÜEROS.

DOS MISIONEROS [del Colegio Franciscano de Tarija] (Seud. de Antonio Comajuncosa y Alejandro M. Corrado), v.: El Colegio

DOUZE LETTRES á un Américain, sur l'Histoire universelle, générale et particulière de M. de Buffon. Hambourg, 1751, 2 vols.

Autor: J. A. LELARGE DE LIGNAC.

Dr. JUAN Crisóstomo Carrillo. Su fisonomía. Su vida pública. Cuadros históricos por Brocha Gorda (J. L. J.). Buenos Aires, 1910, in 8º.

El seudónimo es de JULIO LUCAS JAIMES.

DRAHE DE GRAND-PIERRE. Búsquese por Grand-Pierre (Drahé de).

DRUHON DE MAGNY (C.), v.: Magny.

DU PERIER DE MONTFRAISIER, publ., v.: Histoire universelle des voyages.

DU PIN (J. P.). Búsquese por Pin (J. P. du).

DU TOURET. Búsquese por Touret.

DUARTE (Tadeo), v.: A mis compatriotas.

DUBOIS DE LA MAISONFORT (L.), v.: Dictionnaire biographique

DUBOIS FONTANELLE (J. G.), v.: Effets des passions; Naufrage et aventures de P. Viaud; The shipwreck and adventures....

DUBUC (Edouard), v.: M. E. D. (Seud.).

DUBUCQ, v.: Lettres critiques; Réplique a l'auteur du Pour et Contre.

DUBUISSON (Paul Ulric), v.: M***; M. D. B. (Seuds.).

DUCARLA (Théodore), v.: Histoire universelle des hommes.

DUCLOS (El Abate), v.: Dictionnaire bibliographique, historique...

DUCHESNE (Antoine Nicolas), Col., v.: Manuel du naturaliste.

DUDA Y AMOR. Por el autor de "Amitié amoureuse". (Biblioteca de "La Nación". Vol. CCXXVI). Buenos Aires, 1906, in 16º.

Seud. de Madame H. LECOMTE DE NOUY, Née Audinot.

DUFOUR (Philippe Sylvestre), v.: De l'usage du caphé.

DUMONT (G. M. B.). Búsquese por Butel Dumont.

DUNING (?), v.: Junius's Lettres.

DUPLESSIS (Pierre), v.: V.: M*** (Seud.).

DUPONCHEL (Auguste), v.: Nouvelle Bibliothèque des voyages

DURAN (Adolfo), v.: La revolución de La Paz

DURAND (Alice de, née Fleury), v.: Henry Greville (Seud.).

DURAND, chevalier de Villegagnon (Nicolás). Búsquese por Villegagnon.

DURAND (Ursin), v.: Réligieux Bénédictins de la Congrégation de Saint Maur (Seud.).

DURDENT (René Jean), v.: D*** (Seud.).

DURIEU (Jean Louis), v.: Voyage d'Angleterre.

DUVAL-SANADON (David), v.: Aux Colons...

DUVAL-SANADON (David), v.: Un Colon de Saint Domingue (Seud).

DUVALLON; búsquese por Berquin Duvallon.

DUVERGIER (Chion), Col., v.: Remarques critiques

DUVERNOIS. Trad., v.: La géographie universelle

DUVIVIER (L'Abbé), v.: Lettre d'un curé

DUVIVIER (Charles), v.: Auteur du syllabaire-chrétien (Seud·).

DWERHAGEN (H. C.), v.: Ensayo sobre la topografía...

E

E. D. C. (*Seud. de Eugenio Del Ciopo*), v.: Patronato de liberados

E. del C. (*Seud. de Estanislao del Campo*), v.: Camila

E. H. (*Seud. de Edmond Hickeringill*), v.: Jamaica viewed

E. N. P. (*Seud. de Ezequiel N. Paz*), v.: Derechos de exportación

E. U. (*Seud. de Enrique Udaondo*), v.: Arboles históricos

EBERSTEIN (Barón de), v.: Un inconnu (Seud.).

ECHAGÜE (Juan Pablo), v.: Jean Paul (Seud.).

ECHAVARRIA (Santiago Joseph), v.: Pastoral del illmo. Sr. Obispo

EDDELWEISS. Por Mario Rebus. Buenos Aires, 1910, in 8º.
Seud. de MARIA QUESADA DE GONNET.

EDGARD WHAT (*Seud. de Margarita Forchieri de Bancalari*), v.:
Ambición fatal; El dolor de amar.

EDICTO del Excmo. e Illmo. Señor Obispo de Puebla. México, 1812.
Por GONZALEZ DEL CAMPILLO.

EDME BAILLARD (*Seud. de M. de Prade*), v.:Discours sur le tabac

EDUARDO DE MONTIRON (*Seud. de Eduardo Labougle*), v.: La revolución alemana

EDWARDS (Albert), v.: Arthur Bulard (Seud.).

EDWARDS (Bryan), v.: The procedings of the Governor.

EFFETS DES PASSIONS, ou mémories de M. de Floricourt; Londres-Paris, 1768, 3 vols. in 12.

Se trata de la obra ''Naufrages et aventures de P. VIAUD'' y su autor fué J. G. DUBOIS-FONTANELLE.

EIDOUS (M. A.), v.: Histoire ecclésiastique.

EIMERY (Alexis), v.: Une Société de Girouettes (Seud.).

EIN AUSFLUG deutscher Turner nach dem Aconcagua. [Valparaiso].

Lo firma: HAROLD WULFF.

EIZAGUIRRE (José Manuel), v.: Escalpelo (Seud.).

EJERCITO de Entre Ríos. Campaña 1893, Paraná 1894, in 8º.

El autor es WENCESLAO GALAN.

EL AMANTE DE LA JUSTICIA (*Seud. de Bernardino Ruiz*), v.: ¿Semper ego...

EL AMANTE DEL PUEBLO Y DE LA FELICIDAD DE UNA CAUSA (*Seud. de Manuel Vicente de Maza*), v.: Respuesta al papel

EL AMIGO DEL ORDEN (*Seud. de Pedro Feliciano de Cavia*), v.: El protector nominal...

EL AMOR de un padrastro y D. Raymundo Morales tal cual es. Éntrega primera. Al arrancar la careta con que se cubre D. Raymundo Morales, le invito y desafío me llame ante los juzgados de imprenta. Es la ley el arma conque deben combatir los hombres de honor. Lima, 1857, in 8º.

Suscrito por CORNELIO E. VERNAZA.

EL AÑO literario. Publicación dirigida por Marco Nereo. Buenos Aires, 1891, in 8º.

Seud. de ALBERTO GHIRALDO. (A pesar de tratarse de una publicación periódica, se incluye aquí, tanto por ocultarse bajo seudónimo el director, como por haber aparecido un solo número).

EL AUTOR DE "AMITIÉ AMOUREUSE" (*Seud. de Mme. H. Lecomte de Nouy*, née *Oudinot*), v.: Duda y amor...

EL AUTOR DE CIVILIZACION Y BARBARIE... (*Seud. de Domingo Faustino Sarmiento*), v.: Recuerdos de provincia.

EL AUTOR DEL DIALOGO entre Jacinto Chano y Ramón Contreras contesta a los cargos que se le hacen por la Comentadora. Buenos Aires, 1821, in 4º.

Es autor BARTOLOME HIDALGO.

EL BANCO de la Provincia decapitado por el Banco Nacional. Buenos Aires, 1873.

Firmado por ARISTARCO, que ocultaba al Dr. OCTAVIO GARRIGOS, Presidente en esa época del Banco de la Provincia.

EL CANTO MODAL i la notación cifrada comparados con el canto tonal i la notación pentagramal. Estudios críticos i apuntes históricos. Ed. oficial. La Plata, 1900.

El autor de las observaciones sobre el canto modal es F. A. BERRA, Director General de Escuelas de la Provincia de Buenos Aires.

EL CARIBE (*Seud. de José Gualberto Padilla*), v.: En el combate

EL CASO de "La Gloria de Don Ramiro". Por Luis Vila y Chavez. Madrid, 1913.

El autor es MARTIN C. ALDAO.

EL CASTILLO durmiente. Por Guy de Chantepleure. Buenos Aires, 1903, in 16º.

> Seud. de JUANA VIOLET.

"EL CENSOR", su programa. 4ª edición. Buenos Aires, 1885, in 8º

> Autor, el fundador y director de "El Censor", DOMINGO FAUSTINO SARMIENTO.

EL CIEGO Rafael. Por F. A. S. Buenos Aires, 1870, in 8º.

> Iniciales de FORTUNATO A. SANCHEZ.

EL CIUDADANO (*Seud. de Gregorio Funes*), v.: La Voz de la Libertad.

EL COLEGIO del Uruguay. Fiestas del LVIII Aniversario. 1849 - 28 de julio - 1907. Buenos Aires, 1908.

> Esta recopilación fué dirigida por MARTINIANO LEGUIZAMON.

EL COLEGIO FRANCISCANO de Tarija y sus misiones. Noticias históricas recogidas por dos misioneros del mismo Colegio. Quaracchi, 1884, in 8º.

> Sus autores son los padres: ANTONIO COMAJUNCOSA y ALEJANDRO M. CORRADO.

EL COMANDANTE General de la expedición auxiliadora para las provincias interiores a su exército. Proclama. Buenos Aires (Expósitos) s|d.

> Autor: FRANCISCO ANTONIO ORTIZ DE OCAMPO.

EL CONSEJO del buho (Novela). Por María Enriqueta. México, in 16º.

> Seud. de MARIA ENRIQUETA CARAMILLO DE PEREYRA.

EL CORAZON de Luisa. Por Henri Gréville. Buenos Aires, 1902, in 16º.

> Seud. de ALICE DE DURAND, née FLEURY.

EL CORONEL Don Manuel Isidoro Suárez. La Plata, 1904.

Este folleto de 28 páginas está firmado por LUIS L. DO-
MINGUEZ.

EL CORONEL Julio S. Dantas, como militar, como funcionario, como
político, 1846-1922. Buenos Aires, 1922, in 8º.

Autor: ISMAEL BUCICH ESCOBAR.

EL DEPARTAMENTO de Agricultura. Carta a los señores senadores
D. Toribio Mendoza y D. Domingo T. Pérez, in 8º.

El autor de esta carta fué JULIO VICTORICA.

EL DEPARTAMENTO de Cañete. Su presente y su porvenir, por J.
V. G., comisionado de Cañete en la exposición de 1884. Santiago, 1884.

El autor es J. V. GOMEZ.

EL DESPERTADOR del proyecto de rehabilitación de los jefes y
oficiales vencidos en la Palma presentado a la H. Convención
por el S. Consejo de Ministros. Escrito por Salvá. 1857, in 4º.

Autor: MANUEL DE MENDIBURU.

EL DIARIO de una mujer. Por Octavio Feuillet. Versión de B. M. y
D. V. de M. Buenos Aires, 1905, in 16º.

Iniciales de BARTOLOME MITRE y DELFINA VEDIA DE
MITRE.

EL DOCTOR D. Bernardo de Irigoyen y la coalición, por Un Ex-Irigo-
yenista. Buenos Aires, 1886, in 8º.

Es una recopilación de artículos publicados en el ''Sud América'' y ''El Orden'', por LUIS A. D'ABREU.

EL DOCTOR D. José M. Gómez de Fonseca, juzgado por Un contemporáneo. Buenos Aires, 18.., in 8º.

Autor: CLAUDIO MAMERTO CUENCA. (No Claudio Cuenca
como dice Medina).

EL DOCTOR José Figueroa Alcorta, futuro vicepresidente de la República. Buenos Aires, 1904, in 32º. Firma A. Z. S.

Las iniciales A. Z. S. corresponden a ALFREDO ZIMMER-MANN SAAVEDRA.

EL DOCTOR Navarro Viola y el doctor Juárez Celman. Telegramas, documentos y bibliografía. Buenos Aires, 1890, in 8º.

Su autor: MIGUEL NAVARRO VIOLA.

EL DOCTOR Whuntz. Fantasía. Por Raúl Waleis. Buenos Aires, 1880, in 8º.

Seud. de LUIS V. VARELA.

EL DOLOR de amar. Por Edgard What. Buenos Aires, 1922.

Seud. de MARGARITA FORCHIERI DE BANCALARI.

EL ENTREDICHO DE PUNO. Ligeras noticias sobre los principales entredichos de que habla la historia [Lima, 1866].

Autor: FRANCISCO JAVIER MARIATEGUI.

EL EXAMEN comparativo de la Monarquía y la República; por Un Thaboriano. Lima, 1867, in 4º.

Seud. de FELIPE MASIAS.

EL FUSILAMIENTO de Francisco Herrero, o sea la infamia negra. Drama en dos actos y seis cuadros. Por Pierre Quiroule. Buenos Aires, foll. in 8º.

Seud. de JOAQUIN FALCONNET.

EL GATO blanco. Página íntima. Por Raúl Waleis. Buenos Aires, 1879, in 8º.

Anagrama de LUIS V. VARELA.

EL GAUCHO, leyenda en verso, por M. O. Buenos Aires, 1868.

Iniciales de MIGUEL ORTEGA.

EL GEFE del Estado a los Pueblos de su Mando. Guatemala, 1827.

Por MARIANO AYCINENA.

EL GENERAL Félix de Olazábal. 1797-1897. Buenos Aires, 1897, in 8°.

Lo firma CESAR DIAZ.

EL GENERAL Paz y los hombres que lo han calumniado. Montevideo, 1848, in 12°.

Aunque figura en Medina, como éste no menciona el seudónimo de "Un amigo de la justicia" con que lo firma su autor el Dr. ANGEL NAVARRO, lo incluímos aquí.

EL GIGANTE Amapolas y sus formidables enemigos, o sea Fastos dramáticos de una guerra memorables. Petipieza en un acto. Valparaíso, 1842, in 4°.

Su autor fué JUAN BAUTISTA ALBERDI.

EL GOBIERNO de la Capital y el régimen municipal. Artículos... por A. Bel. Buenos Aires, 1881, in 8°.

Seud. de AUGUSTO BELIN SARMIENTO.

EL GOBIERNO Nacional y la administración del Coronel Baibiene. Buenos Aires, 1872, in 8°.

Este falleto, contiene artículos que aparecieron con anterioridad en "La Nación", fueron recopilados y publicados por el mismo SANTIAGO BAIBIENE, que firma el prólogo con las iniciales S. B.

EL GOBIERNO Rodriguista. Novela criolla por Numael Ezper. Buenos Aires, 1905.

Anagrama de MANUEL PEREZ.

EL GRITO de la razón y de la ley sobre el proceso formado a los congresales. (Suscripto por "Los partidarios de la razón y amantes de la ley"). Buenos Aires, 1820, in 4°.

Seud. del Deán GREGORIO FUNES.

EL GUAPO Fernando. Por Mme. Bovet. Buenos Aires, 1906, in 16°.

El nombre completo de la autora es Mme. AUDEBERT DE BOVET.

EL HILO de oro. Por Henri Gréville. Buenos Aires, 1903, in 16°.

Seud. de ALICE DURAND, née FLEURY.

EL HISPANISMO de Mitre. Buenos Aires, 1921, in 16º.

Autor: MARTIN DEDEU.

EL INGENIERO Zimmermann Resta ante la Universidad Nacional de
La Plata. Buenos Aires, 1925, in 8º.

Recopilación del padre del biografiado, ALFREDO ZIMMER-
MANN SAAVEDRA.

EL INGENIOSO HIDALGO DON QUIJOTE DE LA MANCHA, por
Miguel de Cervantes Saavedra, abreviado por Un Entusiasta
del Autor para el uso de los niños y de toda clase de personas. Valparaíso, 1863, in 8º.

Seud. de FERNANDO DE CASTRO.

EL JEFE de policía de la Provincia de Tucumán degenerando la libertad, 1855. [Tucumán].

Autor: ANTONIO MONGE Y BELLO.

EL JENERAL Obando o la Historia crítica del asesinato del Gran Mariscal de Ayacucho. Publicada por el S. Antonio José de Irisarri. Lima, 1847.

JOSE MARIA OBANDO tuvo como principal colaborador en
esta obra a su secretario MANUEL CARDENAS.

EL LIBERTADOR de la América del Sur. London. 1855, in 8º.

Autor: GUZMAN BLANCO.

EL LIBRO de Satanás. Algo que parece novela y no es. Verdades cla-
ras y obscuras, tintes alegres y lúgubres. México, 1869, in 4º.

Satanás fué el seudónimo usado por ADOLFO ISAAC ALE-
GRIA. Según González Obregón, la segunda parte de este libro
se tituló "La luz en las tinieblas".

EL LICENCIADO Perpetuo Antañón (Seud. de José Antonio de Lavalle), v.: La hija del contador.

EL LIMBO: Poema dramatizado. Por Dharma. Buenos Aires, 1914.
in 8º.

Seud. de JOAQUIN CASTELLANOS.

EL LITIGIO del Pacífico Sur en el arbitrage de Estados Unidos. Por Verbo Andino. Tomo I. Ediciones simultáneas en castellano e inglés. Buenos Aires, 1924, in 8º.

> Seud. de EDMUNDO GUTIERREZ.

EL MANANTIAL. Por César Duayen. Buenos Aires, 1908.

> Seud. de EMMA DE LA BARRA DE DE LA BARRA, después EMMA DE LA BARRA DE LLANOS.

EL MANCOMUNISMO. Bases para el estudio del mancomunismo jurídico económico internacional. Por el profesor de economía social doctor Carlos Hume.

> El seudónimo corresponde a SOLARI BIDONDO.

EL MÁS PERSEGUIDO AMERICANO. Búsquese por Iturri Patiño (Francisco Javier).

EL MEDICO de San Luis. Novela original por Daniel. Buenos Aires, 1860, in 4º.

> Seud. de EDUARDA MANSILLA DE GARCIA.

EL MISIONERO (poema). Por Almafuerte. (Clásicos y modernos). Colección Ariel. San José de Costa Rica, in 8º.

> Seud. de PEDRO B. PALACIOS.

EL MONTONERO. Rosario, 1887.

> La dedicatoria la firma AQUILINA VIDART Y ARANDA.

EL PATRIOTISMO. Diálogo 2º entre Paulino y Rosa. Santiago. Tercera parte de "Clamor de la Justicia".

> Autor: Manuel José Verdugo.

EL PENSADOR MEXICANO (*Seud. de José Joaquín Fernández de Lizardi*), v.: Don Catrin de la Fachenda; El Periquillo Sarniento; La Educación; La Quixotita.

EL PERIQUILLO SARNIENTO. Por el Pensador Mexicano. Versión castellana. Buenos Aires (Casa Editoria "La Nación"), 1910, in 4º.

> El seudónimo, como es sabido, corresponde a JOSE JOAQUIN FERNADEZ DE LIZARDI. Señalamos esta edición que MEDINA no nombra, aprovechando la oportunidad para establecer de una vez el verdadero título, ya que, desde Medina hasta el Diccionario Enciclopédico Hispano Americano — enciclopedismos parangonables — dan el de Periquillo SARMIENTO, lo mismo que otras "glosas de menor cuantía". Como explica el autor, el nombre viene de que: "Contraje una enfermedad de sarna, y apenas lo advirtieron, cuando... me encajaron el retumbante título de SARNIENTO".
>
> Medina dá al autor el nombre de JOAQUIN en lugar de JOSE JOAQUIN.

EL PLEITO de Nicolás Bergalli contra D. Hermenegildo Baizán. Un caso de "chantage". Piezas del juicio civil y piezas del juicio criminal. Buenos Aires, 1892, in 8º.

> Los hijos del demandado, ERNESTO y JULIO A. BAIZAN, son los que publican este folleto.

EL POZO que llora. Por Máximo Audouin. Buenos Aires, 1904, in 16º.

> Seud. de EUGENE DELACROIX.

EL PRECURSOR. Documentos sobre la vida pública y privada del general Nariño. Bogotá, 1903, in 4º.

> Autores: EDUARDO POSADA y PEDRO M. IBAÑEZ.

EL PROTECTOR nominal de los pueblos libres, D. José Artigas, clasificado por El Amigo del Orden. Buenos Aires, 1818.

> Nos extraña que MEDINA dé como dudoso el autor de este folleto y se base solo en una anotación de su ejemplar, cuando ZINNY ("Efemeridografía argirometropolitana", pág. 298), ya determinaba que su autor era PEDRO FELICIANO DE CAVIA. Además, MEDINA, le señala 46 páginas y una sin foliar, cuando en realidad tiene, como marca ZINNY y hemos comprobado; portada y vuelta sin foliar, de la 3 en que empieza la numeración a la 66, y una fe de erratas sin foliar.

EL QUE SIGUE EMPACHADO CON LA MERIENDA (*Seud. de Francisco de Paula Castañeda*), v.: Segunda reconvención.

EL QUE SIGUE EMPACHADO CON LA MERIENDA Y CON SIN-
TOMAS DE APOPLEGIA (*Seud. de Francisco de Paula
Castañeda*), v.: Tercera amonestación.

EL QUE YA ESTA EMPACHADO CON TANTA MERIENDA DE
NEGRO (*Seud. de Francisco de Paula Castañeda*), v.: Primera amonestación al "Americano".

EL RIO Amazonas y las comarcas que forman su hoya y vertientes
hacia el Atlántico. Por Manco Capac. Lima, 1853.

Seud. del Capitán MAURY.

EL SECRETO (Novela). [Por] María Enriqueta. Editorial América.
Madrid, in 8º.

Seud. de MARIA ENRIQUETA CARAMILLO DE PEREYRA.

EL SECRETO de la revolución. Lo que no se ha dicho. Génesis del
acuerdo. Por Jackal. Buenos Aires, 1892, in 8º.

Seud. de JOSE M. MENDIA.

EL SECRETO de una crónica. Novela realista por Tácito. México,
1891, in 4º.

Seud. de MANUEL BLANCO.

EL SENADO de 1890. Brocha parlamentaria por Escalpelo. Buenos
Aires, 1891.

El autor de este libro es JOSE MANUEL EIZAGUIRRE. Las
ilustraciones son de HERACLITO, seudónimo de MANUEL
MALLOL.

EL "SIGNAL" y el "Pentafois". Dos métodos para ganar en la ru-
leta y en el treinta y cuarenta. [Por] Lionel Vánder. Buenos
Aires, 1917.

Seud. de LUIS DE VILLALOBOS.

EL TENIENTE general Julio A. Rocca, Bosquejo histórico-biográfico.
Buenos Aires, 1899, in 8º.

El autor es AGUSTIN DE VEDIA.

EL TUNANTE (*Seud. de A. M. de Gamarra*). v.: Lima. Unos cuantos
barrios

ELEJALDE (Santiago), v.: Un hombre del pueblo (Seud.).

ELEMENTOS de cosmografía, para uso de los niños. Extractados de
varios autores. Por J. M. B. y F. Villadora, 1844.

Iniciales de JOSE MARIA BUCHACA Y FREYRE.

ELEMENTS de Cosmographie, ou introduction á la Géographie universelle, exposés dans une suite de lettres adressés a une
plane éléve par Louis. Trad. de l'anglais de R. Turner. Paris, 1803, in 12º.

Louis es seudónimo de DENIS FRANÇOIS DONNANT.

ELEMENTS de Géographie. Paris, 1740, in 8º.

Autor: PIERRE LOUIS MOREAU DE MAUPERTUIS.

ELEMENTS de géographie, Paris, 1783, in 8º. (Con 20 mapas).

Su autor: DENIS PIERRE JEAN PAPILLON DE LA FERTE.

ELEMENTS de géographie. Paris, 1927, in 32º.

Autor: EDME PONELLE.

ELEMENTS de géographie, à l'usage des maisons d'éducation. Paris,
an IX-1801, in 12º.

Autor: JEAN BAPTISTE GABRIEL MARIE DE MILCENT.

ELEMENTS de géographie, de R. Turner. Trad. de l'anglais par
Louis. Paris, 1803, in 12º.

Louis, seudónimo de DENIS FRANÇOIS DONNANT.

ELEMENTS de géographie, ou nouvelle méthode simple et abrégée
pour apprende en peu de temps et sans peine la géographie.
On y a joint une liste des meilleures géographes voyageurs
dans toutes les parties du monde, par M. D. S. H. Paris, 1750.

Su autor probable: DE SAINT HILAIRE.

ELEMENTS de géographie, suivant les meilleures géographes, dediés aux jeunes pensionnaires des maisos réligieuses, para L*** Q*** D. G. [Paris], 1872, in 8º.

Autor: LE QUEU, dessinateur géographe.

ELEMENTS de la géographie moderne, d'après les derniers traités de paix, en français et en polonais. Breslau, 1804, in 8º.

Autor: ANTOINE JOSEPH DE WYBICKI.

ELEMENTS géographiques, ou description abrégée de la surface du globe terrestre. Vienne, 1755, in 8º.

Autor: L. SEBASTIEN JACQUET DE MALZET.

ELENA (Novela político-social). Por Jacob Numo. Buenos Aires, in 8º.

Seud. de J. M. COBO.

ELESPURU (Juan Bautista), v.: Contestación que da el Prefecto.

ELISA LYNCH. Por Orión. Precedido de una semblanza del autor por Emilio Castelar. Buenos Aires, 1870, in 8º.

Seud. de HECTOR FLORENCIO VARELA.

ELOGIO fúnebre del benemérito ciudadano D. Manuel Belgrano..., etc. [Reimpresión, 8º mayor].

Aunque esta obra figura en MEDINA, dando como autor al presbítero don VALENTIN GOMEZ, allí aparece solo la edición original y nosotros señalamos aquí una reimpresión cuya portada idéntica no deja sospechar quién pueda haberla hecho. Es, sin duda, posterior a 1900.

EMILIA, o los efectos del coquetismo. Por R. El Mugiense. Buenos Aires, 1862, in 4º.

Seud. de FRAY ANTONIO FOLIAS.

EMIRO KASTOS (Seud. de Juan de Dios Restrepo),v.: Escritores colombianos.

EN EL COMBATE. Poesías completas. Por El Caribe. Prólogo de Manuel Fernández Juncos. París, [1913].

Seud. de JOSE GUALBERTO PADILLA.

EN LA PAMPA. Por Marifel. Buenos Aires, in 8º.

Seud. de MARIA FELISA REDONNET DE SERRANO.

EN LA PENUMBRA. Poesías. Por Mario Rébus. Buenos Aires, 1919, in 8º.

Seud. de MARIA QUESADA DE GONNET.

ENCYCLOPEDIE des jeunes étudiants et des gens du monde, ou Dictionnaire raisonné des connaissances humaines, des moeurs et des passions; contenant les principes élémentaires de métaphysique, de psychologie, de physique, d'astronomie, de géographie... [etc.]. Paris, 1883, 2 vols. in 8º.

El autor fué EUSEBE GIRAULT.

ENCYCLOPEDIE portative, ou Science universelle à la portée de tout le monde, par un citoyen prussien. Berlin, 1768, in 12º.

Seud. de J. H. SAM FORMEY, según se le atribuye sin mayor seguridad.

ENGEL (Samuel). V.: Extraits raisonnés.

ENGEL (Samuel), v.: M***.

ENRIQUE LARRETA (*Seud. de Enrique Rodríguez Larreta*), v.: La Gloria de Don Ramiro

ENSAYO de historia patria. Obra adaptada a los programas de maestros y de la universidad de Montevideo, por H. D. Montevideo, 1923, in 8º.

Autor: HERMANO DAMASCENO.

ENSAYO histórico de las operaciones del Ejército Libertador en la campaña de 1824, dedicado a todos los patriotas de la guerra de la Independencia. Lima, 1652.

Lo firma VALENTIN LEDESMA.

ENSAYO sobre la Topografía de los Ríos Plata, Paraná, Paraguay, Vermejo y Pilcomayo, para servir de memoria a su navegación, con un mapa, calculado con arreglo a las últimas observaciones. Buenos Aires, 1831.

Por H. C. DWERHAGEN.

ENSAYO sobre las garantías individuales que reclama el actual estado de la sociedad; por P. C. F. Daunou, Individuo del Instituto de Francia. Paris, 1826, 2 vols.

El traductor fué el Deán GREGORIO FUNES.
Zinny señala (Efemeridografía Argirometropolitana, p. 428), la edición de Buenos Aires, 1822.

ENSAYOS de José. México, 1874, in 4º.

José es el seudónimo empleado por VICTORIANO AGÜEROS.

ENTRE DOS ABISMOS. (De mis experiencias psicológicas). Por V. Jura. Guadalajara, 1907, in 16º.

Seud. de AMBROSIO ULLOA.

ENTRE DOS ALMAS. Por Raúl Waleis. Buenos Aires, 1908, in 8º.

Seud. de LUIS V. VARELA.

ENTRE EL POLVO de un castillo (Cuentos infantiles) [Por] María Enriqueta. Buenos Aires, [1924], in 8º.

Seud. de MARIA ENRIQUETA CARAMILLO DE PEREYRA.

ENTRE SOMBRAS. En Moldes. [Por] Lady Ja Ideonn. Moldes (F. C. P.), 1917, in 8º.

Seud. de LIDIA J. OVEJERO DE NAON.

EPILOGO de la guerra del Pacífico por J. L. J. (Brocha Gorda). Buenos Aires, 1893, in 8º.

Seud. de JULIO LUCAS JAIMES.

EPOQUES de l'histoire universelle, depuis le commencement du monde jusqu'a nos jours... par F. J. L. Lille, 1817, in 12º.

Las iniciales son de FRANÇOIS JOSEPH LAFUITE.

EPPES (César de Proisy d'), v.: en Dictionnaire des girouettes''.

ESAME critico del primo viaggio di Amerigo Vespucci al Nuovo Mondo... Firenze, 1811, in 8º.

Autor: GIAN FRANCESCO GALEANI NAPIONE DI COCCONATO.

ESCALPELO (*Seud. de José Manuel Eizaguirre*), v.: El Senado de 1890.

ESCANDON (Ignacio), v.: D. Y. E. (Seud.).

ESCLARECIMIENTO del Informe del Cabildo Eclesiástico de Lima sobre la división de las diócesis en que se responde a los principales sofismas que se le han opuesto. Lima, 1932.

Su autor, se cree fuera JOSE·IGNACIO MORENO.

ESCRAGNOLLE TAUNAY (A. de), v.: Sylvio Dinarte (Seud.).

ESCRITORES colombianos. Emiro Kastos. Artículos escogidos. Nueva edición aumentada y cuidadosamente corregida. Con un retrato del autor y un prólogo por el Dr. D. Manuel Uribe Angel. Londres, 1885, in 8º.

EMIRO KASTOS es seudónimo de JUAN DE DIOS RESTREPO. Esta edición es la única que debiera figurar, pues la citada por MEDINA (I, 93), como obra anónima, no lo es, desde que en la portada figura el nombre del autor conjuntamente con su seudónimo.

ESMANGARD (Ch.), v.: Des Colonies

ESPADA (Justo de), v.: Dios es el padre

ESPAÑA (M.), v.: Representación

ESPEJO (Jerónimo), v.: Un Jefe amante de las glorias de su patria. (Seud.).

ESPINOSA (Juan), v.: Colonización y navegación; Defensa del Gobierno.

ESPINOSA (Juan R.). V.: Renovación del personal...

ESPIRITISMO. Introducción al conocimiento del mundo invisible por las manifestaciones de los espíritus, conteniendo el resumen de los principios de la doctrina espírita, y la contestación a las principales objeciones, por Allan Kardec, autor del "Libro de los espíritus", del "Libro de los mediums", y Director de la "Revista Espírita". Fuera de la caridad no hay salvación. 6ª edición refundida y considerablemente aumentada. Traducido al castellano por G*** T.... Lima, 1886, in 4º.

> Atribuída a GUSTAVO LE PLONGEON.

ESSAI BIBLIOGRAPHIQUE sur les éditions des Elzevirs, les plus précieuses et les plus recherchées; précédé d'une notice sur ces imprimeurs célèbres. Paris, 1822, in 8º.

> La obra es de S. BERARD y la noticia sobre los Elzéviers extractada por el mismo de la de M. ADRY.

ESSAI DE GEOGRAPHIE pour les comerçants, avec un Dictionnaire géographique, français-latin et latin-français. Paris, 1744, in 8º.

> Autor: ETIENNE ANDRE PHILIPPE, connu par PHILIPPE DE PRETOT.

ESSAI SUR LA COLONIE de Sainte Lucie, par un ancien intendant de cette île. Neufchatel, 1779.

> Autor: DANIEL MARC ANTOINE CHARDON.

ESSAI SUR L'ADMISSION des navires neutrales dans nos colonies. Paris, 1759, in 12º.

Autor: Fr. VERON DE FORBONNAIS.

ESSAI SUR LES COLONIES françaises, ou discours politiques sur la nature du gouvernement, de la population et du commerce de la colonie de S.-D. Paris, 1754, in 12º.

Autor: SAINTARD.

ESSAI SUR L'HISTOIRE naturelle de Saint Domingue. Paris, 1776, in 8º.

Autor: El PADRE NICOLSON.

ESSAY SUR LA MARINE et sur le commerce. Par M. D***. Amsterdam, 1743, in 12º.

De esta obra, la primera edición salió sin la inicial del autor y sin lugar de impresión, aunque sí con la fecha, 1743. Su autor fué DESLANDES, aunque no de toda ella, pues, la parte que sigue desde la pág. 190 y que se llama ''Memoire historique sur les indes braves... du golfe de Darien'', es de otro autor.

ESTALA (P.), v.: Beiträge zur genanem...

ESTUDIO SOBRE LA ALTURA de las montañas aplicado especialmente al Meiti o volcán de Arequipa... Lima, 1868.

Suscrito por M. R. PAZ SOLDAN, según René Moreno, el que dice que las iniciales corresponden a MANUEL ROUAUD.

ESTUDIO SOBRE LA ANEXION de México a los Estados Unidos. México, 1890, in 4º.

Autor: MATIAS ROMERO.

ESTUDIO SOBRE LAS CASAS de inquilinato en Buenos Aires. Buenos Aires, 1885, in 8º.

El autor es el Dr. GUILLERMO RAWSON.

ETAT CANONIAL des Dominicains, ou extraits d'une dissertation excellent et rare, imprimé à Béziers en 1750... Avignon, 1766, in 12º.

> Autor: el Padre SECONDS.

EUROPA y su barbarie. América y su civilización. Arbitrage. Paz. ¡Humanidad! [Versos por M. Nagarrab]. Buenos Aires, 1916, in 8º.

> Seud. de M. BARRAGAN.

EVANGELICAS. Por Almafuerte. Buenos Aires, 1915, in 8º.

> Seud. de PEDRO B. PALACIOS.

EVENEMENTS qui ont précédé et suivi l'évacuation de Saint-Domingue, publiés par un officier de l'Etat Major de l'armée. Paris, an XIII (1804), in 8º.

> El seudónimo corresponde a ARMAND LEVASSEUR.

EVERHARDTS Cloppenbourg (Jean), v.: Le miroir...

EXAMEN DE L'ESCLAVAGE en général, et particulierement de l'esclavage des nègres dans les colonies françaises de l'Amérique; par V. D. C. Paris, 1802, 2 vols., in 8º.

> Seud. de F. VALENTIN DE CULLION.

EXAMEN DES "RECHERCHES philosophiques sur l'Amérique et les Americains" et Defense de cet ouvrage. Paris, 1771, 2 vols. en 12º.

> Autor del "Examen", ANTOINE JOSEPH PERNETTY, y de la "Defense", CORNELIS DE PAW.

EXAMEN SUR TOUTES les cartes générales des quatre parties de la terre, mises au jour par feu Mr. de Lisle, despuis l'année 1700 jusqu'en 1725. Paris, 1728, in 12º.

> El autor, cuyo nombre figura en la aprobación y privilegio, fué VINCENT DU TOURET.

EXEQUIAS de la serenísima señora D. María Antonia de Borbón, princesa de Asturias. Lima, 1807. in 4º.

Autores: J. J. OLMEDO, que firma la oda que ocupa las 9 primeras hojas, y J. JOAQUIN DE LARRIVA Y RUIZ.

EXPLICACION de un monetario del Río de la Plata. Buenos Aires, 1840.

Autor: PEDRO DE ANGELIS.

EXPLORACION de las islas de Chincha, con tres planos. Lima, 1854, Firmado por FRANCISCO CAÑAS.

EXPOSICION de agravios dirigida a la Honorable Cámara de Diputados de la Nación por muchos ciudadanos de esta Capital contra los atentados del juez federal Dr. D. Virgilio M. Tedin en los juicios de tachas. Buenos Aires, 1886, in 8º.

La exposición es obra del doctor ONESIMO LEGUIZAMON.

EXQUEMELIN (Alexandre Olivier), v.: Piratas de la América.

EXTRAIT DE L'HISTOIRE générale et économique des trois règnes, partie des annonces, ou la nature considérée sous ses différents aspects. Paris, 1783, in 8º.

Autor: P. JOSEPH BUCHOZ.

EXTRAIT RAISONNE des voyages faits dans les parties septentrionales de l'Asie et de l'Amérique, ou nouvelles preuves de la possibilité d'un passage aux Indes par le Nord. Lausanne, 1779, in 4º.

Autor: SAMUEL ENGEL.

EZCURRA (Felipe de), v.: Rasgos de la vida pública de S. E...

EZCURRA Y PARDO (M.), v.: Muérdago (Seud.).

F

F. A. S. (*Seud. de Fortunato A. Sánchez*), v.: El Ciego Rafael

F. B. (*Seud. de Francisco de Biedma*),v.: Aritmética redactada

F. C*** (*Seud. de Félix Carteaux*), v.: Les Soirées bermudiennes

F. de P. M. (*Seud. de Francisco de Paula Mellado*), v.: Arte de fumar

F. J. L. (*Seud. de François Joseph Lafuite*), v.: Epoques de l'histoire

F. P. B. (*Seud. de frère Philippe Bransiet*), v.: Abrégé de géographie
commerciale

F. R. (*Seud. de Francisco de Rivero*), v.: Antaño y hogaño

F. X. D. F. (*Seud. de François Xavier de Feller*), v.: Nouveau dictionnaire historique

FABRE (El P.) Trad., v.: Histoire universelle, depuis 1543.

FALCONNET (Joaquín), v.: Pierre Quiroule (Seud.).

FALKNER (Tomás), v. Description des terres Magellaniques

FALLET (Nic.), v.: Une Société de Gens de Lettres (Seud.).

FARGUS (Frederick John), v.: Hugo Conway (Seud.).

FEDNYHOUGH (Thomas), v.: Military memoirs.

FEL-STAR (*Seud. de C.* (?) *Iturralde*), v.: Predio natal.

FELIPE DE SALAYRES GUTIERREZ (*Seud. de Sor Ana Inés de la Cruz*), v.: Glosa en triumpho.

FELLER (François Xavier de), v.: Nouveau dictionnaire historique; Supplément au Dictionnaire

FERNAGUS DE GELONE, v.: Relations de la déportation

FERNAGUS DE GELONE, v.: M. F. D. G., (Seud.).

FERNAN CABALLERO (*Seud. de Cecilia Bohl de Faber*), v.: La créole de la Havane.

FERNAND CORTEZ ou la conquête du Mexique, opera en 3 actes, musique de Spontini. Paris, 1809, in 8º.

Autor: ETIENNE DE JOUY.

FERNANDEZ (Felipe H.), v.: Yacaré (Seud.).

FERNANDEZ (Francisco), v.: Harmodio (Seud.).

FRNÁNDEZ DE LA PUENTE (Luis), v.: Luis Fernán (Seud.).

FERNANDEZ DE LIZARDI (José Joaquín), v.: El Pensador Mexicano (Seud.).

FERNANDEZ DE MENDOZA (Edmundo), v.: Martín Galas (Seud.).

FERNANDEZ OLGUIN (E.), v.: La Independencia

FEYJOO DE SOSA (Miguel), v.: Methodo y fórmula.

FIEL (León Federico), v.: Noel de Lara. (Seud.).

FIERRO (Alejandro), v.: Cuestión Chileno...

FIERRO (José) Col., v.: Catálogo metódico de la B. N. Tomo IV.

FIGARETE (*Seud. de Bernabé Bravo*), v.: Variaciones

FIGARO (*Seud. de el Conde de Aranda*), v.: Dénonciation au public

FILOSOFO espiritualista. El libro de los espíritus que contiene los
principios de la doctrina espiritista, etc., reunidos y puestos
en orden por Allán Kardec. Chillan, 1862, in 4ê.

> ALLAN KARDEC, es, como se sabe, seudónimo de H. L. D.
> RIVAIL.

FILLEAU DE SAINT-HILAIRE (E. J. H.), v.: Notices statistiques.

FISCHER (Agustín), v.: Bibliotheca mejicana

FISIOLOGIA SOCIAL. Faces del vicio por Severus. Buenos   Aires,
1891.

> El seudónimo es de PABLO DELLA COSTA.

FLECHTER, v.: A just and modest vindication; Defence of the
Scott settlement.

FLORICOURT. Búsquese por "Effets des passions".

FOCAREL (Jacques), v.: Paraphrase

FOE (Daniel de), v.: Aventures de Robinson.

FONTANA (Félix), v.: Traité sur le venin.

FORBONNAIS (Véron de), v.: Essai sur l'admission des navires...

FORCHIERI DE BANCALARI (Margarita), v.: Edgard What (Seud.).

FORGUES (Emile Daurand), v.: Old Nick (Seud.).

FORMEY (J. H. S.), v.: Nouveau dictionnaire de bibliographie

FORMULARIO que debe servir de norma a los Contadores Reales de Diezmos de la Nueva España para la formación de los cuadrantes de sus diócesis dispuesto por el Contador General de las Indias con fecha de 30 de octubre de 1786, y aprobado por el Rey en 2 de noviembre del mismo año. Madrid, in 4º.

Autor: FRANCISCO MACHADO.

FORSTALL (E. J.), v.: An analytical index.

FORSYTH (J.), v.: Observaciones sobre la memoria.

FORTUN DE VERA (*Seud. de José Ignacio Garmendia*), v.: Cuentos de tropa.

FOUR YEAR'S residence in the West Indies, 1826|29. With narratives of the dreadful Hurricanes in Barbados, St. Vincent, and St. Lucia... By the Son of a Military Officer, etc. 1831. London, 1833. (Sabin Nº 25.287).

Seud. de FREDERICK W. N. BAYLEY, Medina dá como fecha de imprenta 1883.

FOURIER (Charles), v.: Mnémonique.

FOWLER (Frank), v.: Harper Atherton (Seud.)

FOWLER (John), v.: Summary account.

FRACANZANO DE MONTALBODDO (Antonio), v.: Paesi nuovamente; Sensuit...

FRADIQUE MENDEZ (*Seud. de Eduardo Rodríguez Larreta*), v.: Crónicas

FRAGMENTS du voyage de La Pérouse. Quimper, in 8º.

Autor: JACQUE CAMBRY.

FRAGMENTS sur les colonies en général, et sur celles des Anglois en particulier. Lausanne, 1778, in 8º.

El autor anónimo fué el escocés ADAM SMITH, y el traductor al francés, REVERDIL.

FRANCIS (Philip), v.: Junius's letters (?)

FRANCO LEAL (*Seud. de Genaro García*), v.: Páginas arrancadas.

FRANCHI (Alfredo C.), v.: Alfredo de Lhery (Seud.).

FRANKLIN HARROW (*seud. de Julio Leonidas Aguirre*). V.: ¡A la brecha!; Sociología; Cocina criolla.

FRASANS (Hippolyte de), Col., v.: Mémoire pour le chef de brigade.

FRONTIGNIERES (M. de), v.: Histoire des avanturiers...

FUEGO! FUEGO! Por Timón. Traducido del francés por D. R. Peña. Valparaíso, 1846, in 4º.

MEDINA no dá el nombre del autor francés a que corresponde el seudónimo de TIMON: LOUIS MARIE DE LA HAYE, Vicomte de CORMENIN.

FUENTES (M. A.), v.: Nociones elementales de estadística.

FUENTES (Manuel Atanasio), v.: Biografía del...

FUNDAMENTOS que justifican la acusación que hizo la Contaduría General y análisis de los cargos que se presentaron al público. [Montevideo], 1831, in 8º.

Autor: FRANCISCO MAGARIÑOS.

FUNES (Gregorio), v.: L. E. M. V. A. M. Cives; El ciudadano; Los partidarios de la razón y de la ley; Un argentino amigo de los servidores de la patria; Un patriota (Seuds.).

FUNES (Gregorio), v.: Contestación joco-seria.

FUNES (Gregorio) (Trad.), v.: Ensayo sobre las garantías...

G

G. D. T. (*Seud. de Gauthier du Tronchoy*), v.: Journal de la campagne

G. de L. B*** (*Seud. de Gudin de La Brenellerie, crítico*), v.: De la manière d'écrire

G. G. (*Seud. de Gil Gelpi y Ferro*), v.: La España; Los españoles.

G*** T. (*Seud. de Gustave Le Plongeon*), v.: Espiritismo...

G. W. W. (*Seud. de William W. George*), v.: Sketches.

GABRIEL FERRY (*Seud. de Louis de Bellemare*), v.: Voyage et aventures.

GALAN (Wenceslao), v.: Ejército de Entre Ríos

GALARD-TERRAUBE (Visconde de), v.: Tableau de Cayenne

GALAXIA (*Seud. de Teresa B. Dellacella Carafa*), v.: Ocios infantales.

GALEANI NAPIONE DI COCCONATO (Gian Francesco). Búsquese por: Napione di Cocconato.

GALERIE historique universelle. Por M. de P***. Paris, 1786|9.

> Esta obra, de la que solo aparecieron 18 entregas, tiene un artículo sobre Cristóbal Colón y el descubrimiento de América. Su autor fué: ALEJANDRO DENIS JOSEPH PUJOL.

GALERIE universelle des hommes qui se sont illustrés dans l'empire des lettres. Paris, 1787, 8 vols. in 4º.

> Autor: SULPICE IMBERT, comte de LA PLATERIE.

GALES (Andres) y **MILLAO** (Juan), v.: Dos Amigos (Seud.).

GALIOT (Thomas), v.: Inventaire de l'histoire

GALLARDO (Juan José). V.: Rapport de Mr. Drouyn de Lhuy; Réponse a un article.

GAMARRA (A. M.), v.: El Tunante (Seud.).

GANDARA (F. A.), v.: Apuntes para un estudio

GANDARILLAS (Alberto), v.: Luis Sada...

GANDARILLAS (Manuel José), v.: Alejandro Salas y Glumen (Seud.).

GANDARILLAS (Santiago), v.: Stanislao Aggar Landi (Seud.).

GANDOLFO (Antonio C.), v.: Informe de la Comisión...

GARAY DE MONGLAVE (F. E.), v.: Les soirées de Saint-Acheul.

GARCIA (Genaro), v.: Franco-Leal (Seud.).

GARCIA (José Gregorio N.), v.: Recursos y documentos...

GARCIA (Manuel R.), v.: Respuesta al folleto...

GARCIA (Pantaleón), v.: Acto de Contrición

GARCIA AB ORTA; búsquese por García del Huerto.

GARCIA DE LA PLATA (Manuel), v.: Ordenanzas del Gremio de Veleros.

GARCIA DE VERA (Pedro), v.: Reflexiones sobre las ventajas

GARCIA DEL HUERTO, v.: Histoire des drogues

GARCIA MEROU (Martín), v. Informe que la Comisión...

GARCIE DU JARDIN, v.: Histoire des drogues

GARMENDIA (José Ignacio), v.: Fortún de Vera (Seud).

GARNIER (Auguste) y Edmond Mertens v.: Constant Bernard (seud.)

GARNIER DESCHENES (E. H.), v.: Traité élémentaire de géographie.

GARRIGOS (Octavio), v.: Aristarco (Seud.).

GAUTHIER Y ARRIAZA (E.), v.: Cortes generales y ordinarias.

GAUTIER DU TRONCHOY, v.: G. D. T. (Seud.).

GEBHART (A.), v.: R. G. (Seud.).

Gel. CHAST*** DESTERE (*Seud. de Gabriel Chastenet*), v.: La science du cultivateur.

GELE (Dom.) (Col.), v.: Dictionnaire géographique et historique.

GELPI Y FERRO (Gil), v.: G. G. (Seud.).

GENARO E. TERRUES (*Seud. de Ernesto E. Guerra*), v.: Máximo.

GENTES y paisajes de Italia. (Aníbal Latino). Barcelona, 1901, in 8°.

> El seudónimo corresponde a JOSE CEPPI. Medina en su "Diccionario", I, 65, atribuye la obra "Buenos Aires por dentro", a ISMAEL LOPEZ, con la nota "ya se dijo que el seudónimo corresponde a ISMAEL LOPEZ"; aparte de no encontrarse dónde hasta esa página se haya dicho tal cosa, en el índice la cataloga como de JOSE CEPPI, es decir, como del autor de "Factores del progreso" y "Problemas y lecturas".

GEOFFREY CRAYON (*Seud. de Wáshington Irving*), v.: Tales of a travaller.

GEOGRAFIA DE Chile por Un H. de las EE. CC. Para uso de los niños. Santiago de Chile, 1894, in 4°.

> UN HERMANO DE LAS ESCUELAS CRISTIANAS.

GEOGRAFIA de la República Argentina para el uso de la juventud que se educa en sus escuelas y colegios. Libro de texto de lectura por J. M. G. Buenos Aires, 1877, in 16°.

> Iniciales de JUAN MARIA GUTIERREZ.

GEOGRAPHIE á l'usage des négociants. Lille, 1740, in 12°.

> Autor: ANDRE JOSEPH PANCKOUCKE.

GEOGRAPHIE des dames, ou almanach géographique et historique. 1764, in 24°.

> Autores: PASQUIER y L. DENIS.

GEOGRAPHIE élémentaire. Paris, 1804, 2 vols. in 8°.

> Autor: El barón G. J. A. DE STASSART.

GEOGRAPHIE élémentaire, para P. C. et B. D., pour servir ò l'étude de l'atlas géographique de la Bélgique, á l'usage de la jeunesse des écoles, publié en 1852. Bruxelles, 1853, in 16°.

> P. C. corresponde a COPPENS, y B. D. a DELESELLE.

GEOGRAPHIE élémentaire universelle destinée è l'enseignement dans le royaume des Pays Bas. Bruges, 1825, in 12º.

> Autor: A. PELLETIER.
> Traductor: PH. FL. DE PIUSIEUX.

GEOGRAPHIE historique, avec un cours de géographie élémentaire; véase: Cours élémentaire de géographie.

GEOGRAPHIE universelle, para Buffier, revue et corrigée par l'abbé D. S. Liége, 1786, in 12º.

> Las iniciales son de B. DE SAIVE.

GEOGRAPHIE universelle, traduite de l'allemand de M. Busching. Strasbourg, 1768|79, 14 vols. in 8º.

> Esta obra, cuyo primer título de traducción fué '"Nouveau traité de géographie", fué traducida por J. M. GERARD DE RAYNEVAL, C. T. PFEFFEL y J. Fr. DE BOURGOING.

GEORGE (William...), v.: G. W. W. (Séud.).

GERARD DE DAYNEVAL (J. M.), Trad., v.: Géographie universelle, traduite

GERMAINE (visconde Sacwville, Lord) (?). v.: Junius's letters.

GHIRALDO (Alberto), v.: Marco Nereo (Seud.).

GIRAUD (P. F. F. J.), v.: Mémoire sur la colonie.

GIRAULT (Eusêbe), v.: Une société de Gens de Lettres et de savants (Seud.).

GIROD-CHAUTRAN, v.: Voyage d'un Suisse

"GLOSA" en triumpho parthenico que en glorias de María Santísima, inmaculadamente concebida, celebró la Pontífica Imperial y Regia Academia Mexicana en el biennio, que como su rector la governó el doctor don Juan de Narváez. Por Felipe de Salayres Gutiérrez. México, 1683.

Seud. de Sor ANA INES DE LA CRUZ.

GLOVER (Ricard) (?), v.: Junius letters.

GOFFAUX (F. J.), v.: Histoire universelle depuis le commencement.

GOHORI, GOHORRI o GOHORRY (Jacques), v.: Histoire de la terre neuve.

GOHORY (Jacques), v.: I. G. P. (Seud.).

GOMEZ (Adolfo León), v.: La política exaltada

GOMEZ (J. V.), v.: J. V. G. (Seud.).

GOMEZ (Marcelino A.), v.: Contestación al libelo.

GOMEZ (Valentín), v.: Elogio fúnebre (Seud.).

GOMEZ LUNA (Ignacio), v.: Lucio Magez Nigona (Seud.).

GONZALEZ (Florentino), v.: Codificación; La jurisprudencia.

GONZALEZ (Florentino César), v.: Urquiza

GONZALEZ (Miguel), Publ., v. Pleito Alegre-Rezzónico

GONZALEZ (Nicanor A.), v.: Instrucción Popular

GONZALEZ CALDERON (Juan A.), v.: J. A. G. C. (Seud.).

GONZALEZ CALDERON (Juan A.), v.: Urquiza

GONZALEZ DE MENDOZA (Juan), v.: Histoire du grand royaume

GONZALEZ DEL CAMPILLO, v.: Edicto del Exmo.

GONZALEZ VIGIL (Francisco de Paula), v.: Impugnación de un folleto

GONZALEZ VIGIL (Francisco de Paula), v.: Un Americano (Seud.).

GOOD (Henry), v. An Advocate (Seud.).

GOODRICH (Samuel Griswold), v.: Peter Parley (Seud.).

GORDON (Pat.), v.: Grammaire géographique...

GORRITI (Juana Manuela), Recopiladora, v.: Josefina Pelliza de Sagasta.

GOUGH (Thomas), Trad., v.: Observaciones sobre la Memoria

GOULART (Simón), v.: Mémoires de la Ligue

GOURNE (P. M. de). V.: Le géographe méthodique

GRACE ANGOVE (*Seud. de Grace Michell*), v.: The gold fields

GRAMATICA española o principios de la gramática general aplicados a la lengua castellana. Primera parte. Buenos Ayres (Expósitos), **1817**.
El prólogo lo firma SENILLOSA, que es el autor.

GRAMATIQUILLA por H. E. C. Lecciones de lengua castellana. Buenos Aires. Sin año.
Hermanos de las Escuelas Cristianas.

GRAMMAIRE géographique, ou analyse exacte el courte du corps entier de la géographie moderne, trad. de l'anglais. Paris, 1748, in 8º.
En esta, son anónimos: el autor, P.AT. GORDON; el traductor, PUISIEUX; el colaborador-aumentador, TOUSSAINT; y el autor de la parte concerniente a Francia, que fué ROBERTO DE VAUGONDY.

GRAMMONT-LE-GRAND, dernier chef des flibustiers, aventuriers et boucaniers d'Amérique, par M. A***. Paris, 1813, in 18º.

Seud. de Fr. ANDRE, des Vosges.

GRANDEZAS chicas (Novela argentina). Por Barón de Arriba. Buenos Aires, 1901, in 8º.

Seud. de OSVALDO SAAVEDRA.

GRIFFET LABAUME (Antoine Gilbert), Prof., v.: Vie et aventures de Robinson

GRILLET (Le P.), v.: Voyage du chevalier...

GROUSSAC (Paul), v.: Catálogo metódico de la Biblioteca Nacional (varios).

GRUNDLICHER Bericht von Beschaffenheit und Eigeuschafft, Cultivirung und Bewobnung dess in America zwisches dem Rio Orinoque und Dio de las Amazones... in Guiana gelegenen Strich Landes welchen die Westindische Compagnie an Friederich Casimir, Grafen zu Hanaw den 18 julü 1669 überlassen hat. Frankfurt, 1670, in 4º.

El autor es J. J. BECHER.

GUADALOUPE: a tale of love and war. By one who served in the campaign of 1846-47, in the late war with Mexico. Philadelphia, 1860, in 12º.

Seud. de WILLIAM F. SMALL.

GUASTAVINO (Juan Estevan), v.: Sich Versagen (Seud.).

GUATEMALA por Fernando Séptimo el día 12 de Diciembre de 1808. [Guatemala, 1809], in 4º.

Autor: SICILIA DE MONTOYA.

GUDIN DE LA BRENELLERIE (Paul-Philippe), v.: G. de L. B*** o M. G*** de L. B*** (Seuds.).

GUDIN DE LA BRENELLERIE, v.: Aux manes de Louis XV...

GUEBHARD (L. M.), v.: L. M. G*** (Seud.).

GUEDEVILLE (Nicolás), v.: Dialogues de M. de La Hontan; Le grand théatre historique; Suite du voyage.

GUENARD (Elisabeth) baronesa de Méré, v.: J. H. F. Geller (Seud.).

GUEZENEC (Alfred), v.: Alfred de Bréhat (Seud.).

GUERRA (Ernesto E.), v.: Genaro E. Terrues (Seud.).

GUERRE d'Amérique. Campagne de Potomac. Mars-Juillet, 1862. Paris, 1863, in 8°.

Autor: el Príncipe de Joinville, FRANÇOIS FERDINAND D'ORLEANS.

GUIA DE FORASTEROS del Virreynato de Buenos Ayres para el año 1803, dispuesta con permiso del Superior Gobierno, por el señor Visitador General de Real Hacienda de estas Provincias don Diego de la Vega. [Buenos Aires].

El autor fué JOSEPH JOAQUIN DE ARAUJO.

GUIA DEL COMERCIO y Forasteros del Rosario. Publicación anual por M. C. C. Rosario de Santa Fe, 1870.

Seud. de MANUEL C. CHUECO.

GUIBAUD (Eustache), v.: Dictionnaire historique, littéraire.

GUIDE du commerce de l'Amérique, v.: Le commerce de l'Amérique.

GUILLOTON DE BEAULIEU (Ch.), v.: C. G. D. B. (Seud.).

GUIZOT (Jean Jacques), Trad., v.: Manuel historique du systeme.

GUMESINDO DIAZ DE JUNO (*Seud. de Juan de Dios Domínguez*), v.: Leyendas mexicanas.

GUMUCIO (Rafael B.), v.: La Puna de Atacama.

GUSANILLO de la tierra. Cuentos de Arodio-El-Efo, La Plata, 1893, in 16º.

Seud. de RODOLFO DILLON.

GUTHRIE (William), v.: Abrégé de la nouvelle géographie.

GUTIERREZ (Edmundo), v.: Verbo Andino (Seud.).

GUTIERREZ (Juan María), v.: J. M. G.; Uno de sus discípulos (Seuds.).

GUTIERREZ (Juan María), v.: Historia elemental; La Constitución de Mayo; Noticia sobre la persona.

GUY DE CHANTEPLEURE (*Seud. de Juana Violet*), v.: El Castillo durmiente; Mi conciencia; Novia de abril.

GUZMAN DE MALAMOCO (Juan), v. Contestación a los ataques.

H

H. D. (*Seud. de Hermano Damasceno*), v.: Ensayo de Historia.

H. E. C. (*Hermanos de las Escuelas Cristianas*), v.: Gramatiquilla; Historia argentina; Historia sagrada.

H. F. V. (Héctor F. Varela), v.: Almanaque de Orión.

H. R. (*Seud. de Henri Richelot*), v.: Historia del comercio.

HAITI, ou renseignements authentiques sur l'abolition de l'esclavage et ses resultats á la Guadeloupe, avec des details sur l'état actuel d'Haiti et desde noirs emancipés qui forment sa population, traduit de l'anglais. Paris, 1835, in 8º.
Traducción francesa de una obra de ZACHARY MACAULAY.

HALE (Salma), v.: History of the United States.

HALES, v.: Considerations sur la cause.

HALMA (Nicolás B.), v.: Abrégé de géographie pour servir...; Leçons élémentaires de géographie ancienne.

HALL (Francis), v.: An Officer late in the colombian service (Seud.).

HARLEIN (J. D.), v.: Beschrijvinge van de volkplantinge.

HARMODIO (*Seud. de Francisco Fernández*). v.: La revolución de Entre Ríos.

HARPER ATHERTON (*Seud. de Frank Fowler*), v.: Adrift...

HARRIS Y RIVINGTON, v.: Two Englishmen (Seud.).

HARRISE (Henry), v.: Bibliotheca Americana; Notes on Columbus.

HART (Miss), v.: Letters from the Bahama.

HASSALL (Miss), v.: A lady (Seud.).

HENAULT (Ch. Jean François, llamado el Presidente Hénault), v.: Abrégé chronologique de l'Histoire.

HENRI GREVILLE (*Seud. de Alice de Durand,* née *Fleury*), v.: El corazón de Luisa; El hilo de oro; Niania.

HERCELLES (Justo), v.: Contestación al folleto.

HERMANOS DE LAS ESCUELAS CRISTIANAS, v.: H. E. C.; Un H. de las EE. CC. (Seud.).

HERRERA (Adela), v.: Ada Herídrea Real (Seud.).

HET BRITANNISCHE Ryk in Amerika, zynde eene beschryving van de outdekking, bevolking, innowooders, het klimat, den koophandel, en egenwoordigen Stast van alle de Britannische Coloniën in dat gedeelte der Wereldt. Amsterdam, 1727, 2 vols. in 4º.

> Es traducción de la obra de JOHN OLDMIXON hecha por R. G. WETSTEIN.

HIBBERT (Geo.), v.: Slave law of Jamaica.

HICKERINGILL (Edmond), v.: E. H. (Seud.).

HIDALGO (Bartolomé), v.: El autor del Diálogo... (Seud.).

HILL (*Seud. de Juan José Lanusse*), v.: Un error económico.

HILLIARD D'AUBERTEUIL (Michel René), v.: M. H. D. L.

HILLMAN, v.: "Quien sabe", (Seud.).

HISTOIRE ABRÉGÉ des empires et royaumes du Monde. La Fléche, 1702, in 8º.

> Autor: El padre MICHEL MARCHANT.

HISTOIRE ABRÉGÉ d'Espagne, contenant les différents races de ses rois... le tout tiré des meilleurs auteurs espagnols. Traduit de l'anglais. Utrecht, 1703, in 12º.

> El autor es JOHN STEVENS, el traductor lo ignoramos.

HISTOIRE CHRONOLOGIQUE du dernier siécle, ou l'on trouvera de dates de tout ce qui s'est fait de plus considerable dans les quatre parties du monde, depuis l'an 1600 jusqu'a présente. Paris, 1715, in 12º.

> Autor: el Padre Cl. BUFFIER.

HISTOIRE D'AMOUR au Méxique... Par Alfred de Bréhat. 1876.

> Seud. de ALFRED GUEZENEC.

HISTOIRE DE LA DECOUVERTE et de la conquête du Perou, traduite de l'espagnol d'Agustín de Zárate. Paris, 1716, 2 vols. in 12º.

> El traductor de la obra fué S. D. DE LA GUETTE.

HISTOIRE DE LA DERNIERE guerre entre la Grande-Bretágne et les Etats-Unis de l'Amérique, la France, l'Espagne et la Holande, depuis son commencement jusqu'a sa fin en 1783. Paris, 1787, in 4º.

> Autor ODET JULIEN LE BOCCHER o LEBOUCHER. Reimpreso en 1788 y traducido al español en 1793. Se editó de nuevo en París, 1830. Una edición se tituló "Histoire de la guerre de l'indépendence des Etats Unis" y la publicó EMILIO LEBOU-CHER.

HISTOIRE DE LA FONDATION des colonies des anciennes Républiques, adaptée á la dispute présente de la Grande-Bretagne avec ajouté trois lettres interesants la même dispute... Utrecht, ses colonies américaines. Traduite de l'anglais. A l'aquelle on a 1778, in 8º.

> El traductor fué A. MARIE CERISIER.

HISTOIRE DE LA GUERRE civile en France depuis 1789 jusqu'au 18 brumaire. Paris, 1803. 3 vols. in 8º.

Autor: PIERRE J. B. NOUGARET.

HISTOIRE DE LA GUERRE de l'indépendence des Etats-Unis. Publiée par Emile Leboucher, Paris, 1830, 2 vols. in 8º. v.: Histoire de la dernière guerre...

HISTOIRE DE LA JAMAIQUE. Traduit de l'anglais par M***. Londres, 1751, in 12º.

Es un extracto de la obra de HANS SLOANE, sobre algunas de las Antillas, traducido por RAULIN, antiguo oficial de dragones.

HISTOIRE DE LA TERRE neuve du Pérou en l'Inde occidentale, qui est la principale mine d'or du monde, naguère découverte et conquise et nomée la Nouvelle Castille, traduite de l'italien en françois. Paris, 1545.

Medina, citando a Brunet sin verlo, por intermedio de Barbier, aunque sin decirlo, copia el título incompleto y da como traductor a JACQUES GOHORRY. Brunet lo llama GOHORY y otros autores GOHORRI. Aprovechamos para completar el título y hacer la aclaración a propósito del nombre.

HISTOIRE DE L'EXPEDITION de Trois Vaisseaux envoyées par la Compagnie des Indes Occidentales des Provinces Uníes, aux Terres Australes en MDCCXXI, por M. de B. La Haye, 1739, 2 vols. in 8º.

Autor: CARLOS FEDERICO BEHRENS, el célebre viajero alemán que publicó solo una pequeña parte de sus viajes bajo el título: "Die wohlversuchte Südlander" (viajes a las tierras australes), en Leipzig, 1739.

Sobre esta obra se han cometido errores por los biógrafos y bibliógrafos. Así, mientras Barbier dice que se trata de una traducción del relato de Roggewein lo que repite citándolo, Medina,Barros Arana, dice: "Par Monsieur de B***. Barbier y Medina "Par M. de B.", lo mismo que la "Biographie universelle". Otros lo dan como anónimo. Definitivamente conviene establecer que: Jacobo Rogeween o Roggevein o Roggevin, hizo su descripción y la publicó en holandés en Dort, en 1728; que BEHERENS publicó la suya en alemán, en Leipzig, 1738, y que la presente es traducción de esta última.

HISTOIRE DE NICOLAS I, Roy du Paraguai et Empereur de Mamelus. Saint Paul, 1756, in 12º.

Autor: el jesuita IGNACIO ZIERHAIM.

HISTOIRE DE TOUSSAINT Louverture, chef de noirs insurgés de Saint Domingue; précédée d'un coup d'oeil politique sur cette colonie... Paris, 1802, in 8º.

Autores: CHARLES YVES COUSIN, dit COUSIN D'AVALLON.

HISTOIRE DES AVANTURIERS... etc., de Exquemeling, 1686.

La primera edición francesa, rarísima, traducida por M. DE FRONTIGNIERES, no contiene el "Diario" de RAVENEAU DE LUSSAN, el que no apareció sino en la edición de 1689.

HISTOIRE DES DROGUES, episceries, et de certains medicamens simples, qui naissent és Indes et en l'Amérique. Le tout fidellement translaté en François par Antoine Colin, maistre apoticaire de la ville de Lyon; par luy augmenté de beaucops d'annotations, de diverses drogues estrangeres et illustrée de plusieurs figures, non ancores veuës. 2e. éd. reveue et augmentée. Lyon, 1619.

CLUSIUS (CHARLES DE LECLUSE ou DE LESCLUSE), es el traductor de la obra de GARCIA DEL HUERTO (GARCIE DU JARDIN o GARCIA AB ORTO), del español al latín, y la presente es traducción a su vez de esta última.

HISTOIRE DES HOMMES, ou histoire nouvelle de tous les peuples du monde réduite aux seuls faits qui peuvent satisfaire et piquer la curiosité. Paris, 1781, 52 vols. in 12º, y 3 de atlas. 2e. éd. Paris, 1781, 53 vols. in 8º.

La parte de Francia es de L. S. MERCIER; la de historia antigua de DELISLE DE SALES; las otras partes de Ch. Jos. MAYER y L. S. MERCIER.
La parte de "Histoire de France", ha aparecido después con distintos títulos y publicada por Delisle de Sales.

HISTOIRE DES PIRATES et corsaires, depuis leur origine jusqu'a nos jours. Par P. Christian. Paris, 1846.

CHRISTIAN es seudónimo de PITOIS (sobrino del librero PITOIS-LEVRAULT).

HISTOIRE DES PLANTES de l'Europe et des plus usitées qui viennent d'Asie, d'Afrique et d'Amérique. Lyon, 1707. 2 vols in 12º. (Hay otra ed. de 1719).

> Obra de JUAN BAUTISTA DE VILLE o de NICOLAS DE VILLE.

HISTOIRE DES TREMBLEMENTS de terre arrivés a Lima, capitale du Pérou et autres lieux; avec la description du Pérou; traduit de l'anglois. La Haye, 1752.

> Es la obra de HALES: ''Considerations...'', etc., a la que el traductor ha agregado una relación del temblor de tierra de Lima y del Callao y unas cartas.

HISTOIRE DU COMMERCE et de la navigation des anciens et des modernes. Amsterdam-Paris, 1758, 2 vols in 12º.

> Autor: Ph. Aug. DE SAINTE-FOIX ARCQ.

HISTOIRE DU GRAND royaume de la Chine, situé aux Indes orientales, ensemble un Itineraire du Nouveau Monde, et le descouvrement du Nouveau Mexique en l'an 1583. Traduit en françois par Luc de la Porte. Paris, 1588, in 8º.

> Autor: JUAN GONZALEZ DE MENDOZA.

HISTOIRE ECCLESIASTIQUE ancienne et moderne depuis la naissance de Jésus jusqu'au XVIII siêcle. Iverdun, 1776, 6 vols. in 8º.

> Es una traducción hecha por el profesor DE FELICE de la obra de MOSHEIM que sigue, traducida por M. A. EIDOUS, aun cuando ésta, al decir de Barbier, es más exacta.

HISTOIRE ECCLESIASTIQUE ancienne et moderne, par Mosheim, traduite en françois sur la version angloise de Maclaine. Mäestricht, 1776. 6 vols. in 8º.

> Traductor: M. A. EIDOUS.

HISTOIRE ET COMMERCE des Antilles angloises, ou l'on trouve l'état actuel de leur population et quelques détails sur le commerce de contrébande des anglois avec les espagnols dans le Nouveau Monde. On y a joint l'histoire des lois principales qui concernent les colonies angloises établies tant dans les isles, que sur le continent de l'Amérique. [Paris] 1758.

> Autor: GEORGE MAR. BUTEL-DUMONT.

HISTOIRE ET COMMERCE des colonies anglaises. [Paris] 1775. in 12º.

> Autor: GEORGE MAR. BUTEL-DUMONT.

HISTOIRE GENERALE de la naissance et des progrès de la Compagnie de Jésus, et Analyse de ses constitutions et principes. Paris, 1760. Rouen, 1761. 4 vols. in 12º.

> Autor de la historia: CHRISTOPHE COUDRETTE, y del Análisis, LOUIS ADRIEN LEPAIGE (N. 1712 - † 1802).

HISTOIRE GENERALE des voyages et découverts maritimes et continentales, depuis le commencement du monde jusqu'a nos jours, traduite de l'anglais de W. D. Cooley par Ad. Joanne et Old-Nick. Paris, 1840|41, 3 vols. in 12º.

> Es traducción francesa de la obra "History of maritime and in land discoverys". London, 1830. Por W. DESBOROUGH COOLEY. El seud. OLD-NICK, corresponde a EMILE DAURAND FORGUES, que también escribió con los seudónimos de "TIM" y de "FORGUES".

HISTOIRE IMPARTIALE des Jésuites. Paris, 1834. in 8º.

> Autor: H. DE BALZAC.

HISTOIRE NATURELLE et morale des iles Antilles de l'Amérique. enrichie de plusieurs belles figures de raretés les plus considérables qui y sont decrites. Avec un Vocabulaire Caraibe. Rotterdam 1658, in 4º.

> Autor: CESAR DE ROCHEFORT, escritor y diplomático francés muerto hacia 1690 en Belley (Ain), lugar de su nacimiento. El vocabulario es del padre BRETON. El padre DUTERTRE dice que ROCHEFORT le robó su manuscrito.

HISTOIRE NATURELLE DU CACAO et du sucre. Paris, 1719.

> Autor: D. QUELUS o DE CHELUS, corregida por NICOLAS MAHUDEL.

HISTOIRE PHILOSOPHIQUE du monde primitif par l'Auteur de la Philosophie de la nature. 4e. édition. Entièrement refondue et augmentée de plusieurs volumes. Paris, 1870, 7 vols. in 8º.

> Seudónimo de DELISLE DE SALES (J. B. CLAUDE ISOARD, dit).

HISTOIRE PHILOSOPHIQUE et politique des isles françoises dans les Indes Occidentales. Lausanne, 1784, in 8º.

> Es un extracto de la obra de RAYNAL en lo que concierne a Colonias francesas.

HISTOIRE UNIVERSELLE a l'instruction de la jeunesse et précédée d'un discours pour y preparer les enfants. Trad. de l'allemand de MM. Schloetzer et Schroeck. La Haye, 1800. 2 vols. in 12º.

> El traductor fué J. C. SCHWAB.

HISTOIRE UNIVERSELLE DEPUIS L'AN 800 de notre Seigneur Jésus-Christ jusqu'en l'an 1700. Paris, 1703.

> Autor: JEAN DE LA BARRE.
>
> Otro edición se tituló: "Continuation de l'Histoire Universelle", de Bossuet.

HISTOIRE UNIVERSELLE DEPUIS LE COMMENCEMENT du monde jusqu'a présent, composée en anglois por une société de gens de lettres. Trad. nouvelle. Paris, 1779|89. 126 vols. in 8º.

> Traductores: P. LE TOURNEUR, L. D'USSIEUX, F. J. GOFFAUX y otros.

HISTOIRE UNIVERSELLE, DEPUIS 1543 jusqu'en 1607. Par Jacques Auguste De Thou. Trad. sur l'édition latine de Londres, avec notes de P. Dupuis, precédées des Memoires de la vie de l'auteur et de ses poesies françaises et latine. Londres (Paris) 1734. 16 vols. in 4º.

> Los traductores fueron los abates PREVOST, DESFONTAINES y LEDUC y el padre FABRE.
>
> Otra edición, La Haye, 1740, 11 vols., in 4º, de la que el abate Prévost había traducido el primer volumen y al que los editores holandeses no queriendo perder lo impreso agregaron los demás tomos de la edición francesa.

HISTOIRE UNIVERSELLE DES HOMMES, des événements et des découvertes. Gand, 1841, in 8º.

> Autor: THEODORO DUCARLA.

HISTOIRE UNIVERSELLE DES INDES OCCIDENTALES, ou il est traicté de leur découverte. Douai, 1605, in folio.

> Autor: CORNELIO WYTFLIET. Hay otras ediciones no anónimas.

HISTOIRE UNIVERSELLE DES VOYAGES. Paris, 1707, in 12º.
(Otra ed. Amsterdam, 1708).

>Autor J. B. MORVAN DE BELLEGARDE, publicada por DU PERIER DE MONTFRAISIER.

HISTORIA ARGENTINA y breves nociones de historia universal.
Curso medio), por H. E. C. 5ª edición. Buenos Aires, in 8º.

>Iniciales de los HERMANOS DE LAS ESCUELAS CRISTIANAS.

HISTORIA DA GUERRA do Pacifico. Por Sylvio Dinarte. Río de
Janeiro, 1881, in 8º.

>Seud. de A. DE ESCRAGNOLLE TAUNAY.

HISTORIA DE LA REPUBLICA del Ecuador. Por J. L. R., tomo I,
1809-1860. Tomo II, 1860-1877. Quito, 1920|5. 2 vols. in 8º.

>Seud. de JOSE LE BOUHIR Y RODAS.

HISTORIA DE LAS MISIONES de los fieles e infieles del Colegio
de Propaganda Fide de Santa Rosa de Ocopa, por los PP.
Misioneros del mismo Colegio. Barcelona, 1883, 2 vols. in 4º.

>El primer tomo es la reproducción de la obra de JOSE AMICH titulada: "Compendio histórico de los trabajos, fatigas... etc.", del segundo son autores FERNANDO PALLARES y VICENTE CALVO.

HISTORIA DE NUESTRA SEÑORA DE LUJAN, su origen. su santuario, su villa, sus milagros y su culto por un sacerdote de
la Congregación de la Misión. Buenos Aires, 1885. 2 vols.

>Autor el P. SALVAIRE de la Compañía de Lazaristas franceses.

HISTORIA DEL COMERCIO de todas las naciones desde los tiempor más remotos hasta nuestros días, por Mr. Scherer. Traducida del francés por los alumnos de la clase de este idioma
establecida en el Ateneo Mercantil de Madrid. Madrid, 1874,
2 vols. in 8º.

>Los traductores al francés, cuyas iniciales figuran en las notas (H. R. y C. V.), fueron HENRI RICHELOT y CHARLES VOGEL.

HISTORIA DEL DESCUBRIMIENTO de las regiones austriacales, hecho por el general **Pedro Fernández de Quirós**, publicada por don **Justo Zaragoza**. (Biblioteca Hispano-Americana). Madrid, 1876-1882. 3 tomos en dos vols. in 8º.

> Autor **LUIS DE BELMONTE BERMUDEZ**. Erróneamente atribuído en el Catálogo de Maggs Bros. al autor del viaje: QUIROS.

HISTORIA DIPLOMATICA de la América. La doctrina Monroe ante el Derecho Público Internacional. Asunción, 1914.

> Su autor es el doctor **BLAS MIRANDA**, que firma el proemio. [La obra trae el retrato del autor].

HISTORIA ELEMENTAL del continente Americano. Buenos Aires, 1892, in 8º.

> Autor: **JUAN MARIA GUTIERREZ.**

HISTORIA GEOGRAFICA, civil y política de la isla de San Juan Bautista de Puerto Rico. Dála a luz Ant. Valladares de Sotomayor. Madrid, 1788, in 4º.

> Autor: **IÑIGO ABBAD.**

HISTORIA GERAL DO BRASIL, isto é do descobrimiento, colonisação, legislação e desenvolvimento deste Estado, hoje Imperio independente, escripta em presença de muitos documentos autenticos recolhidos nos archivos do Brazil, de Portugal, da Hespanha e da Hollanda. Por um socio do Instituto Historico do Brazil, natural de Sorocaba. Río de Janeiro, 1854, in 8º.

> Seud. de **FRANCISCO ADOLFO DE VARNHAGEM.**

HISTORIA NAVIGATIONIS in Brasiliam quae America vocatur, cum vocabulario Brasiliae linguae [Genevae] 1586, in 8º.

> Como es sabido, se trata del viaje de **NICOLAS DURAND**, chevalier de **VILLEGAGNON**. Traducción latina de **JEAN DE LERY**. Carta-prefacio de **VALVIN**,

HISTORIA SAGRADA. Historia de la Iglesia. Curso elemental. Libro de lectura por los H. E. C. 6ª ed. Buenos Aires, 1918, in 8º.

Iniciales de los HERMANOS DE LAS ESCUELAS CRISTIANAS.

HISTORY OF THE DISCOVERY of America. By A Citizen of Connecticut. Norwicn, 1810.

Seud. de HENRY TRUMBULL.

HISTORY OF THE UNITED STATES from their first settlement as colonies to 1815. London, 1826, in 8º.

Autor: SALMA HALE.

HOADLEY (B.), v.: An Enquiry into the reasone...

HOJARASCA (Poesías y prosas), por Cinta Azul. Buenos Aires, 1911, in 8º.

Seud. de OSCAR LANATA.

HOLMBERG (Eduardo Ladislao), v.: Tomás Bathata (Seud.).

HOMENAJE a la memoria de Domingo Aramburu. Muerto el 22 de enero de 1902. Montevideo, 1902.

Autor: PEDRO ARAMBURU.

HOMENAJE a la memoria de don Rafael Fernández Calzada en el primer aniversario de su fallecimiento. 14 de febrero de 1911.

Recopilación de artículos necrológicos hecha por la familia del extinto y principalmente por su hijo RAFAEL CALZADA.

HOMENAJE a la memoria del doctor Aniceto Navarro Careaga. † 25 de enero de 1898. Buenos Aires, 1898, in 8º.

El recopilador de los artículos que componen este homenaje fué JULIO LUCAS JAIMES, que popularizó el seudónimo de BROCHA GORDA.

HONORIO PHILOPONO (*seud. de Casparus P̦lantius*), véase **Nova**
typis transacta.

HOWARD (Edward), v.: Sir Henry Morgan, the Buccaneer.

HUERTA (J. de), v.: Constituciones de la Santa Provincia.

HUGO CONWAY (*Seud. de Fredérick John Fargus*), v.: Misterio.

HUGO SOL (*Seud. de Anastasio Manzanilla*), v.: Los rostros.

HUMBERT (J.), v.: Tableau chronologique.

HUNTLEY (Henry V.), v.: California: its gold.

I

I. G. P. (*Seud. de Jacques Gohory*), v.: Instruction sur l'herbe.

I. ALVEAR (*Seud. de Alejandro Vicuña Pérez*), v.: Centenario.

IBAÑEZ (Pedro M.), v.: El Precursor.

IBRAHIM CLARETE (*Seud. (?) de Manuel María del Mazo*), v.: Aniversario.

IDEAS de un aldeano de la provincia de Jujuy. Salta, 1881, in 8º.
> Autor: J. M. MAIDANA, que lo firma.

IMBERT (Sulpice), comte de La Platiére, véase: Galerie universelle.

IMHOF, v.: Le grand théatre historique.

IMPRESIONES fugaces. Montevideo, 1922.
> Su autor es A. MENDIBEHERE.

IMPUGNACION a la respuesta dada al Mensaje del Gobierno de 14 de septiembre último. Por Un Observador. Buenos Aires, 1827, in 8º.
> El seudónimo oculta a JULIAN SEGUNDO AGÜERO.

IMPUGNACION de un folleto que tiene por título Examen comparativo de la Monarquía y de la República. Lima, 1867, in 4º.
> Firmado por FRANCISCO DE PAULA GONZALEZ VIGIL.

"IN MEMORIAM". Alfredo Zimmermann Resta (edición privada), 1852-1925.

> Recopilación de artículos hecha por ALFREDO ZIMMER-
> MANN SAAVEDRA.

IN MEXICO, Hannover 1865, 2 vols. in 12º.

> Es su autor FRIEDRICH AUGUST STRUBBERG.

INAUGURACION del ferrocarril de Mollendo a Arequipa en 1871, por A. U. G., Lima, 1871, in 4º.

> Iniciales de ANTONIO URIZAR GARFIAS.

INCONTRASTABLE, por Almafuerte. Buenos Aires.

> Seud. de PEDRO B. PALACIOS.

INCHAUSCEGUI (Domingo), véase: Justicia.

INDICE ALFABETICO de estaciones, ciudades, pueblos, ríos, colonias y estancias del plano catastral de Córdoba.

> Autor: JORGE LESSER.

INDICE ALFABETICO del Boletín de las Leyes y de las órdenes y decretos del Gobierno de Chile. Valparaiso, 1898, in 4º.

> Autor: JUAN BAUTISTA ALBERDI.

INDICE DEL ARCHIVO del Gobierno de Buenos Aires, correspondiente al año 1810.

> Autor: MANUEL RICARDO TRELLES.

INES. Novela militar escrita por distracción, sin ninguna presunción, por el alférez Bontilbaen de Luna. México, 1892, in 8º.

> Seud. de MANUEL BALBONTIN.

INFLUENCE du despotisme de l'Angleterre sur les deux mondes. Boston, 1781. in 8º.

> Aun cuando no ha aparecido entre las obras de P.-Aug. CA-
> RON DE BEAUMARCHAIS, Chardon de la Rochette se lo atri-
> buye a él.

INFORMACION EN DERECHO, sobre ciertas nulidades que tuvo el Capítulo Provincial de Lima, del Orden de Nuestra Señora de la Merced, que se celebró a 7 de septiembre de 1643.

Autor: ANTONIO DE CASTRO, que lo firma.

INFORME DE LA COMISION especial encargada de proyectar la organización del Instituto para Sordomudos. Buenos Aires, 1883.

La Comisión la formaban: G. RAWSON, EMILIO R. CONI, ANTONIO C. GANDOLFO, LUCIO MELENDEZ y JOSE A. TERRY.

INFORME DEL CABILDO Eclesiástico de Lima sobre el proyecto de ley presentado por algunos señores diputados del Departamento de Junín. Para que con las doctrinas de éste se erija una nueva diócesis, desmembrándose el Arzobispado y exclarecimiento de este mismo informe sobre la división de las diócesis. Lima, 1832.

Autor: JOSE IGNACIO MORENO.

INFORME DEL COMISIONADO de la Sociedad del Río Bermejo a los señores accionistas. Buenos Aires, 1852.

Autor: PABLO SORIA.

INFORME QUE LA DELEGACION de la República Argentina presenta a la Segunda Conferencia Panamericana. México, 1902.

Componían la Comisión: ANTONIO BERMEJO, LORENZO ANADON y MARTIN GARCIA MEROU.

INFORME SOBRE EL ESTADO actual de los distritos de reducción de indígenas Alto Orinoco, Central y Bajo Orinoco, y medidas que reclaman. Por A. E. L.

Seud. de ANDRES E. LEVEL.

INOCENCIA justificada contra los artificios de la calumnia. Extracto del papel que escribió en defensa del honor i distinguidos servicios hechos con motivo de la revolución suscitada en el reino del Perú por el cacique José Gabriel Tupac Amarú, en el año 1870, el ilustrísimo señor don Juan Manuel Moscoso y Peralta, siendo obispo del Cuzco. Madrid, in 4º.

Autor: IGNACIO CASTRO.

INSTRUCCION popular. Apuntes para un libro municipal. Curso de lectura para el pueblo y para los niños de segundo y de tercer grado de instrucción primaria. Lima, 1890, in 4º.

Autor: NICANOR A. GONZALEZ.

INSTRUCTION sur l'herbe petum ditte en France l'herbe de la royne ou medicée. Et sur la racine mechiocan principalement (avec quelques autres simples rares et exquis), exemplaire a manier philosophiquement tous autres vegetaux. Par I. G. P. Nvie, d'envie, en vie. París, 1572, in 8º.

Seud. de JACQUES GOHORY, Parisien.

INTRODUCTION a l'histoire du XIXe. siècle, par G. G. Gervinus, prof. d'histoire a l'université de Heidelberg, tradura par Constant Bernard. Bruxelles, in 8º.

Seud. de AUGUSTE GARNIER et EDMOND MERTENS.

INVENTAIRE de l'hlstoire journalière, contenant par ans, mois et iours l'eslite des choses remarquables advenues depuis la création du monde iusques a present et principalement de ce qui touche les affaires de la France. Faict par T. G. P., París, 1599, in 8º.

Seud. de THOMAS GALIOT, pretre.

IPANDRO ACAICO (*Seud. de Ignacio Montes de Oca y Obregón*), v. Sonetos jubilares.

IRIGOYEN (Manuel de), v.: Rasgos de la vida pública de S. E.

IRISARRI (Antonio José de), v.: Defensor de tontos; Dionisio Terrasa y Rejon (Seuds.).

IRUME (Pedro), Recopilador, v.: Cantos de amor.

IRVING (Washington), v.: An American Gentleman; Geoffrey Crayon (Seuds.).

ISTORIA della vita del venerabile Monsignore don Giovanni di Palafox e Mendoza, vescovo d'Angelopoli e poi d'Osma. Firenze, 1773, 2 vols.

> Firma la dedicatoria, al editor, VALERIO PUCCI SISTI, que probablemente es el autor.

ITURBIDE (Agustín de), v.: Breve disegno critico...

ITURRALDE (?), v.: Fel-Star (Seud.).

ITURRI PATIÑO (Francisco Javier), v.: Proclama del más perseguido americano.

ITURRIAGA (José de), v.: J. I. (seud.).

J

J. A. G. C. y F. C. G. (*Seuds. de Juan A. González Calderón y César Florencio González*), v.: Urquiza

J. A. S. (*Seud. de Juan Antonio Sagardia*), v.: Manifiesto en derecho.

J. B. D. (*Seud. de J. B. Desmaulants*), v.: Sur Saint Domingue.

J. C. S. (*Seud de Juan C. Soso*), v.: Yapeyú.

J. C. S. D. V. (*Seud. de Jean Clodoré*), v.: Relation de ce qui c'est passé.

J. E. de O. (*Seud. de Juan E. Ochoa*), v.: Manual del abogado.

J. H. F. GELLER (*Seud. de Elisabeth Guénard, baronesa de Mére*), v.: Atala y Musacop; Paul et Virginie.

J. I. (*Seud. de José de Iturriaga*), v.: Breve contestación

J. L. J. (*Seud. de Julio Lucas Jaimes*), v.: Brocha Gorda (Seud.).

J. L. R. (*Seud. de José Le Gouhir y Rodas*), v.: Historia de la República del Ecuador.

J. M. B. y F. (*Seud. de José María Buchaca y Freire*), v.: Elementos de cosmografía.

J. M. C. (*Seud. de José María Corbacho*), v.: A nombre del pueblo de Arequipa; Al S. D. D. Ignacio de Noboa.

J. M. G. (*Seud. de Juan María Gutiérrez*), v.: Geografía.

J. M. R. (*Seud. de Juan Manuel Rosas*), v.: Memoria geográfica.

J. P. (*Seud. de Julio Peña*), v.: Documentos antiguos.

J. R. de los Ll. (*Seud. de Julio Ruiz de los Llanos*), v.: Apuntes de finanzas.

J. R. V. (*Seud. de Jacinto R. Viñas*), v·: Juicios sobre la sociedad.

J. S. A. (*Seud. de José S. Aráoz*), v.: Colera morbus.

J. V. G. (*Seud. de J. V. Gómez*), v.: El Departamento de Cañete.

JACK THE RIPPER (*Seud. de José A. Campos*), v.: Rayos catódicos.

JACKAL (*Seud. de José M. Mendía*), v.: El secreto de la revolución; La cuestión presidencial.

JACKSON (J. R.), v.: Aide-mémoire du voyageur.

JACOB NUMO (*Seud. de J. M. Cobo*), v.: Elena.

JACOBO DALEVUELTA (*Seud. de Fernando Ramírez de Aguilar*), v.: La vida canta.

JACOBO Z. BERRA ante el jurado. Condenación de sus detractores. Buenos Aires, 1885, in 8º.

La acusación de Berra contra el editor de ''La Patria de Dolores'', fué hecha por AGUSTIN DE VEDIA.

JACQUET DE MALZET (L. Sébastien), v.: Elements geographiques.

JAGEMANN (E. J.), Trad., v.: Kurzgefasste...

JAIMES (Julio Lucas), v.: Brocha Gorda (Seud.).

JAMAICA viewed; with all the ports, harbours, and theire several soundings, towns and settlements. By E. H. London, 1661, in 16º.

Iniciales de EDMOND HICKERINGILL.

JANIN (Sta. C. E.), v.: C. E. J. Seud.).

JANSEN (H. J.), Trad. y ed. v.: Premier voyage autour du monde.

JARRY DE MANCY (Adrien), v.: Une société de professeurs et de gens de lettres.

JEAN PAUL (*Seud. de Juan Pablo Echagüe*), v.: Cuentos Cortos.

Jh. M*** (*Seud. de Joseph Mandrillon*), v.: Le Spectateur Americain...

JIRON DE MUNDO. Novela [Por] María Enriqueta. Editorial América. Madrid, in 8º.

Seud. de MARIA ENRIQUETA CARAMILLO DE PEREYRA.

JOHNSON (Charles), v.: A history of the lives.

JOHNSON (Samuel), v.: Papers relative to the late negociation.

JOINVILLE (François Ferdinand d'Orléans, Principe de), v.: Guerre d'Amérique.

JOLY DE LOTBINIÈRE, v.: Notice estatistique sur la Guyane.

JOLLIVET (A.), v.: A los habitantes de la Isla de Cuba.

JORGE KOSTAI (*Seud. de Roberto de las Curreras*), v.: Poesías.

JOSE (*Seud. de Victoriano Agüero*), v.: Dos leyendas; Ensayos.

JOSEFINA PELLIZA DE SAGASTA. Corona fúnebre. Homenaje a su memoria. Buenos Aires, 1889, in 8º.

> Recopilación de poesías hecha por JUANA MANUELA GORRITI.

JOURNAL DE LA CAMPAGNE des îles de l'Amérique qu'a fait M. D. La prise et possession de l'île de Saint-Christophe... par G. D. T., enseigne dans le vaisseau du roi le Ziripsée. Troyes, 1709, in 12º.

> Iniciales de GAUTIER DU TRONCHOY.

JOURNAL DU MONDE, ou géographie historique, orné de cartes analytiques et itinéraires, par une société de gens de lettres. Paris, 1771, in 8º.

> Autor: LOUIS BRION DE LA TOUR.

JOURNAL D'UN DEPORTÉ non jugé, ou déportation en violation des lois décretée le 18 Fructidor an V, Paris, 1834, 2 vols. in 8º.

> Autor: FR[ANÇOIS] BARBE-MARBOIS.

JOURNAL D'UN VOYAGE a la Louisiane, fait en 1720 par M*** capitaine de vaisseau du Roy. Paris, 1768. in 12º.

> La inicial corresponde a JOSEPH DE LA VALLETTE LAUDUN.

JOURNAL HISTORIQUE de l'Etablissement des Français à la Louisiane. Nouvelle Orleans, 1831, in 8º.

Autor: BERNARDO DE LA HARPE.

JOURNAL HISTORIQUE du dernier voyage que feu M. de la Salle fit dans le golfe de Mexique, pour trouver l'embouchure et le cours de la rivière de Mississipi, nommé à présent la rivière de Saint-Luis, que traverse la Louisiane, ou l'on voit l'histoire tragique de sa mort... Paris, 1713, in 12º.

Redactado y ordenado por M. DE MICHEL.

JOURNAL HISTORIQUE et physique de tous les tremblements de terre. 1756, in 12º.

Autor: Ann. AMABLE AUGIER-DUFOT.

JOURNAL of a residence in America by Fr. Anne Butler, Paris 1835, in 8º.

Seud. de Miss FANNY KEMBLE.

JOUY (Etienne de), v.: Fernand Cortez o la conquête...

JUAN DE ARONA (Seud. de Pedro Paz Soldan y Unánue), v.: Los médanos.

JUAN DE LA BRETE (Seud. de la Srta. A. Cherbonnel), v.: Mi tío y mi cura; La señorita de Serzac.

JUAN EVANGELISTA Montes de Oca Hijo de Tacna y nieto de Cumaná (Seud. de Rafael Valdés), v.: Carta de un particular.

JUAN JOSAPHAT BEN EZRA (Seud. de Manuel Lacunza), v.: Venida del Mesías

JUAN SCOTT (Seud. de Ricardo Piola), v.: Cantos.

JUAREZ Y MAXIMILIANO. Al señor Emilio Girardin, Redactor en gefe de la "Liberté", Bruselas, 1867, in 12º.

Lo firma HECTOR F. VARELA, redactor en jefe de "La Tribuna", de Buenos Aires.

JUICIOS SOBRE LA SOCIEDAD doméstica civil y religiosa de Arturo Sterni de Bassano por J. R. V. (con licencia eclesiástica), Paraná, 1879, in 8º.

Seud. de JACINTO R. VIÑAS (presbítero).

JULIAN MARTEL (*Seud. de José María Miró*), v.: La Bolsa.

JULIEN (Roch Joseph), v.: Catalogue général.

JULIEN de Mortain, v.: La Martinique en 1820.

JULIEN M*** (*Seud. de Julien Mellet*), v.: Voyage dans l'Amérique.

JUNIUS (*Seud. de Philip Francis*), v.: Lettres de Junius.

JUNIUS'S Letters. London, 1792, 2 vols. in 8º.

> Estas célebres cartas aparecidas en 1769 en "The Public Advertiser", se han editado en Francia por un traductor anónimo en 1791; una de ellas se ocupa del derecho de posesión de las Malvinas por Inglaterra o España. El seudónimo "JUNIUS" corresponde a PHILIP FRANCIS, según Mackaulay, opinión la más segura sobre el particular, aceptada ya generalmente por todos los bibliógrafos. No obstante, el número de personas a que las cartas han sido atribuídas es grande y podemos citar las siguientes: HUGUES BOYD; EDMOND BURKE; EL DUQUE DE PORTLAND; M. DUNING; Lord ASHBURTON; J. L. DE LOLME; Lord GERMAINE Visconde SACKVILLE; RICHARD GLOVER; el General LEE. Nosotros, como hemos dicho, damos por indudable que su autor fué PHILIP FRANCIS, lo que también asegura el célebre bibliógrafo Ludovic Lalanne.
>
> Para las ediciones francesas, véase: Lettres.

JURISPRUDENCIA CONSTITUCIONAL de un paisano de la Provincia de San Juan en la República Argentina. San Juan 1875.

Seud. de TADEO ROJO.

JUSTEL (Henri) [Trad. y publ.] véase: Recueil de divers voyages.

JUSTICIA AL MERITO o breve discurso sobre la arbitrariedad con que violentamente fueron suprimidos los conventos de regulares de Buenos Aires, con especialidad el de predicadores en el año 1823 : la injusticia con que se les acrimina ; y la necesidad de su restauración. Su autor lo dedica al Excmo. señor Gobernador y Capitán General de la Provincia de Buenos Aires, el benemérito Coronel don Manuel Dorrego. Buenos Aires, Imprenta Argentina, 1827.

El autor es fray DOMINGO INCHAUSCEGUI, de la orden de Predicadores.

JUSTUS (*Seud. de Joaquín Delgado*), v.: Los simuladores.

K

K. E. de MADURO (*Seud. de José Mieres*), v.: Comprar a quien nos compra.

KEMBLE (Tanny), v.: Anne Butler (seud.)

KERLEREC (Lous Billouart, Chevalier de), v.: Mémoire concernant le feu Sr. de Rochemore.

KERMELLEC (De), v.: Un ancien administrateur (Seud.).

KEYE (O.), v.: Beschrijvinge van het.

KEYES (E. L. N.), v.: Report and resolutions.

KNOX (John), v.: A new collection of voyages.

KURZGEFASSTE geographische, naturalische und bürgeliche Geschichte des Köenigreichs. Chile. Hamburgo, 1782, in 8º.

> Traducción de la obra de JUAN IGNACIO MOLINA, hecha por E. J. JAGEMANN, quien atribuye el original a FELIPE VIDAURRE. Medina señala la edición italiana.

L

L. C. (*Seud. de Louis Constantin*), v.: Abrégé de géographie Commerciale.

L. D. V. (*Seud. de Louis de Villy*), v.: Cours élámentaire de géographie.

L. E. M. V. A. M. (*Seud. del Deán Gregorio Funes*), v.: Continuación al núm. 4º del Censor.

L. G. O. (Prol.), (*Seud. de Luis G. Ortiz*), v.: Obras completas de Florencio.

L. L. M. (*Seud. de Jean Baptiste Le Mascrier*), v.: Mémoires historiques sur la Louisianne.

L. M. G*** (*Seud. de L. M. Guébhard*), v.: Précis de l'histoire de Europe.

L. V. V. (*Seud. de Luis V. Varela*), v.: Poderes Ejecutivos.

L*** Q*** D. G. (*Seud. de Le Queu, las iniciales D. G. significan desinateur géographe*), v.: Eléments de géographie, suivant...

LA ADMINISTRACION del general don Juan Antonio Pezet en la República del Perú. París, 1867.

El autor fué VICENTE CARDENAS, que lo escribió en 1866, en Guayaquil, por encargo del mismo Pezet.

LA ARGENTIADA. Poema histórico descriptivo escrito en variedad de metros por "Un solitario de América". Montevideo 1857. in 8º.

Seud. de MANUEL ROGELIO TRISTANY.

LA BARRE (Jean de), v.: Histoire universelle despuis l'an 800.

LA BEAUME (Antoine Gilbert Griffet de). Búsquese por Griffet Labaume.

LA BOLSA (Estudio social) Por Julián Martel; 2ª edición. Buenos Aires, 1898, in 8º.

Seud. de JOSE MARIA MIRÓ.

LA BORDA (Conrado de), v.: ¨na aclaración...

LA CAIDA del gobierno constitucional en Costa Rica. El golpe de estado del 27 de enero de 1917. New York, 1919. in 4º.

Autor: JACINTO LOPEZ.

LA CAMPAÑA de Bolivia en fines de 1870 y principios de 1871. Tacna 1871.

Suscrito por QUINTIN QUEVEDO.

LA CANCION del hombre. Vigilias amargas. Por Almafuerte. Buenos Aires. in 8º.

Seud. de PEDRO B. PALACIOS.

LA CIUDAD anarquista americana. Obra de construcción revolucionaria. Con el plano de la ciudad liberatoria. Por Pierre Quiroule. Buenos Aires, 1914, in 8º.

Seud. de JOAQUIN FALCONNET.

LA CLAVE trigonométrica.

Suscrito por JUAN DE DIOS SALAZAR.

LA COLA de la gran bestia. Buenos Aires, 1885, in 16º.

Autor el padre F. MARTINENGO. Esta obra es continuación
de ''La gran bestia'', que apareció con el nombre del autor.

LA COLONIZACION polaca en Misiones 1897-1922. Homenaje a la
Colonia Apóstoles en el 25º aniversario de su fundación. Buenos Aires.

Firma en Buenos Aires, 27 de agosto de 1922, P. FEDERICO
VOGT.

LA COMEDIA de la vida. Por Anton Martín Saavedra. Montevideo,
1917.

Seud. de VICENTE A. SALAVERRI.

LA COMUNIDAD de San Carlos y sus detractores. Rosario, 1867.
2 folletos in 8º.

Autor: FEDERICO LEON DE LA BARRA.

LA CONDUITE des François justifiée, ou observations sur un écrit
anglais, intitulé: Conduite des François à l'égard de la nouvelle Ecosse, depuis son premier établissement jusqu'à nos
jours. Utrecht, 1756, in 12º.

Autor: LA GRANGE DE CHESSIEUX.

LA CONSAGRACION de las señoritas filomenas y del coro de María
al sagrado corazón de Jesús el doce de junio de 1885. Buenos
Aires, 1885, in 8º.

Publicado por el P. SALVADOR BARBER.

LA CONSTITUCION ARGENTINA explicada sencillamente para
instrucción de la juventud. Paraná, 1856.

Autor: JUAN MARIA GUTIERREZ.

(Siguen la 2ª y 3ª edición).

LA CONSTITUCION ARGENTINA explicada sencillamente para
instrucción de la juventud. 3ª edición corregida. Buenos Aires,
1887.

Publicación en forma de catecismo por JOSE M. CANTILO,
como la segunda edición.

LA CONVERSION de hecho y no obligatoria. Estudio ligero sobre la cuestión monetaria. Buenos Aires, 1903.

Su autor, que firma al final, es E. TORNQUIST.

LA CREOLE de la Havane [Por Fernán Caballero], 2e. édition de "Lágrimas" (la misma novela que "Un ange sur la terre"), trad. A. Marchais. 1863.

Seud. de CECILIA BOHL DE FABER.

LA CRISTIANA y la Morisca. Leyenda histórica española del siglo XVIII, por Tristán, Montevideo, 1855.

Autor: MANUEL ROGELIO TRISTANY, que usó también el seudónimo "Un solitario en América".

LA CROIX (Jean François de). Búsquese por Lacroix.

LA CUESTION presidencial. Sorpresas de última hora. ¿Quién será presidente?, por Jackal. Buenos Aires, 1892.

Seud. de JOSE M. MENDIA.

LA CHISMOGRAFIA de esta tierra (De mis recuerdos). Por V. Jura. Guadalajara, 1907.

Seud. de AMBROSIO ULLOA.

LA DOUCEUR (*Seud. de Pierre Poivre*), v.: De l'Amérique et des Americains.

LA EDUCACION de las mujeres, o la Quijotita y su Prima. Historia muy cierta con apariencias de novela, escrita por el Pensàdor Mexicano. 4ª edición. México, 1842, in 4º (5ª edición 1883), otra 1898, otra 1906. (Todas bajo seudónimo).

Seud. de JOSE JOAQUIN FERNANDEZ DE LIZARDI.

LA ELECCION de Provincial hecha en el Muy R. P. L. J. F. Diego Lastra del Orden Seráfico, etc. [Laudatoria en honor del electo con unas décimas dedicadas al mismo]. Por D. Y. E. [Lima]. in 8º.

Seud. de don IGNACIO ESCANDON.

LA EMPRESA de Gas Primitiva ante la Municipalidad de Buenos Aires... Buenos Aires, 1885, in 8º.

El redactor de estos escrito fué MIGUEL NAVARRIO VIOLA.

LA EPOPEYA Americana. Coordenada y anotada por A. J. C. Buenos Aires, 1895.

Las iniciales corresponden a don ANJEL JUSTINIANO CARRANZA. Esta obra quedó trunca, pues sólo se alcanzaron a publicar 320 páginas en gran formato. Véase: Composiciones poéticas.

LA ESPAÑA. Don Emilio Castelar y los redactores de la Tribuna de Buenos Aires. Por G. G., Buenos Aires, 1862, in 8º.

Iniciales de GIL GELPI y FERRO.

LA FRAGATA NEGRA. Cuentos de Arodio-El-Efo. La Plata, 1893.

Seud. de RODOLFO DILLON.

LA FRATERNIDAD uruguaya (1900). El acuerdo electoral (C. M. Ramírez, J. G. Busto, Byzantinus. Montevideo, 1900, in 8º.

Este folleto en el que después de dos artículos de C. M. RAMIREZ y J. G. BUSTO, aparecen escritos de BYZANTINUS, fué preparado por éste, seudónimo de don DOMINGO ARAMBURU.

LA FRATERNIDAD uruguaya. 3ª edición. Adhesiones, observaciones y un poco de polémica impersonal. Por Byzantinus. Montevideo. 1898, in 8º.

El seud. BYZANTINUS, corresponde a DOMINGO ARAMBURU, como decimos arriba.

LA FRONTERA argentino-chilena. 2 vols. Buenos Aires, 1908.

Por Z. SANCHEZ.

LA FUERZA del pasado. Novela. Por Daniel Lesueur. Buenos Aires, 1906, in 16º.

Seud. de JUANA LOISEAU.

LA GEOGRAPHIE des écoles primaires en vingt-deux leçons, par l'auteur du syllabaire chrétien. Liége, 1835, in 18º.

Seud. de CHARLES DUVIVIER, Curé de Saint Jean a Liége.

LA GEOGRAPHIE rendue aisée, ou traité méthodique pour apren-
dre la gèographie. Paris, 1753, in 8º.

Autor: ANTOINE DE LERIS.

LA GEOGRAPHIE UNIVERSELLE, ou l'on donne une idée abrégée
des quatre parties du monde... par Jean Hubner. Basle,
1746-1757. 6 vols. in 8º.

Quien la tradujo del alemán fué DUVERNOIS.

LA GRANGE de Chessieux, v.: La conduite des François

LA GUERRA ilustrada de Chile, Perú y Bolivia. Contiene todos los
antecedentes de la guerra de Chile a Bolivia y Perú, notas
oficiales, documentos, planos, vistas, biografías y retratos de
los principales personajes que figuran en la expresada guerra.
Valparaíso, 1879.

Autores: JOAQUIN LARRAIN ZAÑARTU y NICOLAS PE-
ÑA VICUÑA.

LA HARPE (Bernard de), v. Journal Historique.

LA HAYE (Louis Marie de, Vicomte de Cormenin), v.: Timón (Seud.).

LA HECHICERA. Cuento satírico-romántico. [Lima, 1847].

Autor: JUAN FRANCISCO LARRIVA.

LA HEROINA del Sud (Aníbal Latino), Buenos Aires, 1909.

Seud. de JOSE CEPPI.

LA HIJA DE LAS OLAS. Por Pierre Maël. Buenos Aires, 1904, in 4º.

Seud. de CHARLES CAUSSE.

LA HIJA DEL CONTADOR. Novela descriptiva y de costumbres an-
tiguas por el Licenciado Perpetuo Antañon. Lima, 1893, in 4º.

Autor: JOSE ANTONIO DE LAVALLE.

LA HONTAN. Búsquese por Nicolás Guedeville.

LA HUELLA DEL CRIMEN. "Clemencia", continuación de "La Huella del Crimen". Por Raúl Waleis. Buenos Aires, 1877, in 8º.

Anagrama de LUIS V. VARELA.

LA INDEPENDENCIA. Apuntes biográficos de los signatarios del acta del 9 de julio de 1816, tomados de la revista "De Nuestra Historia", Buenos Aires, 1916, in 8º.

Autores: ENRIQUE UDAONDO, E. FERNANDEZ OLGUIN y PABLO I. CARAFFA.

LA INMORTAL. Por Almafuerte. Buenos Aires, in 16º.

Seud. de PEDRO B. PALACIOS.

LA INSANIA de la señorita Cornelia de Zubiaurre. Informe facultativo de los doctores Revilla y Cobos y solicitud de rehabilitación. Buenos Aires, 1898, in 8º.

Publica este folleto la misma señorita CORNELIA ZUBIAURRE.

LA INTOLERANCIA religiosa, vindicada; o refutación al discurso que en favor de la tolerancia religiosa publicó don Guillermo Burke... Caracas, 1812.

El autor es JUAN NEPOMUCENO QUINTANA.

LA JORNADA de Maratón o el triunfo de la libertad. Por Gueroult. Trad. al castellano por Leandro Bervez. Buenos Aires (Expósitos), 1817.

Aunque Medina da LEANDRO BERVEZ, tanto en el texto como en los índices, como verdadero nombre del autor, se trata del anagrama de don BERNARDO VELEZ [GUTIERREZ], gran entusiasta y promotor del teatro en Buenos Aires.

LA JUSTICIA en defensa de la verdad. Diálogo entre Clarideo y Rosa, aludiendo al de ésta y Paulina Santiago. (Cuarta parte de "Clamor de la Justicia").

Autor: MANUEL JOSE VERDUGO.

LA LANDE (Jerôme de), véase: Almanach geographique et chronologique.

LA LIRA argentina o colección de las piezas dadas a luz en Buenos Aires, durante la guerra de la Independencia. Año 1823. Buenos Aires. 1 vol. in 8º. 515 páginas, más 4 de índice y 3 de prefacio. Firma el editor. Mayo 25, 1823.

Su compilador fué el Dr. RAMON DIAZ.

LA LUZ en las tinieblas. véase: El libro de Satanás.

LA MARTINIQUE en 1820, ou le républicanisme desappointé. Réponse a "La Martinique en 1819". Mémoire rédigé par M. Richard de Lucy. París, 1820, in 8º.

La carta dedicatoria está firmada por ANTI-LUCY; el autor fué JULIEN, de Mortain (Orne).

LA MARTINIQUE sauvée, tragédie en 5 actes. Fort-Royal, Martinique, 1791, in 8º.

Autor: DANDRIEUX.

LA MENNAIS (F. de). Anot., véase: Lettres sur les quatre articles.

LA MORALE pratique des jésuites, représentée en plusieurs histoires arrivées dans toutes les parties du monde. Extraité ou des livres tres autorisez et fidellement traduits, ou des mémoires tres serieuses et indubitables. Cologne, 1669-1695. 8 vols. in 12º.

Los dos primeros tomos son de SEBASTIAN JOSE DU CAMBOUT DE PONTCHATEAU, los siguientes de ANTONIO ARNAULD.

LA MORLIERE (Abbé), v.: Almanach bibliographique.

LA ODISEA del alma. Poema lírico de Numa P. Llona, miembro correspondiente de la Academia Española. Juzgada por Un Literato Alemán. Lima, 1881, in 8º.

Seud. de ROBERTO MARLOV.

LA PLATIERE (Comte de la). Búsquese por Imbert.

LA POLITICA exaltada, o Burla a las exageraciones de partido en la guerra de 1876. Comedia en 2 actos y en verso presentada a la Sociedad Instructiva, por... Bogotá, 1877, in 8º.

Autor: ADOLFO LEON GOMEZ.

"LA PRESIDENCIA". Novela escrita en alemán por F. F. L. (?) y traducida al castellano por Falucho. Rosario, 1868.

Iniciales de FEDERICO DE LA BARRA. Falucho, por supuesto, el mismo.

Nota: Como no disponemos de ejemplar alguno de esta novela aceptamos las iniciales que dá Zinny, haciendo, no obstante, una llamada por F. D. L. (?) que creemos sean las verdaderas.

LA PROVINCIA de Mendoza en su exposición interprovincial de 1885. Mendoza, 1855, in 4º [ilustrada].

Autor: ELISEO CANTON JULIO.

LA PUNA de Atacama. Artículos publicados en "El Porvenir" de Santiago de Chile. Santiago, 1898, in 4º.

Su autor es RAFAEL B. GUMUCIO.

LA QUIXOTITA y su prima. Historia muy cierta con apariencias de novela. Escrita por el Pensador Mexicano. México, 1818, 2 vols. y 8º (2ª edición, 1831).

Seud. de JOSE JOAQUIN FERNANDEZ DE LIZARDI.
Véase también: La educación de las mujeres.

LA REFORMA militar de 1882 ante la historia y el derecho administrativo. Buenos Aires, 1885, in 8º.

El autor fué MAXIMINO CAMUS.

LA REPUBLICA ARGENTINA a los 37 años de su independencia. Por un ciudadano argentino. Copiapó, 1847.

Medina (véase pág. 205), confunde este folleto — que es de FELIX FRIAS, refutando al de Alberdi — con el siguiente, publicado por "UN CIUDADANO DE AQUEL PAIS" y no "UN CIUDADANO ARGENTINO".

LA REPUBLICA ARGENTINA treinta y siete años después de la Revolución de Mayo. Por un ciudadano de aquel país. Valparaíso, 1847.

Seud. de JUAN B. ALBERDI.

LA REPUBLIQUE des Jésuites au Paraguay renversée, ou relation authentique... etc. La Haye, 1758, in 8º.

Es la misma obra titulada "Rélation abrégé concernant la république que les religieux, nommés jésuites, des provinces de Portugal, et d'Espagne, ont établie dans les pays... etc., citada por Medina y traducida del original portugués por P. O. PI-NAULT. En portugués, ver: "A República dos Jesuitas".

Su autor es SEBASTIAO JOSE DE CARVALHO, marquez de POMBAL.

LA REVOLUCION ALEMANA de 1918. [Por] Eduardo de Montiron. Buenos Aires, 1921.

Seud. de EDUARDO LABOUGLE.

LA REVOLUCION DE ENTRE RIOS ante los intereses económicos, por Harmodio. Colección de artículos en "La Prensa", dedicados a los nobles entrerrianos. 1874.

Seud. de FRANCISCO FERNANDEZ.

LA REVOLUCION DE LA PAZ en 1809. Documentos históricos. Buenos Aires, 1897, in 8º.

El compilador fué don ADOLFO DURAN.

LA REVOLUCION MALEZALERA. Novela criolla por Numael Ezper. Buenos Aires, 1902.

Anagrama de MANUEL PEREZ.

LA REVOLUTION americaine devoilée.

Autor: P. PECQUET.

LA ROZA DE LA QUINTANA (Simeón de), v.: Al Soberano Congreso de 1864.

LA SALLE DE L'ETANG (S. P.), véase: Maison rustique.

LA SCIENCE du cultivateur américain. Ouvrage destiné aux colons et aux commerçants... par G^{el.} Chast***. Destere. 1800, in 8º.

Seud. de GABRIEL CHASTENET.

LA SCIENCE POPULAIRE de Claudius. Simples discours sur toutes choses. París, 1837|41. 36 vols. in 24º.

Claudius es seudónimo de CHARLES RUELLE.

LA SEÑORITA de Serzac; por Juan de La Brète. Buenos Aires, 1904, in 16º.

Seud. de la señorita A. CHERBONNEL.

LA SITUACION actual de mis opiniones en mangas de camisa. Cochabamba, 1873.

Autor: JOSE POL.

LA SPHERE des deux mondes, composée en françois, par Darinel, pasteur des Amadis. Avec un Epithalame, que le mesme autheur ha faict sur le nopces et mariage de Très ilustre et serenissime Prince, Don Philippe Roy d'Angleterre, etc. (con mapas y grabados). Anvers, 1555, in 8º.

Seud. de GILLES BOILEAU DE BOUILLON.
Obra muy rara en que se trata de la riqueza del Perú sobre el cual hay una hermosa estrofa en el reverso del mapa de la hoja 55.

LA TIRANIA sancionada por la Constitución Federal según la interpretación de la Suprema Corte de Justicia. Causa notable seguida ante la jurisdicción federal contra el Brigadier General don Bartolomé Mitre, por abuso de facultad constitucional, daños y perjuicios causados a particulares durante el ejercicio del poder público. Buenos Aires, 1869, in 8º.

Su autor es JUAN CORONADO.

LA TORRE de los cristales. Por Liub de Zina. Buenos Aires, 1917, in 8º.

Seud. de LUIS A. CORDIVIOLA.

LA TRINITARIA. Novela escrita para La Flor del Bosque por M. M. A. Coatepec, 1851, in 4º.

Autor: MANUEL M. ALVA.

LA ULTIMA colilla. Por Martín Galas. (La Novela Semanal de "El Universal Ilustrado"). [México, 1923], in 16º.

Seud. de EDMUNDO FERNANDEZ DE MENDOZA.

LA VERITE sur Haïti, ses deux emprunts, ses agents, ses finances, son crédit et ses ressources: réponse a la lettre d'un colon a l'usage de S. Ex. le Ministre des Finances et des capitalistes. Par Un subrécargue. Paris, 1828.

El seudónimo corresponde a NONAY.

¡LA VIDA CANTA! (Cuento largo) por Jacobo Dalevuelta. Inédito para "El Universal Ilustrado", in 16º.

Seud. de FERNANDO RAMIREZ DE AGUILAR.

LA VIE DE JOSEPH II empereur d'Allemagne, roi de Hongrie et de Boheme, suivie des notes instructives. Paris, 1790, in 8º.

Autor: Le maquis L.-Ant. DE CARRACCIOLI.

LA VIE et les tres surprenantes aventures de Robinson Crusoé. Traduit de l'anglais de Daniel de Foé. París, 1797.

La traductora fué Mme. de MONTMORENCY-LAVAL.

LA VOZ de la libertad levantada por un patriota con ocasión de la victoria ganada por las armas de la patria contra las tropas del parricida Goyeneche, en las cercanías de Salta. 1813, in 4º.

> Este folleto del que dice Medina que Zinny no da imprenta ni lugar, es, como aquél bien sospecha, de la Imprenta de los Niños Expósitos de Buenos Aires, y lo intercalamos aquí porque Medina, que no lo conoce, no lo hace figurar en el índice de seudónimos ni por "Un Patriota", ni por "El Ciudadano", que aparece firmándolo.
> Su autor fué el Deán GREGORIO FUNES.

LABAT, véase: Voyage aux îles françaises.

LABOUGLE (Eduardo), v.: Eduardo de Montiron (Seud.).

LACOMBE (Jacques), Col., v.: Abrégé chronologique de l'Histoire

LACROIX (Jean François de), v.: Dictionnaire historique.

LACUNZA (Manuel), v.: Juan Josafat Ben-Ezra (Seud.).

LADI JA IDEONN (*Seud. de Lidia J. Ovejero de Naón*), v.: Entre sombras

LADVOCAT. Col. (El abate), v.: Bibliothèque annuelle.

LADVOCAT. v.: Supplément au Dictionnaire historique.

LADVOCAT (J. Bapt.), v.: Vosgien (Seud.).

LAFONE Y QUEVEDO (Samuel A.), v.: S. A. L. Q. (Seud.).

LAFONE Y QUEVEDO (Samuel A.), Trad., v.: Descripción de la Patagonia.

LAFUITE (François Joseph), v.: F. J. L. (Seud.).

LAGRIMAS y Flores. Por Campo Amores [Buenos Aires], in 8º.
Seud. de JUAN A. MARTINEZ.

LAHITTE (Eduardo), v.: Rasgos de la vida pública de S. E.

LAMA (Miguel Antonio), v.: M. A. L. (Seud.).

LAMAS (Andrés), v.: Nueva nomenclatura.

LAMENTACION Jurídica que la Provincia de Carmelitas Descalzos de Indias hace al capítulo general de la misma religión por mano de los dos procuradores de dicha provincia (de la Nueva España). Madrid, in 4º.
Autores: LORENZO DEL SANTISIMO SACRAMENTO y AGUSTIN DE SAN ANTONIO.

L'AMERIQUE angloise, ou description des iles et terres du roi d'Angleterre dans l'Amérique. Avec de nouvelles cartes de chaque isle et terres. Traduit de l'Anglois. Amsterdam, 1688, in 12º.
Autor: RICHARD BLOME.

L'AMERIQUE et l'Europe en 1826, ou le Congres de Panama, par M. G. Z. Bruxelles, 1826, in 8º.

El autor: DESPOTS DES ZENOWITZ.

L'AMI DU CORPS SOCIAL; búsquese por Ami du corps social

L'AMMIRAGLIO dell'Indie, poema. Ormildo Emeressio, Venezia. 1759. in 4º.

Seud. de QUERINI ALVISE.

LANATA (Oscar), v.: Cinta Azul (seud.).

LANGHORNE CLEMENS (Samuel). Búsquese por Clemens.

LANGLES (Luis), v.: Collection portative

LANGLOIS (Hyacinthe). Continuador de Guthrie (W.), v.: Abrégé de la nouvelle géographie

LANGLOIS (Jean Thomas), v.: Mémoire pour le chef de brigade

LANUSSE (Juan José), v.: Hill (seud.).

LAPORTE (Abate de), v.: Tableau de la terre

LARGUIA (Jonás), v.: Comercio de la Provincia de Santa Fe

LAROCHE TILHAC (Poncelin de). Búsquese Poncelin

LARRAIN ZAÑARTU (Joaquín), v.: La Guerra Ilustrada

LARRIVA (Juan Francisco), v.: La Hechicera

LARRIVA Y RUIZ (J. Joaquín de), v.: Exequias

L'ART DE VERIFIER les dates des faits historiques, des chartes, des chroniques et autres anciens monuments depuis la naissance de Notre-Seigneur, par le moyen d'une table chronologique... Par des Religieux Bénédictins de la Congrégation de Saint Maur. Paris, 1750, in 4º.

> Autores: FRANÇOIS DANTINE, URSIN DURAND, CHAR-LES CLEMENCET.

L'ART DE VERIFIER LES DATES. Nouvelle édition, augmenté. Paris, 1770.

> El colaborador fué FRANÇOIS CLEMENT.
> (Para los colaboradores por partes, v.: Barbier, tomo I, 297).

LAS CINCO LETRAS del nombre de María, esculpidas en las cinco piedras de la honda de David, predicadas el año 1692. Los cinco martes de quaresma en cinco fiestas solemnísimas, que hacen a la Virgen de la Congregación los señores de la Real Audiencia de la Plata en la Iglesia de la Compañía de Jesús Sevilla, 1071. [Por 1701], in 4º.

> Autor: El padre JOSE DE AGUILAR.

LAS COLONIAS de Santa Fe, su origen, progreso y actual situación, con observaciones generales sobre la emigración a la República Argentina, siendo una serie de artículos escritos para el "Ferrocarril del Rosario", aumentados con nuevos datos y publicados en español e inglés. Rosario de Santa Fe, 1864.

> Autor: GUILLERMO PERKINS.

LAS CONFESIONES de un médico. Buenos Aires, 1882.

> Autor: SILVERIO DOMINGUEZ.

LAS CHICAS en Mar del Plata. Por Virginia Paul de Guevara. La Plata, 1924, in 8º.

> Seud. de VICENTE PASSARELLI.

LAS DE HOY. Por Carmen Luna. Buenos Aires, 1921.

> El seud. corresponde a ENRIQUETA L. LUCERO.

LAS DOS POLITICAS. Consideraciones de actualidad. [Paraná], 1866.

> Autor: OLEGARIO V. ANDRADE.

LAS PROVINCIAS ante el Derecho Federal Argentino. Buenos Aires, 1882, in 4º.

Autor LUIS V. VARELA.

LAS RELACIONES intelectuales francoargentinas. Por un argentino. Buenos Aires, 1923.

El autor es HENRI PAPILLAUD.

LAUBESPIN (Emmanuel de), v.: Memorial portatif de chronologie; Revue de l'histoire universelle.

LAURENT le Prudent, VIIe. chef des Filibustiers, aventuriers et boucaniers d'Amérique, etc., ses exploits surprenants, par M. A***. Paris [1813]; in 18º.

Seud. de J. Fr. ANDRE des Vosges.

LAUSBERT (C. F.), v.: Recueil d'observations.

L'AUTEUR des "Lettres d'Affi a Zurac" (*Seud. de J. V. Delacroix*), v.: Memoires d'un Americain

L'AUTEUR DES MELANGES intéressants et curieux (*Seud de Jacques Philibert de Rousselot de Surgy*), v.: Mélanges geographiques

LAUXAR (*Seud. de Osvaldo Crispo Acosta*), v.: Motivos de crítica

LAVALLE (José Antonio de), v.: Perpetuo Antañón (Seud.).

LAVAYSSE. Búsquese por Dauxion Lavaysse.

LAWRENCE (William Beach), v.: An American Citizen (Seud.).

LE BAR. Trad., v.: Voyages dans les parties

LE BOUCHER o Leboucher (Odet Julien), v.: Histoire de la derniére guerre.

LE CLERC (Charles Guillaume), v.: Supplément au Dictionnaire Historique

LE COMMERCE de la Hollande, ou tableau des hollandais dans les quatre parties du monde. Amsterdam, 1765|8. 3 vols. in 12°.

Autor: JOSEPH ACCARIAS DE SERIONNE.

LE COMMERCE de l'Amerique par Marseille, ou explication des lettres patentes du Roi, portant reglement pour le commerce qui se fait de Marseille aux Isles Françaises de l'Amérique données en 1719 et des lettres patentes du Roi, pour la liberté du commerce a la Côte de Guinée, données en 1716. Avignon, 1764, 2 vols. in 4°.

Autor: CHAMBON.

En otras obras aparece como seudónimo "Un citarin". El librero lo reprodujo más tarde bajo los títulos: "Guide du commerce de l'Amérique" y "Traité générale du commerce de l'Amerique".

LE CRI DES COLONS par l'auteur de la flore des Antilles, Paris, 1810, in 8°.

Seud.de F. R. DE TUSSAC.

LE CHAILLEUX (Nicolás), v.: Brief Discours; Discours.

LE DESTIN DE L'AMERIQUE ou dialogues pittoresques dans les quels on developpe la cause des evenements actuels, la politique et les interets des puissances de l'Europe relativement a cette guerre. Traduit fidelement de l'anglois. London [1780] in 8°.

Esta obra que no es tal traducción y cuyo lugar de impresión es falso, se debe a ANTOINE-MARIE CERISIER.

LE FEBVRE DE VILLEBRUNE (J. B.), v.: Memoires philosophiques...

LE FRANÇOIS (Abbé), v.: Méthode abrégé et facile

LE FRANÇOIS LALANDE (Joseph Jerome), v.: Almanach géographique et chronologique

LE GEOGRAPHE MANUEL, de l'abbé d'Expilly. Nouv. édition entiérement refondue et considérablement augmentée. Paris. 1801|3, in 8º.

> Autor: VICTOR DELPUECH DE COMEIRAS en colaboración con DEBRAY, para esta edición.
> El primitivo autor de esta obra fué el abate EXPILLY.

LE GEOGRAPHE METHODIQUE, ou introduction a la géographie ancienne et moderne, a la chronologie, avec cartes et figures, et une préface historique, ou essai sur l'histoire de la geographie. París, 1741|2. 2 vols. in 12º.

> El autor de la obra es P. M. DE GOURNE y el del prefacio A. G. MEUSNIER DE QUERLON.

LE GOUHIR Y RODAS (José), v.: J. L. R. (Seud.).

LE GRAND THEATRE historique, ou nouvelle histoire universelle, tant sacré que profane, avec médaillons. Leytle, 1703..... 5 vols "in folio".

> El autor de esta obra, NICOLAS GUEUDEVILLE, no ha hecho más que traducir libremente una obra alemana de IMHOF.

LE GUIDE de l'histoire, a l'usage de la jeunesse et des personnes qui veulent la lire avec fruit ou l'écrire avec succés.... Commencé par M. D.... avocat, auteur de l'Histoire des naufrages", continué et mis au jour par J. Fr. Née de La Rochelle, ci devant libraire à Paris, An XI-1803, 3 vols. in 8º.

> Inicial de J. L. H. S. DESPERTHES.

LE JEU de géographie, ou nouvelle méthode pour apprendre d'une manière facile et agréable les élémens de cette science. Genève, 1706, in 12º.

> Autor: PIERRE VIOLIER.

LE LLANO de Sant Lazaro et le camp de Tualzimapa, 1865.

> La autora fué CARLOTA, emperatriz de México.

LE MAIRE, v.: Les traits de l'histoire.

LE MAIS, sa culture, son emploi, sa récolte, avec une notice sur le nouveau maïs quarantin, par W. Keene. Traduit de l'anglais et annoté par Un Campagnard. Liége, 1850, in 12º.

Seud. de DE THIER NEUVILLE.

LE MASCRIER (Jean Baptiste), v.: L. L. M. (Seud.).

LE MEXIQUE en 1823, ou relation d'un voyage dans la Nouvelle Espagne... Par M. Beulloch... Ouvrage traduit de l'Anglais par M***; précédé d'une introduction et enrichi de pieces justificatives et de notes, par sir John Beyerley. Paris, 1824. 2 vols. in 8º.

La traductora fué la señorita A. SOBRY.

LE MIROIR de la cruelle et horrible tyrannie espagnole. perpétrée aux Pays-Bas par le tyran duc d'Albe et autres commandeurs de Par le roy Philippe le deuxiême. On a adjoint la deuxiême partie de "Les Tyrannies commises aux Indes Occidentales par les Espagnols". Amsterdam, 1620.

Autor el mismo editor, JEAN EVERHARDTS CLOPPEN-BOURG.

LE NEPTUNE français, ou recueil des cartes marines, avec une mémoire sur les cartes. Paris, 1753 "in folio".

Aunque el autor de los mapas fuera Ch. PENE, el de la obra en general fué JACQUES Nic. BELLIN.

LE PARTERRE géographique et historique, ou nouvelle maniére d'étudier l'histoire et la géographie. Paris, 1737, in 8º. Hay otra edición de Paris, 1753. 2 tomo, in 8º, y más tarde se editó con el título "Syllabaire des enfants".

Autor: El Barón de BOUIS.

LE PATRIOTE américain, ou mémoires sur l'établissement de l'isle de Saint Domingue. 1750, in 8º.

Autor: EMILIO PETIT.

LE PETIT voyageur français dans les cinq parties du monde. Paris, 1835.

Esta obra es de SIMON BLOCQUEL, quien con el anagrama de BUQCELLOS publicó varios libros en que se habla de América. Medina cita dos, tomadas de Sabin, pero en los índices hace figurar como anónima la que es seudónima y viceversa, errando asimismo la paginación.

LE PILOTE américain, contenant la description des côtes orientales de l'Amérique du Nord... Traduit de l'anglais par P. Magre, enseigne de vaisseau et publié par ordre de M. le Comte de Chabroul de Crousol, Ministre de la Marine et des Colonies. Paris, 1826, in 8º.

El autor de la obra es EDMOND BLUNT.

LE PLONGEON (Gustave), v.: Espiritismo.

LE POLITIQUE indien, ou considérations sur les colonies des Indes Occidentales. Amsterdam, 1768, in 8º.

Autor: El abate PIERRE-JOSEPH-ANDRE ROUBAUD.

LE QUEU, v.: L*** Q*** D. G. (Seud.).

LE SPECTATEUR américain, ou remarques générales sur l'Amérique septentrionale et sur la République des 13 Etats Unis. Suivi de Recherches philosophiques sur la découverte du nouveau monde. Par M. Jh. M********** Amsterdam, 1784, in 8º.

La segunda edición lleva el nombre del autor, JOSEPH MANDRILLON; esta obra — dice Barbier — no es otra cosa que un arreglo del ''Viajero americano'', de A. CLUNI.

Según Leclerc, esta obra de J. MANDRILLON ha sido confundida frecuentemente con otra de la que es traductor. Medina, la da con el título de ''Recherches philosophiques sur la découverte de l'Amérique'', que llevan algunos ejemplares.

LE TOURNEUR (P.). Trad., véase: Histoire universelle depuis le commencement...

LE TRIOMPHE du Nouveau Monde; réponses académiques formant
un nouveau systéme de confédération, fondé sur les besoins
actuels des nations chrétiennes commerçants, et adapté à leurs
diverses formes de gouvernement.... Par l'Ami du corps
social. Paris, 1785, 2 vols. in 8º.

> Esta obra causó un proceso entre el autor, JOSEPH ANDRE
> BRUN, y el general del Oratorio, el que lo hizo expulsar de la
> Congregación.

LE VERITABLE Figaro. Búsquese por Figaro.

LE VOEU de toutes les nations, et l'intérêt de toutes les puissances
dans l'abaissement et l'humiliation de la Grande-Bretagne.
Paris, 1778, in 8º.

> Autor: P. Aug. CARON DE BEAUMARCHAIS.

LE VOYAGEUR américain, ou observations sur l'état actuel, la culture et le commerce des colonies britanniques en Amérique,
traduit de l'anglais. Amsterdam, 1783, in 8º.

> Autor: JOSEPH H. MANDRILLON.

LEANDRO VERVEZ (seud. de Bernardo Vélez Gutiérrez), véase La
jornada de Maratón...

LEBEN und Thaten des Seehelden u. Admiralen von Columbus bis
Ruyter. Teutsch v. M. Känvern. Nürnberg, 1681, in 4º.

> Autor: BOS o BOSCH (en latín Sylvius) (LAMBERTUS VAN
> DEN).

LEBLANC, v.: Adresse de la Société.

LEBOUCHER (Emilio), v.: Histoire de la derniére guerre.

LEBOUCHER (Odet-Julien). Búsquese por Le Boucher.

LECCIONES de alta clínica. Conferencia inaugural por el doctor
Salvador de la Fosa (poesías festivas). Buenos Aires, 1915,
in 8º.

> Seud. del Dr. MATIAS CALANDRELLI.

LECLUSE. Búsquese por Clusius.

LECOCQ (Charles Joseph), véase Petite géographie des enfans.

LECOMTE DE NOUY (Mme. H., née Oudinot), v.: Autor de ''Amitié amoureuse'' (Seud.).

LEÇONS DE GEOGRAPHIE, abrégé d'une forme nouvelle, par M. l'abbé M. D. L. B. Paris, 1783.
Iniciales de MORIN DE LA BAUME.

LEÇONS ELEMENTAIRES D'AGRICULTURE, de commerce et de géographie commerciale industrielle. Par une société de gens de lettres et de cultivateurs. Cologne, 1799, 2 folls.
El autor fué Ch. M. BOUTIER.

LEÇONS ELEMENTAIRES DE GEOGRAPHIE ancienne et moderne. Charleville, 1792, in 8º.
Autor: NICOLAS B. HALMA.

LEÇONS SUR LES MOEURS et sur l'industrie animaux, v.: Beautés de l'histoire naturelle

L'ECUY (J. B.), v.: Supplement au Dictionnaire

LECHEVALIER (Jules), v.: Note sur la fondation; Notice statistique sur la Guyane

LEDESMA (Valentin), v.: Ensayo histórico

LEDUC. Trad·, v.: Histoire universelle, depuis 1543

LEE (El general) (?), v.: Junius's letters.

LEGUIZAMON (Onésimo), v.: Esposición de agravios

LEGUIZAMON (Honorio), Recop. v.: Colegio Nacional del Uruguay

LEGUIZAMON (Martiniano), v.: El Colegio del Uruguay

LEJOS DEL TERRUÑO. Por Aníbal Latino.
Seud. de JOSE CEPPI.

LELARGE DE LIGNAC (Jos.-Adrien). Búsquese por Lignac.

LEMAITRE (Amable), v.: C. Moreau (Seud.).

LENGLET DU FRESNOY (Nicolás), v.: M*** (seud.).

LEON CANAVERI (Luis), v.: Catálogo de revistas...

LEON DE LA BARRA (Federico). Búsquese por Barra.

LEPAIGE· Col. v.: Histoire générale de la naissance

L'EPINE (Ernesto), v.: Quatrelles (seud.).

LERIS (Antonio de), v.: La géographie rendue aisée.

L'ERMITE de Chimboraço, ou les Jeunes Voyageurs Colombiens.
Voyage dans les deux Amériques, par C. H. de Mirval. Paris,
1836, in 12⁰ [Otras ediciones de 1837 y 1845].
Seud. de J. B. J. DE CHAMPAGNAC.

LES ANIMAUX industrieux, ou description des ruses qu'ils mettent
en oeuvre pour saisir leur proie et fuir leurs ennemis; des moyens qu'ils emploient dans la construction de leurs habita-
tions, de leurs combats, etc. Par B. Allent. Gand. 1822, in 12⁰.
Seud. de BALLENT.

LES DISSENTIONS des républiques de la Plata et les machinations
du Brésil. Paris, 1865, in 8⁰.
El traductor fué ELISEO RECLUS.

LES ETATS, empires et principautez du monde, representez par la
description des pays, moeurs des habitants, richesses des provinces, les forces, le gouvernement, la religion et les princes
que ont gouverne chacun Estat Par le Sr. D. T. V. Y. genti-
lhome ordre de la chambre du Roy. Paris, 1615, in 4⁰.
Autor: SIEUR DAVITY.

LES INTERETS des nations de l'Europe développées relativement au commerce. Leyde, 1766, 2 vols. in 4º. Otra edición: Paris, 1767, 4 vols., in 4º.

Autor: JOSEPH ACCARIAS DE SERIONNE.

LES JESUITES condamnés par leurs maximes et par leurs actions, ouvrage dédié a tous les souverains; par M. C***. Paris, 1825.

Seud. de Fr. COLLIN, conocido por COLLIN D'AMBLY.

LES PROVINCES de la Plata, érigées en monarchie, considérations politiques, par le C... de S... Paris, 1820, in 8º.

Autor: El Comandante DE SODRE.

LES REVOLUTIONS de l'Univers, ou remarques et observations sur une carte géographique destinée á l'étude de l'histoire générale, 1763, in 12º.

Autor: ETIENNE-ANDRE PHILIPPE, connu par PHILIPPE DE PRETOT.

LES SOIREES bermudiennes, ou entretiens sur les événemens qui ont opéré la ruine de la partie française de Saint-Domingue... Par F. C***, un de ses précédens colons. Bordeaux, an X 1802, in 8º.

Iniciales de FELIX CARTEAUX.

LES SOIREES de Saint-Acheul. Bruxelles [1821], in 32º.

Autor: F. E. GARAY DE MONGLAVE.

LES TRAITS de l'histoire universelle, sacrée et profane, d'après les plus grands peintres et les meilleurs écrivains. Paris, 1759. 6 vols., in 8º.

Por el grabador LE MAIRE y el abate J. L. AUBERT.

LESCLUSE. Búsquese por Clusius.

LESLIE (Charles), v.: A new and exact account of Jamaica.

LESPADE (A.), v.: Buenos Aires et le peuple basque.

LESSER (Jorge), v.: Indice alfabético...

LETRONNE (Antoine Jean), v.: Auguste L. (seud.).

LETTERS FROM JAMAICA, the land of streams and woods. Edinburgh, 1873, in 12º.

Autor: CHARLES J. G. RAMPINI.

LETTERS FROM THE BAHAMA Island, written en 1823-4. Philadelphia, 1827, in 12º.

Autor: Miss HART.

LETTERS ON LIBERTY and slavery. An answer to a pamphlet entitled "Negro slavery defendend by the word of God. By Philantropos. New York, 1798.

Su autor es RHEES.

LETTRE AUX ESPAGNOLS americains. Par un de leurs compatriotes. Philadelphie, 1808, in 8º.

Seud. de JUAN PABLO VISCARDO Y GUZMAN.

LETTRES A M. LE COMTE DE..., sur le commerce des colonies, par un ancien administrateur. Paris. 1824, in 8º.

Autor: DE KERMELLEC.

LETTRES CRITIQUES et politiques sur les colonies et le commerce des villes maritimes de France, adressées a M. G. T. Raynal. Genève et Paris, 1785, in 8º.

Autores: PAUL ULRIC DUBUISSON en colaboración con JEAN BAPTISTE DUBUCQ.

LETTRES DE JUNIUS. Traduites de l'anglais avec des notes historiques et politiques par J. T. Parisot, Rouen. 1823, 2 vols. in 8º.

Hay otra edición de París, 1791, cuyo traductor es anónimo. "Junius" es seudónimo de PHILIP FRANCIS.

LETTRES D'UN CITOYEN, sur la permission de commercer dans les colonies, annoncée pour les puissances neutres... Paris, 1756. 2 vols. in 8º.

Autor: SAINTARD.

LETTRE D'UN CURE des départements réunis, déporté a l'île de Cayenne, a ses paroissiens, 1802, in 8º.

Seud. de l'Abbé DUVIVIER.

LETTRES SUR LES QUATRE articles dits du clergé de France. Rome, 1816, in 8º. Otra ed. Bruxelles, 1818, in 8º.

Autor: Cardenal LAURENT LITTA.

LETTRES SUR LES QUATRE articles dits du clergé de France. Nouvelle édition avec des notes. Paris, 1826, in 12º.

Como se dijo anteriormente, el autor anónimo fué el Cardenal LAURENT LITTA. En esta edición el anotador, también anónimo, fué F. DE LA MENNAIS.

LETTS (J. M.), v·: Pictorial view.

LEVASSEUR (Armand), v.: Un officier de l'Etat Major de l'armée. (Seud.).

LEVEL (Andrés E.). v.: A. E. L. (Seud.).

LEWIN (Ross), v.: Bermuda.

LEYENDA de Navidad. 1879. México, 1879, in 8º.
Autor: VICTORIANO AGÜEROS.

LEYENDA india, poema en un acto, tres cuadros y en verso. Verbena en trágica noche, tragedia en un acto y en verso. Por Airédides Emoyan. Buenos Aires, in 8º.

Seud. de DESIDERIA M. DE BRUACH.

LEYENDAS Mexicanas. Doña Esperanza de Haro. Leyenda del siglo XVIII. Por Gumesindo Díaz de Juno. México, 1871, in 4º.
Seud. de JUAN DE DIOS DOMINGUEZ.

L' HISTOIRE DE LA TERRE neuve du Pérou en l'Inde Occidentale,
qui est la principale mine d'or du monde, naguère descouverte et conquise et nommée la Nouvelle Castille, traduite de
l'italien en françois. Paris, 1545, in 8º.

> Traducida al francés por JACQUES GOHORY.
> Traducción de parte de una obra italiana que parece a su vez
> traducción de la ''Conquista del Perú''.

LIBRETTO DI TUTTA la navigazione del Re di Spagna, le isole e
terreni nuovamenti trovati. Stampato in Venetia da Albertino
Vercellese di Lisona, 1504.

> Esta obra es traducción, en dialecto veneciano, de la pri-
> mera década de Pedro Martir de Angleria o D'Anghiera, la
> cual parece que aún no había sido impresa, hecha por ANGELO
> TREVIGIANO. Harrisse dice lo contrario, equivocándose.
> (Ver: Harrisse I, Nº 32, y III, Nº 16).

LIBRO PRIMERO de fábulas de Samaniego con vocabulario para el
uso de primeras letras arregladas por S. A. L. Q. Catamarca,
1880, in 8º.

> Iniciales que corresponden a SAMUEL A. LAFONE Y QUE-
> VEDO.

LIGERA idea del abandono en que se halla el Tribunal de Cuentas del
Perú. Dirigida al Gobierno por un Ciudadano de Ultramar.
Cadiz, 1813, in 4º.

> Medina da el título incompleto y la obra como anónima, sin
> señalar el seudónimo que corrresponde a JOSE DE LA RIVA
> AGÜERO.

LIGNAC (José Adrien Lelarge de), v.: Dix lettres; Douze lettres.

LIGNON (Ricardo), véase: Recueil de divers voyages.

LIMA. Unos cuantos barrios y unos cuantos tipos (al comenzar el siglo
XX), Por El Tunante; Dibujos de Ricardo Izquierdo (Ri-
chiardi)· Lima, 1907, in 8º.

> Seud. de A. M. GAMARRA.

LIMA JUSTIFICADA. En el suceso del 25 de julio. Impreso de orden
de la Ilustrísima Municipalidad. Lima, 1822, in 4º.

> El autor de la introducción fué JOSE DE LA RIVA AGÜERO.

LINDSAY (Santiago), v.: Producción de trigo en Chile

LIONEL VANDER (*Seud. de Luis de Villalobos*), v.: El "Signal" y el "Pentafois".

LIRA (José Luis), (Comp.), v.: Ordo divini officii.

LITTA (Laurent), v.: Lettres sur les quatre articles.

LIUB DE ZINA (*Seud. de Luis A. Cordiviola*), v.: La torre de los cristales.

LIVRE second de l'Histoire universelle des Indes representant i'entiere histoire du découvrement des Indes Orientales et leur descriptions. Donay, 1605, in folio.

Autor: ANTOINE MAGIN.

LOBOS (Eleodoro), v.: Solución del problema

LOISEAU (Juana), v.: Daniel Lesueur (seud.).

LOLME (J. R. de), (?) Búsquese por De Lolme.

LOLONAIS [célèbre capitaine; troisième chef des flibustiers, aventuriers et boucaniers d'Amérique, par M. A***. Paris, 1812, in 18°].

Seud. de J. Fr. ANDRE, des Vosges.

LOMBARD, S· J. Relation sur les missions de la Guianne... v.: Voyage du chevalier Des Marchais.

LONG (George), v.: The geography of America.

LOPEZ (Ismael), v.: en "Gentes y paisages"

LOPEZ (Jacinto), v.: La caída del gobierno.

LOPEZ (José Francisco), v.: Manifestación del pueblo.

LOPEZ DE LA SERNA (Rafael). v.: Ricardo Colt (seud.).

LORENZO DEL SANTISIMO SACRAMENTO. Búsquese por Santísimo.

LORIQUET (J. N.), v.: Sommaire de la géographie.

LOS COLEGAS. Drama en 4 actos. Presentado al concurso dramático del Conservatorio Labarden. Seudónimo del autor: Thespis. Buenos Aires, 1907.
El seudónimo corresponde a CARLOS OCTAVIO BUNGE.

LOS CONFLICTOS entre la Iglesia y el Estado. Santiago, 1884, in 8º.
El autor es JACINTO CHACON.

LOS DERECHOS adquiridos y los actos de la dictadura del Perú en 1866. Lima, 1867, in 4º.
El autor es JOSE GREGORIO PAZ SOLDAN.

LOS ESPAÑOLES en América y los escritores europeos y americanos, por G. G., Buenos Aires, 1862.
Seud. de GIL GELPI Y FERRO.

LOS ESTADOS UNIDOS tal cual son. Buenos Aires, in 12º.
Autor: PASTOR SERVANDO OBLIGADO.

LOS ESTUDIANTES. A. B. M., Paraná, 1908.
Seud. de F. SCANNAVECCHIO.

LOS GOBIERNOS, los parásitos y las masas. Dedicada a las sociedades culturales por R. V., Santa Fe, 1921, in 8º.
Seud. de RAUL VILLARROEL.

LOS MEDANOS. Poema pentasílabo. Por Juan de Arona. Lima, 1869. in 4º. La segunda edición con el agregado: ''Alegórico-descriptivo'', después de ''pentasílabo''. es de Lima, 1883.
Seud. de PEDRO PAZ SOLDAN Y UNANUE.

LOS MISTERIOS del Chan Santa Cruz. Historia verdadera con episodios de novela por Napoleón Trebarra. Mérida, 1864, in 4º.

Seud. de PANTALEON BARRERA.

LOS PARLAMENTARIOS radicales. Senadores y diputados al Congreso Nacional. 1919 (Biografías y retratos). Buenos Aires, in 8º.

Su autor parece ser ISMAEL BUCICH ESCOBAR.

LOS PARTIDARIOS DE LA RAZON Y AMANTES DE LA LEY (*Seud. del Deán Gregorio Funes*), v.: El grito de la razón.

LOS PATRIOTAS de Lima en la noche feliz. Drama en dos actos, compuesto por M. C. Lima, in 4º.

Atribuído a MIGUEL DE CARPIO.

LOS PATRIOTAS de Trujillo (*Seud. de José de la Riva Agüero*), v.: Manifestación que se hace

LOS PLATEADOS de Tierra Caliente. Episodio de la guerra de tres años en el Estado de Morelos. Cuento semi-histórico por Perroblillos. México, in 8º.

Su autor PABLO ROBLES, dice en una nota: ''El autor usa ese seudónimo como un recuerdo de gratitud y aprecio al señor MANUEL DUBLAN, quien cariñosamente lo llamaba así''.

LOS PRINCIPIOS del espiritismo. Exposición sumaria de la enseñanza de los espíritus y de sus modificaciones. Por Allan Kardec. Santiago, 1873, in 8º.

Seud. de H. L. D. RIVAIL.

LOS RASTROS de la Nada. Novela [Por] Hugo Sol. 1ª edición. Mérida, 1913.

Seud. de ANASTASIO MANZANILLA.

LOS SHELKNAM, indígenas de la Tierra del Fuego. Sus tradiciones, costumbres y lengua, por los misioneros salesianos. Buenos Aires, 1915, in 8º.

Autor: JOSE Mª BEAUVOIR.

LOS SIETE RUMBOS de la tristeza. Libro de poesías forjadas por Metkeob de Aldebarán. Buenos Aires, 1923, in 8º.

Seud. de JOSE EDUARDO ATTWEL DE VEYGA.

LOS SIMULADORES en el periodismo argentino. Primera serie. El difamador (El "chantage" en los litigios). Por Justus. Buenos Aires, 1916.

"Justus", fué seudónimo de JOAQUIN DELGADO.

LOS SUCESOS del 4 de febrero de 1905. En la Capital Federal. El Arsenal de Guerra y el fracaso de la revolución. El Consejo de Guerra Especial. Las cosas en su lugar. Buenos Aires. 1907, in 8º.

Autor: ROSA BURGO, capitán de infantería retirado.

LOS VINCULOS de Ollanta y Cusi- Kcuyllor. Drama en quichúa. Obra compilada y expurgada, con la versión castellana al frente de su texto, por José Fernández Nodal. Ayacucho, in 8º

Obra atribuída al cura de Sicuani ANTONIO VALDEZ.

LOTUS. Por Mario Rebus. Buenos Aires, 1913, in 8º.

Seud. de MARIA QUESADA DE GONNET.

LOUIS (Seud. de Denis François Donnant), v·: Eléments de Cosmographie; Eléments de Géographie.

LOVE (Tomás George), v.: A Englishman (Seud.).

LOVE (Thomas George), v.: A five year's...

LOZANO (Mariano), v.: Recuerdos de la vida pública y privada.

LUCERO (Enriqueta L.), v.: Carmen Luna (Seud.).

LUCIA MIRANDA. Novela histórica por Daniel. Buenos Aires.

Seud. de EDUARDA MANSILLA DE GARCIA, que en la 2ª edición (1882), aparece como autora.

LUCIO MAGEZ NIGONA (*Seud. de Ignacio Gómez Luna*), v.:
Amor ideal.

LUIS FERNAN (*Seud. de Luis Fernández de la Puente*), v.: Alma mía.

LUIS SADA ante el tribunal de la opinión pública. Lima, 1873, in 8º.

Suscrito por A. Gandarillas que corresponde a ALBERTO
GANDARILLAS.

LUIS VILA Y CHAVES (*Seud. de Martín C· Aldao*), v.: El caso

LYMAN (Théodore), v.: The diplomacy of the U. S.

LYTTLETON (George), v.: A Friend in the country.

———

LLONA (Marqués de) Col., v.: Corona fúnebre...

———

M

M*** (*Seud. de la señorita A. Sobry*), v.: Le Méxique

M*** (*Seud. de Nicolás Lenglet du Fresnoy*), v.: Nouveau traité de géographie.

M*** (*Seud. de P. Ulrico Dubuisson*), v.: Lettres critiques et politiques.

M*** (*Seud. de Pierre Duplessis*), v·: Pizarre en la conquête du Pérou.

M*** (*Seud. de Raulin*, ex oficial), Trad., v.: Histoire de la Jamaique·

M*** (*Seud de Saintard*), v.: Roman Politique.

M*** (*seud. de Samuel Engel*), v.: Mémoires et observations.

M, (*Seud. de Montlezun*), v.: Souvenirs des Antilles.

M...(*Seud· de Edme Mentelle*), v.: **Manuel géographique**

M... (*Seud. de P. Navarre*), v.: Amusements géographiques et historiques.

M*** Capitaine de Vasseau du Roy, (*Seud. de Joseph de la Vallette Laudun*), v.: Journal d'un voyage.

M. A. (*Seud. de A. Antoine*), v.: Beaux traits

M. A*** (*Seud. de J. Fr. André*, des Vosges), v.: Bras de Fer; Grammont Le Grand; Laurent le Prudent; Lolonais; Moubars; Montauban; Morgan l'Incomparable; Roi de la Roche

M. A. L· (*Seud. de Miguel Antonio Lama*), v.: Tratado sobre la ley

M. B. (*Seud. de Jackes Ch. Bailleul*), v.: Bibliomappe

M. B*** (*Seud. de Nicolás Antoine Boulanger*), v.: Mémoire sur une nouvelle.

M· B. R. (*Seud. de M. B. Riviére*), v.: Observations générales sur la Guyanne.

M. C. (*Seud. de Chatelain*), v.: Atlas historique

M. C. (*Seud. de Miguel de Carpio*), v.: Los patriotas

M. C*** (*Seud. de Fr· Collin d'Ambly*), v.: Les jésuites condamnés

M. C. C. (*Seud. de Manuel C. Chueco*), v.: Guía del comercio.

M. C. de B. (*Seud. de Couvray de Beauregard*), v.: Memoires du General Freytag.

M. D..... (*Seud. de J. L. H. S. Desperthes*), v.: Le guide de l'histoire.

M. D*** (*Seud. de Mr. Deslandes*), v.: Essay sur la marine

M. D. B. (*Seud. de Paul Ulric Dubuisson*), v.: Nouvelles considérations

M. D. C. Búsquese por M. de C.

M. D. L. B· (*Seud. de Morin de La Baume*), v.: Leçons de géographie.

M. D. L. C. D. B. (*Seud. de Alejandro Aubert de la Chenaye-des-Bois*), v.: Dictionnaire raisonné universel des animaux.

M. D. L. S., v.: La Salle de l'Etang (Simon Philippe).

M. D. S. H. (*Seud. de Mr. de Saint Hilaire*), v.: Eléments de géographie ou nouvelle...

M. Dag... (*Seud. de Dagneaux*), v·: De Saint-Domingue.

M. de B. (*Seud· de Miguel de Belgrano*), v.: Campaña de Chile; Rasgo épico descriptivo

M. de B*** (*Seud. de Melanie de Boileau*), v.: Cours élémentaire d'histoire.

M. DE BRUACH (Desideria), v.: Airédides Emoyan (Seud.).

M. de C... (*Seud. de Chasot de Nantigny*), v.: Tablettes géographiques·

M. de C. (*Seud. de Jonathas Carver Chanla*), v.: Voyages dans les trois parties

M. de Ch*** (*Seud. de Michel Paul Guy de Chabanon*), v.: Plan de Constitution.

M· de P*** (*Seud. de Alejandro Den. Jos. Pujol*), v.: Galerie historique

M. de V. (*Seud de J. B. Vienot de Vaublanc*), v.: Tables syncroniques

M. E. D. (*Seud. de Edouard Dubuc*), v.: Annales contemporains

M. F. D. G. (*Seud. de Fernagus de Gelone*), v.: Manuel Guide des voyageurs

M. G** de L. B*** (*Seud. de P. P. Gudin de La Brenellerie*), v.:
Supplément a la "Manière d'écrire...".

M. G. Z. (*Seud. de Despots des Zenowitz*), v.: L'Amérique et l'Europe.

M. H. D. (*Seud. de Hilliard D'Auberteil*), v.: Nouvelles considerations

M. H. D. L. (*Seud. de Hilliard d'Auberteuil*), v.: Considérations sur
l'état...

M. J. O. D. (*Seud. de Joseph Adolant Desnos*), v.: Souvenirs d'un jeune
voyageur

M. Jh. M*********. Búsquese por Jh. M.

M. L. L. M. Búsquese por L. L. M.

M. M. A. (*Seud. de Manuel M. Alva*), v.: La Trinitaria

M. N*** (*Nougaret,* publicador), v.: Voyages intéressans

M. NAGARRAB (*Seud. de M. Barragán*), v.: Europa y su barbarie;
Observaciones al manifiesto

M. O. (*Seud. de Miguel Ortega*), v.: El gaucho

M. P**** v.: Dictionnaire bibliographique

M. R. (*Seud. de Manuel Rouaud*), v.: Estudio sobre la altura

M. R. D. S. (*Seud. de Jacques Philibert Rousselot de Surgy*), v.:
Mélanges intéressants

M. SASOR (*Seud. de Mercedes Rosas de Rivera*), v.: María de Montiel

M. T. VICECONSUL A E*** (*Seud. de Francis Jean Chastellux*), v.·
Discours sur les avantages

M. T. O. (*Seud. de T. Ostervald*), v.: Cours élémentaire de géographie

M. T. S. (Colaborador), (*Seud. de Martín T. Sosa*), v.: Apuntes de finanzas.

MABLY, v.: De la maniére d'écrire.

MAC-CULLOCH (John), v.: Concise history

MAC-CULLOH (J. H.), v.: Researches...

MACQUER (Philippe). Col., v.: Abrégé chronologique de l'historie.

MACQUER (Pierre Joseph), v.: Manuel du naturaliste.

MACHADO (Francisco), v.: Formulario que debe servir.

MADAME D*** (*Seud. de la condesa D'Aulnoy*), v.: Nouvelles ou mémoires historiques

MAESO TORRE (Carlos Máximo), v.: Máximo Torre (Seud.).

MAGARIÑOS (Francisco), v.: Fundamentos que justifican.

MAGIN (Antoine), v.: Livre second.

MAGISTER (*Seud. de Federico N. Abadie*), v.: Nociones de geometría

MAGNY (*Seud. de C. Dérigon de Magny*), v.: Canalisation des istmes

MAHUDEL (Nic.), v.: Quélus (D.).

MAIDANA (J. M.), v. Ideas de un aldeano.

MAISA. Páginas de amor y pensamientos. Por O. Taneblo Pacat. Santa Fe, 1924.

Seud. de PABLO AUBINEL.

MAISON rustique à l'usage des habitans de Cayenne, par M. de Préfontaine, suivie d'un dictionnaire galibi, avec un essai de grammaire. Paris, 1763, in 8º.

La gramática por S.-P. DE LA SALLE DE L'ETANG.

MALCOLME (David), v.: An essay on the antiquities

MALES Y REMEDIOS. Por Pedro Franqueza. Buenos Aires. 1910.

Seud. de ANTONIO MEDINA.

MALIGNE (Q.), v.: A. M. (Seud.).

MALLEA (Narciso S.), v.: Segundo Huarpe (Seud.).

MALLOL (Manuel), v.: Heráclito (Seud.). El senado de 1890

MANCO CAPAC (Seud. del Capitán Maury), v.: El río Amazonas.

MANDRILLON (Joseph), v.: Jh. M*********.

MANDRILLON (Joseph), v.: Le Spectateur; Le voyageur americain

MANGACHA, por Alma Sabia.

Seud. de ISABEL MONASTERIO DE GSELL.

MANIFESTACION de los trabajos revolucionarios de Sud-Chichas, desde que Melgarejo usurpó el poder. Sucre, 1871.

Autor: MARIANO C. SOZA.

MANIFESTACION de una injusticia notoria.

Autor: NORBERTO DE QUIRNO Y ECHEANDIA.

MANIFESTACION que se hace al público de la injusticia con que han procedido los tres Vocales de la Corte Suprema en el juicio solicitado por el Gran Mariscal don José de la Riva Agüero sobre el tiempo que ejerció la presidencia de la República. Lima 1832, in 4º. [Es reimpresión; la primera ed. es de Trujillo].

El seudónimo LOS PATRIOTAS DE TRUJILLO, con que aparece firmado, corresponde al mismo JOSE DE LA RIVA AGÜERO.

MANIFIESTO DE LOS JUECES del Superior Tribunal de Justicia de Corrientes, exonerados de sus puestos por la Legislatura. Con todos los documentos relativos. Buenos Aires, 1886.

Los jueces fueron los doctores RAMON CONTRERAS y CARLOS CHENAUT.

MANIFIESTO DEL CONGRESO a los pueblos. Buenos Aires, 1816, in 8º.

Lo firman JOSE IGNACIO THAMES y JUAN JOSE PASO.

MANIFIESTO DEL PUEBLO de Belgrano a los demás pueblos de la República y un estudio histórico político de la institución del gobierno municipal en los pueblos romanos y germánicos. Buenos Aires, 1873, in 8º.

Su autor fué JOSE FRANCISCO LOPEZ.

MANIFIESTO EN DERECHO en la causa de don Eduardo Lumb con don José Fernández Braga, por J. A. S. Buenos Aires, 1846, in 4º.

Las iniciales corresponden a JUAN ANTONIO SAGARDIA.

MANSILLA DE GARCIA (Eduarda), v.: Daniel (Seud.).

MANTILLA (Daniel), v.: Abel Karl (seud.).

MANTILLA (Manuel F.) Col., v.: Defensa de Corrientes

MANUAL DE PROCURACION judicial, según la práctica que se sigue en los tribunales y juzgados de la provincia de Buenos
Aires, 1868, in 8º.

Autor: JUAN CORONADO.

MANUAL DEL ABOGADO americano, por J. E. de O.

Seud. de JUAN E. DE OCHOA.

MANUEL DES DATES, en forme de dictionnaire, ou repertoire ency-
clopédique des dates historiques et biographiques les plus importantes... etc., etc. par J. B. J. Chantal. París, 1838.

Autor: J. B. J. CHAMPAGNAC (véase ''Beautés de l'histoire''.

MANUEL DU NATURALISTE; ouvrage utile aux voyageurs, et a
ceux que visitent les cabinets d'histoire naturelle et de cu-
riosités; dedié a M. de Buffon. Paris, 1770 (otra éd. París,
1796).

Escrita en colaboración por PIERRE JOSEPH MACQUER
y ANTOINE NICOLAS DUCHESNE.

MANUEL GEOGRAPHIQUE, chronologique et historique. Par M...
Prof. de histoire et de géographie de la France, avec trois
cartes. Paris, 1761, in 8º.

Autor: EDME MENTELLE.

MANUEL GUIDE des voyageurs aux Etats Unis du Nord, ou l'on
trouve tous les renseignements necessaires et fondés sur des
faits pour y commercer avec sureté... etc... sur l'Etat politique actuel et l'avenir probable de la Floride Orientale, des
iles sous le vent et de toutes les Colonies ou anciens domaines
de la couronne d'Espagne .. Par M. F. D. G. Paris.

Seud. de FERNAGUS DE GELONE.

MANUEL HISTORIQUE du systéme politique des Etats de l'Europe et de leur colonies, depuis la découverte des Deux Indes;
par M. Heeren. Traduit de l'allemand sur la 3e, éd., París
1821, 2 vols. in 8º.

El tomo I. traducido por JEAN-JACQUES GUIZOT, y el II,
por J. VINCENS SAINT LAURENT.

MANZANILLA (Anastasio). v. Hugo Sol (Seud.).

MAR DE LEVA. Cuentos marineros. Teniente H. Doserres [Buenos Aires, 1926]

Seud. de HECTOR R. RATTO.

MARCO NEREO (*Seud. de Alberto Ghiraldo*), v.: ¡Ahí van!; La fraternidad uruguaya.

MARCHANT (Michel). v. Histoire abrégée des empires

MARGARITA. Escrita expresamente para el Asilo de Regeneración e Infancia, por Ada Heridrea Real. México, 1898 in 8°.

Seud. de ADELA HERRERA.

MARIA DE MONTIEL. Novela contemporánea por M. Sasor. Buenos Aires, 1861, in 8°.

Seud. de MERCEDES ROSA DE RIVERA.

MARIA ENRIQUETA (*Seud. de María Enriqueta Caramillo de Pereyra*), v.: El consejo del buho; El secreto; Entre el polvo; Jirón de mundo; Mirliton.

MARIATEGUI (Francisco Javier), v. El entredicho

MARIFEL (*Seud. de María Felisa Redonnet de Serrano*). v.: En la Pampa.

MARIN (Plácido), v.: Taller...

MARIN (Ventura) v.: Discurso apologético.

MARIO REBUS (*Seud. de María Quesada de Gonnet*), v.: Edelweis En la penumbra; Lotus.

MARISCAL (Vicente) v.: Bolivia ante las demás naciones.

MARK TWAIN (*Seud. de Samuel Langhorne Clemens*), v.: The Innocents.

MARLOV (Roberto), v.: Un Literato Alemán (Seud.).

MARMIER (X), Trad. v.: Mémoire sur la découverte

MARQUIEGUI (Alejo I. de), v.: Tema

MARTIN GALAS (*Seud. de Edmundo Fernández de Mendoza*), v.: La última

MARTINEAU DU PLESSIS (D.), v.: Méthode pour enseigner la géographie.

MARTINENGO (F.), v.: La cola.

MARTINEZ (Juan A.), v.: Campo Amores (Seud.).

MARTINEZ (Juan E.), Col., v.: Defensa de Corrientes

MARTINEZ CASTRO (José Hilario), v.: Asuntos administrativos

MARTINEZ MARCOS (J.), v.: Máximo Paz.

MARTIR D'ANGHIERA (Pedro), v.: Libretto di tutta la navigazione

MASCRIER (Jean Baptiste Le), v.: L. L. M. (Seud.).

MASIAS (Felipe), v.: Un Thaboriano (Seud.).

MASSON (Ch Fr. Ph.), v.: Cours mémorial.

MATT. Historia de una caravana. Por Roberto Buchanan. Traducida del inglés por Arodio-El-Efo. Biblioteca del Hogar. Buenos Aires, 1896, in 12º.

El seudónimo del traductor corresponde a RODOLFO DILLON.

MATTER (Samuel), v.: An American Englishman (Seud.).

MAURILE DE S. MICHEL, v.: Un des susdits Pères (Seud.).

MAURY (Capitán), v.: Manco Capac (seud.)

MAXIMAS y Pensamientos coleccionados por O. P. A. Buenos Aires, 1895.

Las iniciales corresponde a OCTAVIO P. ALAIS.

MAXIMO. Luchas civiles. [Por] Genaro E. Terrues. (Barcelona, 1918), in 4º.

Seud. de ERNESTO E. GUERRA.

MAXIMO ANDOUIN (Seud de Eugène Delacroix), v.: El Pozo que llora.

MAXIMO PAZ. Canto. San José de Flores [1886].

El autor es J. MARTINEZ MARCOS a estar al contenido de la carátula externa.

MAXIMO TORRE (Seud. de Carlos Máximo Maeso Torre),, v.: Divagando.

MAYER (Ch. Jos.), v.: Histoire des hommes...

MAYEUL CHANDON (L.). Búsquese por Chandon (L. Mayeul).

MAZA (Manuel Vicente de), v.: El amante del pueblo y de la felicidad de la causa (seud.).

MAZA (Manuel Vicente de), v.: Vindicación del papel.

MAZEAS (Guillaume). Trad. v.: Considérations sur la cause...

MAZO (Manuel María del), v.: Ibrahím Clarete (Seud.).

MAZZEI. v.: Recherches historiques et politiques.

MAZZEI (Felipe), v.: Un Citoyen de Virginie. (Seud.).

MAZZINI. Composición leída en la Conferencia literaria celebrada en el Aniversario de la "Sociedad Cosmopolita de Prot. Mutua". Buenos Aires, 1881. in 8º.

Autor: ENRIQUE D. PARODI.

MEDICINA DE AGUJEROS. Por Segundo Huarpe.

Seud. de NARCISO S. MALLEA.

MEDINA (Antonio), v.: Pedro Franqueza (seud.).

MEFISTOFELES. Por Delfino Ramírez. Primera parte. México 1898, 2 vols in 8º.

Seud. de EUTIMIO ROLDAN.

MELANGES intéressants et curieux, ou abregé d'histoire naturelle, morale, civile et politique de l'Asie, de l'Afrique, de l'Amérique et des terres polaires. Par M. R. D. S. París, 1763|65. 10 vols. in 8º. Otra edición: Yverdun, 1764. 12 vols. in 8º.

Seud. de JACQUES PHILIBERT ROUSSELOT DE SURGY.
Aunque Medina toma el dato de Barros Arana (donde el título está bien), lo da equivocado, por ello y para señalar la edición de Yverdun, 1764, en 12 vols., que ninguno de los dos señala, la incluímos.

MELENDEZ (Lucio), v.: Informe de la comisión.

MELLADO (Francisco de Paula), v.: F. de P. M.

MELLET (Julien), v.: Julien M***** (Seud.).

MEMOIRE CONCERNANT le feu sieur de Rochemore, commissaire générale de la marine, ordonnateur de la Louisiane. Contre le sieur de Kerlérec, gouverneur de la même Colonie. París, 1765, in 4º.

El autor fué: M. LOUIS BILLOUART, Chévalier de Kerlérec.

MEMOIRE pour le chef de brigade Magloire Delage, et pour les habitants de la Guadaloupe. París. 1803. 2 vols. in 8º.

> Autores: JEAN THOMAS LANGLOIS y HIPPOLYTE DE
> FRAISANS.

MEMOIRE SUR LA COLONIE de la Guiane française et sur les
avantages politiques et commerciaux de sa possession. París,
An XII, 1803, in 8º.

> Autor: P. F. F. J. GIRAUD.

MEMOIRE SUR LA DECOUVERTE de l'Amérique au X siecle:
par Ch.-Chr.Rafn. Publié par la Société Roy. des antiquaires
du Nord. Copenhague, 1843, in 8º.

> Traductor: X. MARMIER.

MEMOIRE SUR LE GUATEMALA. Avec une carte. Bruxelles,
1841, en 8º.

> Autor: el Coronel DE PUYDT.

MEMOIRE SUR LES INDES braves et sur les forbans français du
Golfe de Darien. Búsquese en: Essay sur la marine.

MEMOIRE SUR UNE NOUVELLE mappemonde. Par M. B***.
1753, in 4º

> Seud. de NICOLAS ANTOINE BOULENGER.

MEMOIRES DE FLORICOURT, v.: Effets des passions (es la misma obra en otra edición).

MEMOIRES DE LA LIGUE, contenant les événements les plus remarquables depuis 1576, jusqu'a los paix accordée entre le
Roi de France et le Roi d'Espagne, en 1598. Nouvelle édition... Amsterdam (París), 1758, 6 vols. in 4º.

> Autor: SIMON GOULART.

MEMOIRES DU GENERAL J. D. Freytag, contenant des détails sur les déportés du 18 fructidor a la Guiane française... ses voyages dans les diverses parties de l'Amérique; l'histoire de sou séjour parmi les indiens du continent; accompagnés de notes historiques, topographiques et critiques, par M. C. de B. Nepven, 1824, 2 vols. in 8º.

> Las iniciales son de M. COUVRAY DE BEAUREGARD, que se supone ser no sólo el anotador, sino el autor.

MEMOIRES D'UN AMERICAIN, avec une description de la Prussè et des réflexions sur l'Amérique; par l' auteur des "Lettres d'Affi a Zurac", etc. París, 1771, 2 vols in 12º.

> Seud. de JACQUES VINCENT DELACROIX.

MEMOIRES D'UNE CREOLE du Port au Prince. París, 1844.

> Autora: L. A. RAVINET, née Mozard, el prólogo está firmado por LAURETTE MARIE MOZARD.

MEMOIRES ET OBSERVATIONS géographiques et critiques sur la situación des pays septentrionaux de l'Asie et de l'Amérique... auxquels on a joint un essai sur la route aux Indes par le Nord, et sur un commerce trés vaste et très riche a établir dans la mer du Sud... etc. Lausanne-Paris, 1765.

> M*** Seud. de SAMUEL ENGEL.

MEMOIRES GEOGRAPHIQUES, physiques et historiques sur l'Asie l'Afrique et l'Amérique. Tirés des "Lettres édifiantes" et des voyages des missionnaires jésuites. Par l'auteur des "Mélanges intéressants et curieux". París, 1767, 4 vols in 12º.

> Seud. de JACQUES PHILIBERT ROUSSELOT DE SURGY.

MEMOIRES HISTORIQUES sur la Louisiane, contenant ce qui y est arrivé de plus mémorable depuis l'année 1687 jusqu'a présent... composés sur les mémoires de M. Dumont, par L. L. M. París, 1753, 2 vols. in 12ê.

> Seud. de JEAN BAPTISTE LE MASCRIER, que las escribió sobre los manuscritos de GEORGES MATHIEU BUTEL - DUMONT.

MEMOIRES PHILOSOPHIQUES, historiques et physiques, concernant la découverte de l'Amérique, ses anciens habitants, etc., les produits, etc., par don Ulloa avec des observations et additions sur toutes les matières dont il est parlé dans l'ouvrage; traduit de l'espagnol. París 1787, 2 vols in 8º.

> Medina, que toma el dato de Barros Arana, no señala esta edición. Traductor J. B. LE LEFEBVRE DE VILLEBRUNE.

MEMOIRES TOUCHANT l'establissement d'une missión chrestienne dans le troisieme monde, autrement appellé. La Terre Australe, Meridionale, Antartique et Inconnue. Paris, 1663, in 8º.

> Autor: JEAN PAULMIER.

MEMORANDUM sur les precedents et l'etat actuel de la Guerre du Pacific dans rapports avec la Republique Argentine par la Legation Bolivienne. Buenos Aires, 1881.

> Su autor: SANTIAGO VACA GUZMAN.

MEMORIAL DEL HECHO del pleyto, que en grado de segunda suplicacion con las mil y quinientas doblas tratan en Consejo dõ Alõso Fernandez de Cordona, y doña Juana de Silva viuda, muger que fue de don Juan de Saavedra, y hermana del dicho don Alonso, con el fiscal de su Magestad del Consejo de las Indias, sobre la escrivania mayor de governación de las provincias del Peru. [Madrid 16...]

> Medina dice ser el autor Fernando Carrilo en lo que hay error, pues fué de FERNANDO CAMUS y GONZALO AVILLES.

MEMORIAL PORTATIF de chronologie, d'histoire industrielle, d'économie politique, de biographie, etc., etc. París, 1830|31. 2 vols in 8º y 1 atlas.

> Autor: el Conde EMMANUEL DE LAUBESPIN (colaboró en la obra BATELET).
> (Completa esta obra la ''Revue de l'histoire universelle... véase).

MEMORIAS DE UN VIEJO. Por Víctor Gálvez. Buenos Aires. 1889, in 8º.

> Seud. de VICENTE G. QUESADA.

MENDEZ (Julio), v.: Bolivia; Gastos decretados.

MENDIA (José M.), v.: Jackal (Seud.).

MENDIBEHERE (A.), v.: Impresiones.

MENDIBURU (Manuel de), v.: Consideraciones sobre el empréstito; El despertador; Refutaciones a varias aseveraciones.

MENDIZABAL (D. L. de), v.: Solemnes exequias

MENTELLE (Edme), v.: M... (Seud.).

MERCIER (L. S.), v.: Histoire des hommes...

MERE (Baronesa de), búsquese por Guénard.

MERSENNE (René de), búsquese por René de M... (Seud.).

MERTENS (Edmond), y Auguste Garnier v.: Constant Bernard (Seud.).

MESHEIM, v.: Histoire ecclésiastique.

METHODE ABREGEE et facile pour apprendre la géographie, ou l'on décrit la forme de chaque gouvernement, les moeurs des habitants, avec un abrégé de la sphère. Paris, 1749, in 12º.

Autor: l'abbé LE FRANÇOIS.

METHODE POUR ENSEIGNER la géographie par l'abbé Lenglet du Fresnoy. París, 1716, 4 vols in 12º.

El autor de la obra fué D. MARTINEAU DU PLESSIS, y LENGLET DU FRESNOY fué sólo extractador y corrector de la obra misma. Hay otra ed. de 1768, ver: Barbier, III, 1ª, 295.

METHODO Y FORMULA para el ajustamiento y liquidación de las cuentas de la Real Renta del Tabaco. Año de 1764. Lima.
Autor: MIGUEL FEYJOO DE SOSA.

METKEOB DE ALDEBARAN (*Seud de José Eduardo Attwell de Veyga*), v.: Los siete rumbos

METLAR (George W.), v.: Northern California

MEUSNIER DE QUERLON (A. G.), v.: Le géographe méthodique.

MEXIQUE. Quatre lettres au maréchal Bazaine. Bruxelles, 1868, in 8º.
Autor: VICTOR CONSIDERANT.

MI CONCIENCIA vestida de Rosa; Ixion en el cielo. Por Guy de Chantepleure. Buenos Aires, 1903, en 16º.
Seud. de JUANA VIOLET.

MI TIO y mi cura. Por Juan de La Brète. Buenos Aires, 1902, in 16º.
Seud. de la señorita A. CHERBONNEL.

MICOUD D'UMONS (Charles E.), v.: Sur les finances.

MICROS (*Seud. de Angel del Campo*), v.: Cartones; Ocios y Apuntes.

MICHAEL BONHAM: or the Fall of Bexar. A Tale of Texas. In five parts. By a Southron. Richmond, 1852.
Seud. de WILLIAM GILMORE SIMMS.

MICHEL (Grace), v.: Grace Angove (Seud.).

MICHEL (M. de), v.: Journal historique.

[MIER Y NORIEGA (Servando Teresa de)], v.: Un Americano (Seud.).

MIERES (José), v.: K. E. de Maduro (seud.).

MILCENT (Jean Baptiste - Gabriel Marie de), v.: Eléments de géographie a l'usage

MILITARY MEMOIRS of four brothers (natives of Staffordshire), engaged in the service of their country, as well in the New World and Africa as on the continente of Europe. By the survivor. London, 1829.

> Seud. de THOMAS FERNYHOUGH.

MILLAO (Juan), y GALES (Andrés), v.: Dos amigos (Seud.).

MILLOT (E.), v.: Un petit mot.

MIR, v.: Cours de géographie.

MIRANDA (Blas), v.: Historia diplomática.

MIRANDA (F. X.), v.: Reponse a Jean Skei Eustace.

[MIRANDA (Francisco Mariano)] (?), v.: Breve exposición de la conducta del General Guilarte.

MIRLITON el compañero de Juan. [Por] María Enriqueta. Madrid, 1918, in 8º.

> Seud. de MARIA ENRIQUETA CARAMILLO DE PEREYRA.

MIRÓ (José María), v.: Julián Martel (Seud.).

MISERIA. Por Noel de Lara. Buenos Aires, 1921, in 8º.

> Seud. de LEON FEDERICO FIEL.

MISTERIO... Novela escrita en inglés bajo el nombre "Called Back" por Hugo Conway. Traducida al español por José Martí. Buenos Aires, 1886.

> Es sabido que HUGO CONWAY es seudónimo de FREDE-RICH JOHN FARGUS.

MITRE (Bartolomé), v.: B. M. (Seud.).

MITRE Y VEDIA (Bartolomé), v.: Claudio Caballero (Seud.).

MNEMONIQUE géographique, ou méthode pour apprendre en peu de leçons la geographie, la statistique et la politique. Paris, [1824], in 8º.

Autor: CHARLES FOURIER.

MOLINA (F.), v.: Coup d'oeil.

MOLINA (Juan Ignacio), v.: An american gentleman (Seud.).

MOLINA (Juan Ignacio), v.: Kurzgefasste; The Geographical.

MOLINAS (Francisco J.) v.: Apuntes hidrográficos sobre la costa de Chile.

MOLL (Herman), v.: The British Empire.

MOMENTOS LIRICOS. Por Alfredo de Lhery. Montevideo, 1917.

Seud. de ALFREDO C. FRANCHI.

MONACHUS (Roberto), v.: Columbus de prima insularum...

MONASTERIO DE GSELL (Isabel), v.: Alma Sabia (Seud.).

MONBARS L'EXTERMINATEUR, le protecteur des indiens; seizième chef des flibustiers, aventuriers et boucaniers d'Amérique, par M. A***. Paris, 1813, in 18º.

Seud. de J. Fr. ANDRE, des Vosges.

MONGE Y BELLO (Antonio), v.: El jefe de policía.

MONGLAVE (Eugéne), trad., v.: Caramuru.

MONT (Luis), v.: **Arturo Pratt.**

MONTANUS (Arnold), v.: Die Unbekante Neve.

MONTAUBAN le Courageux quatrième chef des flibustiers, aventuriers et boucaniers d'Amérique; ses entrepises hardies; par
M***. París, 1813, in 18º.

Seud de J. Fr. ANDRE, des Vosges.

MONTEAGUDO (Bernardo), v.: Un Americano (Seud.).

MONTEAGUDO (Bernardo), v.: Suplemento a la Gaceta

MONTES CARABALLO (Vicente), v.: Oficio

MONTES DE OCA Y OBREGON (Ignacio), v.: Ipandro Acaico
(Seud.).

MONTLEZUN (Barón de), v.: Souvenir des Antilles.

MONTLINOT (El abate), Col. v.: Vie et aventures de Robinson.

MONTLUCA, Trad., v.: Voyage dans les trois parties...

MONTMORENCY LAVAL (Mme. de), v.: La vie et les trés surprenants aventures

MONTOYA. Búsquese por Sicilia de Montoya.

MORALES (Agustín), v.: Belzú y Morales.

MOREAU DE MAUPERTUIS (Pierre - Louis), v.: Eléments de géographie.

MORELLET (André), Col. v.: Dictionnaire universel de géographie
commerçante.

MORENAS (François), v.: Dictionnaire portatif

MORENO (Esteban María), v.: Acusación criminal; Alegato de bien probado...

MORENO (Francisco), v.: Doctor Moorne (Seud.).

MORENO (José Ignacio), v.: El autor de cartas peruanas (Seud.).

MORENO (José Ignacio), v.: Esclarecimiento del informe; Informe del Cabildo.

MORESSINO (Bartolomé), v.: René Leglond.

MORGAN l'Incomparable, cinquième chef des flibustiers, aventuriers et boucaniers d'Amérique, par M. A*** París, 1813, in 18º.

Seud. de J. Fr. ANDRE, DES VOSGES.

MORIN de La Baume. v.: M. D. L. B. (Seud.).

MORISSOT [Editor], v.: Rélations véritables

MORLA VICUÑA (Carlos), v.: Cuestión de límites; don Miguel Luis Amunátegui.

MORVAN DE BELLEGARDE (J. B.), v.: Histoire universelle des voyages

MOSCOSO Y PERALTA (Juan Manuel de), v.: Regla consueta

MOSS (Juan), v.: Al Soberano Congreso

MOTIVOS DE CRITICA Hispano Americana.

Publicado en Montevideo bajo el seudónimo de LAUXAR que oculta al Dr. OSVALDO CRISPO ACOSTA, quien también publicó un estudio sobre CARLOS REYLES, definiendo su personalidad y examinando su obra.

MOUREAU (P.), v.: Relations véritables... L'histoire de la dernière guerre.

MOYZES (Edmundo), v.: Páginas de un proceso

MOZARD (Laurette Marie), v.: Une créole du Port au Prince (Seud.)·

Mr. HENRY PATRIK en busca del pueblo Oriental. Folleto escrito con motivo de la inauguración del pintoresco pueblo Joaquín Suárez y Colonia Garibaldi, fundado el año 1882 por Francisco Piria. Montevideo, 1882, in 8º.

El autor es el mismo HENRY PATRIK.

MUERDAGO (*seud. de M. Ezcurra y Pardo*), v.: Pequeñas novelas

MUJICA FARIAS (Eduardo), v.: Recopilación de artículos

MUNITA (Antonio), v.: Relación documentada de la causa

MUÑOZ (Bartolomé), v.: B. M. (Seud.).

MUÑOZ (Daniel), v.: Sanson Carrasco (Seud.).

[MURATURE (José Luis)]. v.: Vinchuco (Seud.).

MURR (M. de), Col. v.: Premier voyage autour du monde

MUSICA PROFANA. (Brazo, cerebro y corazón). Por Campoflores. Buenos Aires, 1924, in 8º.

Seud. de JOSE ROTUNDO.

MYST (Gerardus de), v.: Verloren Arbeyt·

N

N. C. (*Seud. de Narciso Campero*), v.: Proyecto de revolución

N. Q. C. (*seud. de Norberto Quirno Costa*), v.: Biografía del Coronel...

NAPIONE DI COCCONATO (Gian Francesco Galeani), v.: Del primo scopritore del Continente; Esame critico...

NAPOLEON TREBARRA (*Seud. de Pantaleón Barrera*), v·: Los Misterios del Chan

NARRACION HISTORICA del viaje ejecutado del Este del Estrecho de Lamaire a las costas de Chile, por el jeneral don Enrique Brower, en los años 1642|43 y la Relación del viaje a la isla Amat, y sus adyacentes, por don José de Andía y Varela, 1774.

> La traducción que, además de en el tomo XVI del Anuario Hidrográfico se publicó en tiraje separado, se debe a JOSE ROHENER.

NARVAJA (Tristán). (Recopilador), v.: Administración de Justicia.

NATAL DEL POMAR (*Seud. de Pascual Almazan*). Un hereje.

NATUURLYKE en Zedelyke Histoire van d'Eylanden de Voor-Eylanden van Amerika. Rotterdam, 1662.

> Autor: CHARLES DE ROCHEFORT, v.: Histoire naturelle...

NAUFRAGE ET AVENTURES de P. Viaud, natif de Rochefort, capitaine de navire.

De esta obra, hay en francés las siguientes ediciones: Bordeaux - París, 1768, París, 1770. Neuchatel, 1771, París, 1780, además de una edición hecha bajo el título: "Effets des passions" (v.:). En inglés "The shipwreck"

> Autor: J. G. DUBOIS FONTENELLE.
> Relata el naufragio del bergantin "Le Tigre", en las costas de Florida.

NAVARRE (P.), v.: M... (Seud).

NAVARRO (Angel), v.: Un amigo de la Justicia (seud.).

NAVARRO VIOLA (Alberto). Recopilador, v.: Documentos oficiales.

NAVARRO VIOLA (Miguel), v.: El Doctor; La empresa de gas.

NAVIER (Piere - Toussaint), v.: Observations sur le cacao

NEAL (John), v.: History of the American revolution.

NEAL (John) y Watkins (Tobías), v.: Paul Allen (Seud.).

NECHA COMAS RUIZ (*Seud. de Matilde Comas Ruiz*), v.: Almendro en flor.

NEE DE LA ROCHELLE (Jean François), v.: Bibliographie instructive

NENNA. (Novela). Por Abul - Bagi. Buenos Aires, 1887. in 8º.

> Según Benigno T. Martínez que en "El Investigador", año I, Nº 4, hace un estudio crítico de la obra, se trata de un seudónimo de ANTONIO BABUGLIA.

NEUVE - EGLISE (Belle - Pierre de), v.: Catalogue hebdomadaire

NEW VOYAGES and Travels: Consisting of Original, translation, and abridgements. With maps and plate. London, 1819|23, 9 vols. in 8º.

Autor de la recopilación: RICHARD PHILLIPS.

NIANIA. Por Henri Gréville. Buenos Aires, 1907, in 16º.

Seud. de ALICE DE DURAND, née Fleury.

NICK CARTER en México. La Hermandad del Aguila Roja. México in 8º.

Autor: JOSE R. DEL CASTILLO.

NICOLAS I. De Jesuit op den Throon; of de gevallen van Nicolaus de I, Koning van Paraguai en Keizer der Mamelukken. Leeuw, 1758, in 8º.

Autor: El jesuita IGNACIO ZIERHAIM.

NICOLAS premier jésuite et Roi du Paraguai. Buenos Aires, 1761, in 8º.

Autor: El padre IGNACIO ZIERHAIM.

Aun cuando esta obra aparece editada en Buenos Aires, ello no es exacto; se trata solo de una superchería cuyo móvil no int resa por el momento. Esto, se puede asegurar sin duda alguna, no sólo porque no se conoce ningún impreso de Buenos Aires anterior a 1780, sino porque hemos demostrado por los documentos hasta entonces inéditos que publicamos en "Crítica Estéril", pág. 92 y sigtes., y que se encuentran en el Archivo General de la Nación, que en julio de aquel año, el virrey Vértiz recién halló la persona capaz de manejar la imprenta traída de Córdoba y que hasta entonces no había funcionado en Buenos Aires. El doctor Juan Canter, en su interesante conferencia pronunciada con motivo de la Exposición del libro primitivo, organizada con tanto acierto por el Rev. Guillermo Furlong, sostuvo, con la erudición que le es peculiar, este mismo postulado. Todo lo que no ha impedido que la mistificación siga haciendo víctimas, entre las últimas de las cuales podemos anotar al señor León Baidaff, que aún duda si se trata de un enigma o de una superchería, lo que nos ha hecho saber en un artículo últimamente publicado en "La Prensa" en el que si algo ha demostrado es la falta de dominio de la cuestión abordada, explicable por otra parte, dado que trabaja a la distancia y con elementos de segunda y tercera mano y sin conocer el idioma.

NICOLSON (El P.), v.: Essai sur l'histoire naturelle

NOCIONES DE DERECHO constitucional. Texto destinado para la
enseñanza de la Constitución de la República del Paraguay en
los colegios y escuelas. 2ª ed. Asunción, 1882, in 8º.
Autor: JOSE SEGUNDO DECOUD.

NOCIONES DE GEOMETRIA elemental por Magister. Prólogo de
Joaquín R. Sánchez. Montevideo, 1892.
Su autor es FEDERICO N. ABADIE.

NOCIONES ELEMENTALES de estadística, extractadas del tratado de J. Garnier in 8º.
El compendiador fué M. A. FUENTES.

NOEL DE LARA (*Seud. de León Federico Fiel*), v.: Miseria

NONAY, v.: Un subre cargue (Seud.).

NORTHERN CALIFORNIA. Scott and Klamarth rivers. California,
1856.
El autor: GEORGE W. METLAR.

NOTABLES DOCUMENTOS de algunos prelados de la iglesia católica sobre los malos periódicos. Córdoba, 1880.
Cartas pastorales y autos del Dr. ULADISLAO CASTELLANOS.

NOTAS HISTORICAS de las comunas de Lomas de Zamora y Almirante Brown (Adrogué) por Un Antiguo Vecino de esos Pagos. Buenos Aires, noviembre de 1911, in 8º.
El seudónimo es de CESAR ADROGUE, como él mismo lo
dice en una nota.

NOTE SUR LA FONDATION d'une nouvelle colonie dans la Guyane
Française, ou aperçu d'un nouveau mode de population et de
culture pour l' explotation des regions tropicales, suivi de
documents. París, 1844, in 8º.
Autor: JULES LECHEVALIER.

NOTES ON COLOMBIA, 1822|23. with an itinerary from Caracas to Bogotá. Philadelphia, 1827, in 8º.

Autor: Lugarteniente R. BACHE.

NOTES ON COLUMBUS. New York, 1886· in 4º.

Autor: HENRY HARRISSE.

NOTES ON CUBA, by A Physician. Boston, 1844.

El autor es el Dr. WURDEMANN.
Contra la opinión de Medina, creemos que Trelles y Cushing tienen razón, apoyados por la incontestable autoridad de Sabin.

NOTES UPON THE TRATRIES of the United States with other powers, with references to negociation preceding them. Washington, 1873.

Por J. C. B. DAVIS.

NOTICE STATISTIQUE sur la Guyane française. Extrait des notices statístiques sur les colonies françaises imprimées en 1838. París, 1843, in 8º.

Autores: TERNAUX-COMPANS, J. LECHEVALIER y JOLY DE LOTBINIERE.

NOTICE SUR LA VIE et les écrits de M. Joël Barlow, ministre plénipotenciaire des Etats Unis d'Amérique auprés de Sa Magesté l'empereur des français. París, 1813, in 4º.

El autor fué OELSNER.

NOTICES STATISTIQUES sur les colonies françaises. imprimées par ordre de M. le vice - amiral de Rosamel, ministre de la marine et des colonies, 1e. et 2e. parties: Notice preliminaire; Martinique; Guadeloupe; Bourbon; Guyanne française. París, 1837|40, 4 vols, in 8º.

Autor: PAUL ALEXANDRE TIBY según Quérard, y, según Manne, E. J. H. FILLEAU DE SAINT HILAIRE.

NOTICIA DEL SEÑOR CORONEL don Tomás Espora, que falleció en esta ciudad el 25 de julio de 1835. Por un amigo suyo. Buenos Aires· Imprenta Argentina, calle de la Universidad 37, 1835.

> Su autor es don AGUSTIN WRIGHT. Hay otra edición hecha también en Buenos Aires en 1885 en el Arsenal de Guerra. 40 páginas. El trabajo sobre Espora que nos ocupa, fué publicado antes que en las ediciones citadas, en la primera página del número 1241 del "Diario de la tarde comercial, político y literario", correspondiente al martes 4 de agosto de 1835, día precisamente en el que se ralizaron los solemnes funerales de aquel jefe.

NOTICIA SOBRE LA PERSONA del finado D. Julián de Gregorio Espinosa. Buenos Aires, in 12º.

> Autor: JOSE RIVERA INDARTE.

NOTICIA SOBRE LA PERSONA y escritos de don Avelino Díaz. Catedrático de ciencias físico-matemáticas en el Departamento de Estudios preparatorios de la Universidad de Buenos Aires, Miembro de la Sociedad de Ciencias Físico-matemáticas de esta ciudad... Diputado a varias legislaturas de la provincia, etc.. etc. Por uno de sus discípulos. Buenos Aires.

> Medina, aunque cita esta obra la dá como anónima, sin que en la lista de seudónimos se encuentre "Uno de sus discípulos"; que corresponde a JUAN MARIA GUTIERREZ, hecho tanto más raro cuanto que Zinny, dice: "Bajo el seudónimo de "Uno de sus discípulos", el señor Gutiérrez...", etc.

NOTIONS ELEMENTAIRES de géographie physique destinées aux enfants du canton de Genéve. Genéve, 1845, in 12. Otra ed. Genéve, 1848.

> Autor: JEAN PIERRE DU PIN.

NOUGARET, v.: M. N*** (Seud.).

NOUGARET (Pierre J. B.), v.: Histoire de la guerre civile

NOUVEAU DICTIONNAIRE DE BIBLIOGRAPHIE, ou essai d'une bibliothèque universelle, par Desessarts. Précédé des "Conseils pour former une bibliothèque peu nombreuse mais choisie". París, 1748, in 8º.

> El autor de los consejos fué J. H. S. FORMEY.

NOUVEAU DICTIONNAIRE HISTORIQUE portatif... par Une societé de gens de lettres. Amsterdam, 1766. 4 vols.

> Varias ediciones se hicieron de esta obra de que es autor
> L. MAYEUL CHANDON.

NOUVEAU DICTIONNAIRE HISTORIQUE portatif, par Une société de gens de lettres. Nouvelle édition corrigée. Amsterdam,
1769, 4 vols in 8º.

> Autor, como dijimos en el anterior, el abate L. MAYEUL
> CHANDON. El revisor de esta edición, también anónimo, el
> abate SAAS.

NOUVEAU DICTIONNAIRE HISTORIQUE ou histoire abrégée de
tous les hommes qui se sont fait un nom par des talens, des
vertus, des forfaits, des erreurs, etc., depuis le commencement
du monde jusqu'a nos jours, par une société de gens de lettres.
Caen, 1789, 9 vols in 8º (7ª edición).

> Otra edición apareció bajo las iniciales F. X. D. F., que
> corresponden al nombre del autor FRANÇOIS XAVIER DE
> FELLER.

NOUVEAU SUPPLEMENT au grand dictionnaire de Moréri, pour ser-
vir a l'edition de 1732 et aux précédentes. París, 1749|50,
2 vols in folio.

> Autor: C. P. COUJET.

NOUVEAU TRAITE de géographie par demandes et par réponses
(faisant partie de la "Science de la cour"), par M***. París,
1752, 2 vols in 12º.

> Autor: NICOLAS LENGLET DU FRESNOY.

NOUVEL ATLAS géographique, en grande feuille atlantique (sic),
tiré des plus recens mémoires des meilleurs géographes. Ve-
nise. 2 atlas.

> Autor: P. et FRANÇOIS SANTINI.

NOUVELLE BIBLIOTHEQUE des voyages anciens et modernes, contenant la relation compléte ou analysée des voyages de Christophe Colomb, Fernand Cortez, Pizarre, Anson, Byron, Bougainville... París, 12 vols in 8º.

Autor: AUGUSTE DUPONCHEL.

NOUVELLE HISTOIRE des naufrages anciens et modernes, par Ant. C***t. París, 1825, in 12º.

Seud. de ANTOINE CAILLOT.

NOUVELLES CONSIDERATIONS sur Saint Domingue, en reponse a celles de M. H. D., par M. D. B. París, 1780, in 8º.

Las iniciales del autor corresponden a PAUL ULRIC DUBUISSON y se trata de una respuesta a HILLIARD D'AUBERTEUIL a quien corresponden M. H. D.

NOUVELLES EPHEMERIDES économiques, ou bibliothèque raisonnée de l' histoire, de la morale et de la politique París, 1774|76, 19 vols in 12.

Autor: NICOLAS BAUDEAU.

NOUVELLES ILLUSTRATIONS de zoologie, contenant 50 planches enluminées d'oiseaux curieux, et qui n'ont été jamais décrits, et quelques - unes de quadrupèdes, de reptiles et d'insectes, avec de courtes descriptions. Par Pierre Brown. Londres, in 4º.

Autor: NICOLAS BAUDEAU.

NOUVELLES OU MEMOIRES historiques contenant ce qui s'est passé de plus remarquable dans l'Europe, tant aux guerres, prises, et batailles sur terre et sur mer, qu'aux divers intérests des princes et souveranis que ont agy depuis 1672 jusqu'en 1679, par Madame D***. París, 1693, 2 vols. in 12º.

Seud. de Mme. la COMTESSE D'AULNOY.

NOVA TYPIS TRANSACTA navigatis orbis Indice occidentalis. Authore venerando Fr. dom Honorio Philopono, 1621, in folio.
Obra que se supone de CASPARUS PLANTIUS, de quien
parece ser seudónimo HONORIO PHILOPONO,

NOVIA DE ABRIL. Por Guy de Chantepleure. Buenos Aires, 1905, in 16º.

Seud. de JUANA VIOLET.

NUEVA NOMENCLATURA de las calles de Montevideo. Publicada el 25 de mayo 1843. Montevideo.

Su autor es ANDRES LAMAS.

NUMAEL EZPER (*Seud. de Manuel Pérez*), v·: El gobierno rodriguista; La revolución Malezalera.

NUMAEL EZPER (*Seud. de Manuel Pérez y Pérez*), v.: Sonetos.

NUMERO. in 8º.

Este folleto, pleito LURO-SAUZE, es de RODOLFO SAUZE.

NUÑEZ DE PRADO (Daniel), v.: Bolivia ante la América.

O

O. D. [Trad.] (*Seud. de Olivier Dapper*), v.: Die Unbekante Neve.

O. P. A. (*Seud. de Octavio P. Alais*), Máximas

O. TANEBLO PACAT (*Seud. de Pablo Aubinel*), v.: Maïsa

OBANDO (José María), v.: El general Obando...

OBERT. v.: Statistique de Guatemala.

OBISPOS Y ARZOBISPOS de Buenos Aires (1622|1897) (Galería biográfica). Buenos Aires, 1897, in 4º.

> Su autor es don DOMINGO DE VIVERO, quien publicó también, pero bajo su nombre, otro libro titulado: ''Galería de retratos de los Arzobispos de Lima (1541-1891), texto de don J. A. DE LAVALLE, láminas de CARLOS FABBRI.

OBLIGADO (Pastor Servando), v.: Los Estados Unidos

OPRAS COMPLETAS de Florencio M. del Castillo. Primera edición precedida de algunos rasgos biográficos L. G. O. México, 1872, in 4º.

> Iniciales de LUIS G. ORTIZ.

OBSERVACIONES al manifiesto y programa del general Córdoba. Paz de Ayacucho, 1859.

Autor: C. BARRAGAN.

OBSERVACIONES SOBRE la Memoria del señor Onis, relativa a la negociación con los Estados Unidos. Madrid, 1822, 2 vols in 8º.

Escrito en inglés por J. FORSYTH y traducido al español por THOMAS GOUGH.

OBSERVATIONS CRITIQUES sur l'écrit intitulé Christophe Colomb ou notice concernant cet ilustre voyageur. Paris, 1824, in 8º.

Autor: Marqués DE BRIGNOLLE.

OBSERVATIONS FAITES pendant le second voyage de M. Cook, dans l'hémisphere austral et autour du monde, sur la géographie, l'histoire naturelle, et la philosophie morale, et en particulier sur la terre et ses couches, l'eau et l'ocean... et l'espéce humaine. Par M. Forster père, traduite de l'anglais. Paris, 1778, in 4º.

Traductor: J. C. PINGERON.

OBSERVATIONS GENERALES sur la Guyanne française, et projet d'amélioration de cette importante colonie, par M. B. R. Bourdeaux, 1827, in 8º.

Iniciales de B. RIVIERE.

OBSERVATIONS SUR LE CACAO et sur le chocolat, ou l'on examine les avantages et les inconvenients qui peuvent résulter de l'usage de ces substances nourricières. Paris, 1772, in 12º.

Autor: PIERRE TOUSSAINT NAVIER.

OCIOS INFANTILES. Fábulas y cuentos originales para niños. Por Galaxia. La Plata, 1912.

El seudónimo corresponde a TERESA B. DELLACELLA CARAFA.

OCIOS Y APUNTES por Micrós (del "Liceo Mexicano"). México, 1890, in 8º.

Seud. de ANGEL DE CAMPO.

OCHOA (Juan E. de), v.: J. E. de O. (seud.).

ODIO GRATUITO, arbitrariedad manifiesta. Juicio de pesquisa contra Angel J. Carranza. Buenos Aires, 1873, in 8º.

> El autor parece ser el mismo ANJEL JUSTINIANO CARRANZA.

ODOLANT DESNOS (Joseph), v.: M. J. O. D. (seud).

OELSNER, v.: Notice sur la vie...

OEXMELING (A. O.). Búsquese Exquemelin.

OFICIO DEL CURA y vicario de la villa de Luján al Excmo. y M. N. Ayuntamiento de Buenos Aires, remitiendo copia de la "Exhortatoria" que dirige a sus parroquianos para que cooperen a la guerra contra Francia. Buenos Aires, 1808. Hoja.

> Autor: VICENTE MONTES CARABALLO.

O'GORMAN (Enrique), v.: Pozos artesianos

OLD ENGLISH wonted pay (*Seud. de Nathaniel Ward*), The Simple Cobler

OLD NICK (*Seud. de Emile Daurand Forgues*), v.: Histoire générale

"OLD TIMERS" british and american in Chile by "Quien sabe" in 8º

> El autor de este libro es HILLMAN.

OLDMIXON (John), v.: Das Britische Reich; Het Britannische Ryk; The British Empire.

OLIVERA (Domingo), v.: D. O. (Seud.).

OLMEDO (J. J.) v.: Exequias.

ONATEYAC (*Seud. de Cayetano Rodríguez Beltrán*), v.: Una docena de cuenta.

ONE WHO SERVED in the campaign of 1846|47 (*Seud. de William F. Small*), v.: Guadaloupe; a tale of love.

OÑATE (Alonso de), v.: Parecer de un hombre docto

OPINIONES DE LOS PUBLICISTAS más célebres sobre las diversas formas de gobiernos libres. Extracto de una obra inédita intitulada Disertaciones sobre el origen de los gobiernos y particularmente de las monarquías constitucionales y de los Estados Federativos... Pope, ensayo sobre el hombre, por un coronel mayor de ejército. Tucumán, 1821.
> Seud. de DAUXION LAVAYSSE.

OPUSCULO a la pena de muerte... búsquese: Apéndice al...

ORDENANZA Y ESTUDIO sobre la propiedad raíz, particular y municipal en la planta urbana y ejidos, y demás que se relacionan con ella. Uruguay. Buenos Aires, 1887.
> Seguido de un comentario claro y metódico sobre derecho administrativo. Autor PORFIRIO G. TENREYRO.

ORDENANZAS DEL GREMIO de veleros de la ciudad de los Reyes del Perú, aprobadas por el Real Acuerdo y mandadas guardar y cumplir, por el Supremo Gobierno. Lima, 1800.
> MANUEL GARCIA DE LA PLATA redactó estas Ordenanzas por encargo de O'Higgins.

ORELIE - ANTOINE 1er. Roi d'Araucanie et de Patagonie son avenément au trône et sa captivité au Chili relation écrite par lui meme. París, 1863.
> Se sabe que el rey de la Patagonia se llamaba ANTOINE DE TUNENS y no TONNEINS como algunos lo han llamado.

ORION (*Seud· de Héctor Florencio Varela*), v.: Almanaque de Orión; Elisa Lynch.

ORLEANS (François Ferdinand d'). Búsquese por Joinville (Príncipe...).

ORMAECHEA (Carmen y Concepción), v.: Al público.

ORMILDO EMERESSIO (*Seud. de Querini Alvisse*), v.: L'Ammiraglio dell' Indie.

OROZCO Y BERRA (Manuel), v.: Diccionario universal de historia...

ORTEGA (Juan Gualberto de), v.: A los cubanos

ORTEGA (Miguel), v.: M. O. (Seud.).

ORTIZ (Luis G.), v.: L. G. O. (Seud.).

ORTIZ DE OCAMPO (Francisco Antonio), v.: El Comandante...

ORTIZ DE ZARATE (Pedro Nolasco), búsquese por Zárate (Pedro Nolasco).

ORVILLE (J. Víctor), v.: An American citizen (Seud.).

OSCAR C. BERMUDEZ (*Seud. de Octavio C. Batolla*), v.: Un drama

OSCEOLA; or, Fact and Fiction; a Tale of the Seminole War. By a Southerner. New York, 1838, in 12º.
    [Seud. de **WILLIAM GILMORE SIMMS**]?

OSORIO DE ESCOBAR Y LLAMAS (Diego), v.: Por el Obispo...

OSTERVALD (T.), v.: M. T. O. (Seud.).

OTONDO (Isidoro de), v.: Voyage de l'Empereur

OVEJERO DE NAON (Lidia J.), v.: Ladi Ja Ideonn (Seud·)

OWEN (Gualterio), v.: G. de Saint - Ouen (Seud.).

P

P. C. (*Seud. de Coppens*), v.: Geógraphie élémentaire

P. I. de C. (*Seud. de Pedro Ignacio Castro Barros*), v.: Preguntas que
hizo Napoleón

P. N. Z. (*Seud. de Pedro Nolasco Zárate*), v. Septenario

P. CHRISTIAN (*Seud. de Pitois*), v.: Histoire des pirates

PACHECO Y OBES (Melchor), v.: Rosas et Montevideo

PADILLA (José Gualberto), v.: El Caribe (Seud.).

PAESI NUOVAMENTE RITROVATI per la Navigatione di Spagna in
Calicut. Et da Albertutio Vesputio Fiorentino, intitolato
Mondo Nuovo. Venetia, 1517, in 16°. La 1ª ed. es de Vicentia,
1507. Hay otra edición de Venezia, 1521.

> Autor: ANTONIO FRACANZANO DA MONTALBODDO.
> Para la traducción francesa, véase: Sensuyt le Nouveau Monde.
> La traducción latina fué hecha en 1508 por ARCHANGELO
> MADRIGNANO.

PAGINAS ARRANCADAS de una historia. ¡Pobre Belem!, por Franco Leal, México, 1890, in 16°.

> Seud. de GENARO GARCIA.

PAGINAS DE HISTORIA argentina. El General Martín Miguel Güemes y su inmortalidad ante la historia. Aniversario de su muerte. Córdoba, 1911, in 8º.

Su autor fué el Teniente Coronel DAVID B. PEÑA.

PAGINAS de un proceso. El buque fantasma (Alegato), Buenos Aires, 1894.

Lo publica EDMUNDO MOYZES.

PALACIO, v.: Der Freiheitskampf

PALACIOS (Dr...), v.: Un Americano del Sur (Seud.).

PALACIOS (Pedro B.), v.: Almafuerte (Seud.).

PALMA (J. Gabriel), v.: Recibimiento del Supremo Director

PALMA CAYET (Victor), v.: Cronologie septenaire

PALLARES (Fernando), v.: Historia de las misiones

PANAMA. The canal, the country and the people. By Arthur Bullard. (Revised edition with additional chapters). Illustrated. New York, 1914, in 8º.

Seud. de ALBERT EDWARDS.

PANCHO BAMBALUJA (*Seud. de Luis Barrère*), v.: Aventuras

PANCHO, CHACARERO DE SAN LORENZO (*Seud. de José Cabot*), v.: Cartas críticas.

PANCHO DE QUBES (*Seud. de Francisco Camaño*), v.: Pepéloco

PANCHOUCKE (André Joseph), v.: Géographie a l'usage

PAPERS RELATIVE to the late negotiation with Spain, and the taking of Falkland's island from the English. London, 1777, in 4º.

Autor: SAMUEL JOHNSON.

PAPILLAUD (Henri), v.: Un Argentino (Seud.).

PAPILLON DE LA FERTE (Denis Pierre Jean), v.: Eléments de géographie

PARAFRASIS POETICA de los "Pensamientos a Teresa", del señor Marmol. Buenos Aires, 1858, in 8º.

Su autor: PEDRO RUIZ.

PARAPHRASE DE L'ASTROLABE, contenant les principes de géométrie, la sphère, l'astrolabe ou déclaration des choses célestes; le miroir du monde, ou explication des parties de la terre Lyon, 1546.

El autor, que figura en la dedicatoria. es JACQUES FOCARD.

PARDESSUS (Col.), v.: Us et coutumes de la mer.

PARDO Y ALIAGA (Felipe), v.: Biografía del Jeneral Flores.

PARECER DE UN HOMBRE docto en la Facultad de Teología y C nones, y Lector de la misma Facultad, y de muchos años d experiencia en las cosas de las Indias, cerca del servicio per sonal de los Indios del Piru y Nueva España (Madrid, 1600). in 4º.

Autor: ALONSO DE OÑATE.

PARISSOT (Valentin), v.: Dictionnaire mythologique.

PARODI (Enrique D.), v.: Mazzini.

PASO (Juan José), v.: Manifiesto del Congreso

PASQUIER, v.: Géographie des dames

PASSARELLI (Vicente), v.: Virginia Paul de Guevara (Seud.).

PASTORAL del Illmo. Sr. Obispo de Cuba, para todo el venerable clero secular de su diócesis. Havana, 1770, in 4º.

Autor: SANTIAGO JOSEPH DE ECHAVARRIA,

PATRICK (Henry), v.: Mr. Henry Patrick en busca del pueblo

PATRONATO DE LIBERADOS. Uno de los medios preventivos para evitar la reincidencia de delitos por el Dr. E. D. C. Buenos Aires, 1918.

Su autor: EUGENIO DEL CIOPPO.

PAUL ALLEN (*Seud de John Neal y Tobías Watkins*), v.: History of the American revolution.

PAUL ET VIRGINIE, ou les amants des Bermudes, suivis de Victor, ou l'enfant des Bois, par J. H. F. Geller. Paris, 1821, in 8°.

Seud. de ELISABETH GUENARD, baronesa de Méré.

PAUL MARCOY (*Seud. de Laurent Saint-Cricq*), v.: Scènes et paysages; Voyages a travers l'Amérique.

PAULMIER (Jean), v.: Un Ecclésiastique originaire de cette mesme terre. (Seud.).

PAYRO (Roberto), v.: R. P. (Seud.).

PAZ (Ezequiel N.), v.: E. N. P. (Seud.).

PAZ SOLDAN, v.: Centon (Seud.).

PAZ SOLDAN (José Gregorio), v.: Los derechos adquiridos.

PAZ SOLDAN y UNANUE (Pedro), v.: Juan de Arona (Seud.).

PAZZI DE BONNEVILLE (Zacharie), v.: De l'Amérique et des americains

PECOREO FILOSOFICO. Dedicado a los ricos-pobres y a los pobres que sufren. Luz sobre los orígenes de la catástrofe mundial. Pensamientos y juicios tomados en los huertos de Séneca, Platón, etc., por R. Viacelan. Buenos Aires, 1922.

Seud. de RAFAEL VALENCIA, filósofo autodidacto fallecido a poco de publicar esta obra.

PECQUET (P.), v.: La révolution américaine devoilée

PEDRO FRANQUEZA (*Seud. de Antonio Medina*), v.: Males y remedios.

PEETERS (J. G.), v.: Un ancien professeur d'histoire. (Seud.).

PELLETIER (A.), v.: Geographie élémentaire universelle

PENE (Ch.), Col., v.: Le Neptune français

PENNANT (Th.), Trad., v.: Nouvelles illustrations.

PENSADOR MEXICANO. Búsquese por El Pensador Mexicano.

PENSAMIENTOS por C. V. B. Primera serie. Hamburgo, 1890, in 16º.

> La segunda serie apareció bajo el nombre del autor: CARLOS VEGA BELGRANO.

PENSEE SUR LA REVOLUTION de l'Amérique Unie, extraites de l'ouvrage anglois intitulé: "Mémoire sur l'état actuel des affaires de l'ancien et du nouveau monde". Amsterdam [1871], in 8º.

> Autor: THOMAS POWNAL.

PENSES SUR LE MONUMENT de Napoleón; suivies de quatre projets en débauche, dediés à monsieur L. Visconti, architecte, par Charles Zucchi. Buenos Aires, 1841.

> Estos pensamientos, según Zinny, no son de ZUCCHI, sino de PEDRO DE ANGELIS.

PEÑA (David B.), v.: Páginas de historia.

PEÑA (Julio), v.: J. P. (Seud.).

PEÑA DE CORDOBA (Isabel), v.: Sátiras espiritistas.

PEÑA VICUÑA (Nicolás), v.: La Guerra Ilustrada.

PEPELOCO Gobernador de la Bataria. Por Pancho de Qubes. Buenos Aires, 1922, in 8º.

> La obra (¿2ª parte de esta?) ''Pepéloco Emperador'', apareció con seudónimo y nombre del autor.
> Seud. de FRANCISCO CAMAÑO.

PEPIN DE DEGROUHETTE, v.: Tableau des moeurs

PEPINO 88 (*Seud. de José J. Podestá*), v.: Canciones populares.

PEQUEÑAS NOVELAS del país. Por Muérdago (tres series), 1887. 3 vols. in 8º.

> Seud. de M. EZCURRA Y PARDO.
> Medina, indica únicamente la primera serie que contiene cinco novelitas que nombra; cábenos, pues, señalar la *Segunda*, compuesta por: ''Una pasionaria'', ''La Comadreja'', ''La Virgen de Luján'', ''El derecho de faltar'', ''M'Zoala''; y la *Tercera* (apéndice a los dos anteriores:) ''Los irlandeses en el campo'', ''Pedrito (historia de un loro)''.

PEQUEÑO COMPENDIO de historia de Chile, precedido de una breve noticia sobre el descubrimiento de América, por Un H. de las E. E. C. C., Santiago de Chile, Imprenta Cervantes, 1893.

> Iniciales de UN HERMANO DE LAS ESCUELAS CRISTIANAS.

PERALTA BARNUEVO (Pedro de), v.: Diálogo de los muertos

PEREZ (Manuel), v.: Numael Ezper

PEREZ Y PEREZ (Manuel), v.: Numael Ezper. (Seud.).

PERFILES de una llaga social. Buenos Aires, 1881, in 8º.

> Autor: SILVERIO DOMINGUEZ.

PERKINS (Guillermo), v.: Las colonias de Santa Fe

PERNETTY (Antoine Joseph Dom.), v.: "De l'Amérique et des americains"; Examen des "Recherches philosophiques".

PERPETUO ANTAÑON (*Seud. de José Antonio de Lavalle*), v.: La hija del contador.

PERROBLILLOS (*Seud. de Pablo Robles*), v.: Los plateados

PERUANOS [Paris].

Autor: CARLOS BARROILHET.

PETER PARLEY (*Seud. de Samuel Griswold Goodrich*), v.: Universal history

PETIT (Emilien), v.: Dissertations sur le droit public; Le patriote américain.

PETITE ENCYCLOPEDIE, ou éléments des connaissances humaines. Paris, 1765, 2 vols. in 12º.

Autor: PONS. AUG. ALLETZ.

PETITE GEOGRAPHIE des enfants, ou leçons familières pour les premières élémens de la géographie, appropriés à la méthode d'enseignement simultanée, au moyen de tableaux lithographiés. Tournai, 1823, in 8º.

Autor: CHARLES JOSEPH LECOQ.

PETITES BIOGRAPHIES, grandes époques de l'histoire, personnages et événements les plus remarquables de chaque époque [etc., etc.]. Par un ancien professeurs d'histoire. Anvers, 1854, in 8º.

Seud. de J. G. PEETERS.

PFEFFEL (C. T.) ,Trad., v.: Géographie universelle, traduite

PHILANTROPOS (*Seud de Rhees*), v.: Lettres on liberty

PHILIBERT (Emmanuel Robert de),(*Seud. de ᵥ. Antoine Gazaignes*), v.: Annales de la société des soi-disant jésuites

PHILIPPE (Etienne André). Búsquese por Philippe de Prétot

PHILIPPE DE PRETOT (Etienne André Philippe, dit), v.: Essai de

PHILO-CALEDON (*Seud. de George Ridpath*), v.: A Defence of the
Scots Settlements.

PHILOSOPHE LA DOUCER. Búsquese por La Douceur.

PHILLIPS (Richard), v.: New Voyages

PICCIOLA, o Una flor querida. Por X. B. Saintine. Buenos Aires,
1906, in 16º.
Seud. de JOSEPH XAVIER BONIFACE.

PICOT (M. J. P.), v.: Supplément au Dictionnaire

PICTORIAL VIEW of California. With information and advice inte-
resting to all particularly those who intend to visit the Golden
Region. By a Returned Californian. New York, 1853.
Autor: LETTS (J. M.).
Medina dá el título, como tomado de Cushing, incompleto.

PIDANSAT DE MAIROBERT (M. F.), v.: Reponse aux écrits

PIERRE MAEL (*Seud. de Charles Causse*), v.: La hija de las olas;
Simples amores; Ultimo pensamiento.

PIERRE QUIROULE (*Seud. de Joaquin Falconnet*), v.: El fusilamiento; La ciudad anarquista; Sobre la ruta de la anarquía.

PIERRES (Philippe Denis), v.: Catalogue hebdomadaire

PILLET (C. M.), v.: Biographie universelle, ancienne

PIN (Jean Pierre du), v.: Notions élémentaires de géographie

PINAULT (P. O.) ,v.: Un Portugais (Seud.).

PINELO. Búsquese por León Pinelo (Diego de)

PINGERON (J. C.) Trad., v.: Observations faites pendant le second voyage.

PIOLA (Ricardo), v.: Juan Scott (Seud.).

PIRATAS DE LA AMERICA y luz a la defensa de las costas de Indias Occidentales, en que se trata de las cosas notables de los viajes, descripciones de las Islas Española, Tortuga, Jamayca, de sus frutos y producciones, política de sus habitantes, guerras y encuentros entre los españoles y franceses, origen de los piratas y su modo de vivir, la toma e incendio de la ciudad de Panamá, invasión de varias plazas de América por los robadores franceses Lolonais y Morgan. Traducido del flamenco por el doctor de Buena Maison, 3ª edición. Madrid, 1793, in 4º.

> Esta obra, publicada primeramente en holandés en Amsterdam, 1678, con el título "De Americaensche Zee-Roovers", se tradujo primeramente al español por el Dr. ALONSO DE BUENA MAISON, el año 1681, reimprimiéndose en 1684 y luego esta tercera edición que es la que poseemos. Posteriormente se tradujo al inglés con el título "A true account of the bucaniers of América", 1686. En ese mismo año, y utilizando la edición española, la publicó DE FRONTIGNIERES con el título: "Histoire des aventuriers, filibustiers qui se sont signalés dans les Indes..." , pero ya no fué una traducción, sino un arreglo con distinta forma. Esta edición de DE FRONTIGNIERE es la que señala Medina, aunque, como no es anónima, no figura el nombre del autos en los índices.
> Su autor fué ALEXANDRE OLIVIER ESQUEMELING u OEXMELING.

PITOIS, v.: P. Christian (Seud.).

PIUSIEUX (Ph. Fl. de), v.: Géographie élémentaire...

PIZARRE ou la Conquête du Pérou, tragéde lyrique en 5 actes (et en vers libres), paroles de M***. Paris, 1785, in 4º.
Autor: PIERRE DUPLESSIS,

PLAN DE CONSTITUTION pour la colonie de Saint Domingue, suivi d'une dissertation sur le commerce des colonies relative à ce plan. Par M. de Ch****. Paris, 1791, in 8º.

Por MICHEL PAUL GUY DE CHABANON.

PLANTIUS (Casparus), v.: Honorio Philopono (Seud.).

PLANTIUS (Casparus), v.: Nova typis

PLEITO Alegre-Rezzónico. Nulidad de una escritura de contrato oneroso de renta vitalicia. Historia documentada de los antecedentes del asunto. Buenos Aires, 1893, in 8º.

Publicación de MIGUEL GONZALEZ.

PLUMARD DE DANGEUL (Trad.), v.: Rétablissement des manufactures

PODER DISCRECIONAL en Bolivia. Lima, 1878.

Firmado por NICOLAS ACOSTA.

PODERES EJECUTIVOS del gobierno de los Estados Unidos. Capítulo extractado de la obra "An introduction to the constitutional law of the United States, por John Norton Pomeroy. Traducido por L. V. V. Buenos Aires, 1869, in 8º.

Seud. de LUIS V. VARELA.

PODESTA (José J.), v.: Pepino 88 (Seud.).

POESIAS, por Jorge Kostai.

Seud. de ROBERTO DE LAS CARRERAS.

POESIAS COMPLETAS [por] Almafuerte. Con un estudio crítico de Alberto Lasplaces. Montevideo. 1917, in 8º.

Seud. de PEDRO B. PALACIOS.

POINSET (J. B.), Réplica al manifiesto

POIVRE (Pierre), v.: La Douceur (Seud.).

POL (José), v.: La situación actual

POLETIKA (Pierre), v.: A Russian; Un Russe (Seud.).

POLITICA CHILENA. Condenación al Ministerio Vicuña. Buenos
Aires, 1893, in 8°.

Firma: CLAUDIO VICUÑA.

POLTORATZKY, v.: Un Bibliophile russe (Seud.).

POMBAL (S. J. de C. Marqués de), v.: A Republica dos Jesuitas

PONCELIN DE LA ROCHE TILHAC (Charles), v.: Almanach américain

PONELLE (Edme), v.: Eléments de géographie

POPOTE. Por Carolus Brio. Buenos Aires, 1904.

Seud. de BRILLAND-LANJARDIERE.

POR DON FELIX DE GUZMAN. Con el señor Fiscal. Sobre que sin
embargo del auto del Consejo de nueve de Junio deste año, en
que en rebeldía y sin defensa ninguna del dicho don Felix, se
le mandó pagase la mitad, o el tercio, o el oficio de la Escrivania de Cabildo de la ciudad de los Reyes, ha de ser absuelto,
y dado por libre de la pretensión contraria, assí por lo que
toca a la mitad, como por el dicho tercio.

En esta como en las que siguen, el folleto solo lleva la firma
manuscrita por lo cual algunas veces es ilegible, en el presente
no lo es la del MARQUES DE CISNEROS, pero sí la del abogado que lo acompaña.

POR DON JUSEPE de Ribera, y doña Catalina del Alconchel su muger,
y doña María de Ribera muger de don Bartolomé de Osnayos...
etc. Sobre el grado de segunda suplicación interpuesta por los
dichos dõ Jusepe de Ribera y consortes, de los autos que proveyó la Audiencia de aquella ciudad, en los pretensos bienes
y herencia del dicho Pablo de Montemayor. Lima [1638].

La firma del autor, autógrafa, es del licenciado FRANCISCO
DE LA CUEVA Y GACITUA. Medina dice: FERNANDO DE LA
CUEVA Y SILVA.

POR EL EXCELENTISIMO SENOR MARQUES de Mansera, Virrey,
Governador y Capitan General que fue destos Reynos del Peru,
Tierrafirme y Chile... etc. Contra la falsedad del testimonio
de setenta causas, que supieron auer hecho el dicho señor Marques a otras tantas personas de lo mas principal desta Republica, y divulgaron don Juan de Medina Avila y Juan de Medina Avila: su criminalidad, y circunstancias: corrección que
por ello merecen, y penas en que han incurrrido. Lima...

Autor: DIEGO DE LEON PINELO.

POR EL MAESTRO Juan Baptista del Campo Caro, canónigo de la
Iglesia Metropolitana de la ciudad de la Plata, en los provincias del Pirú. Sobre que se revoque un auto que proveyó la
Real Audiencia de aquella ciudad condenándole en mil pesos
ensayados y se le mande bolver. [Madrid, 1660].

Firma autográficamente el autor MANUEL DE LA PLAZA.

POR EL OBISPO de Puebla en defensa de la jurisdicción eclesiástica
y espiritual. Puebla [1858].

Memorial de DIEGO OSORIO DE ESCOBAR Y LLAMAS.

PORTLAND (Duque de) (?), v.: Junius's letters

POSADA (Eduardo), v.: El Precursor

POWNAL (Thomas), v.: Pensées sur la révolution

POYEN SAINT MARIE, v.: De l'exploitation.

— 263 —

POZOS ARTESIANOS absorbentes aplicados a la higiene pública. Buenos Aires, 1879, in 8º.

Autor: ENRIQUE O'GORMAN.

PRADE (M. de), v.: Edme Baillard (Seud.).

PRADILLA (Antonio M.), v.: A la Nación

PRAETORIO (J. C.), v.: Tobago

PRECIS DE L'HISTOIRE d'Espagne depuis les temps les plus reculés, jusqu'au commencement de la révolution actuelle Ascargota. Traduit de l'éspagnol, par L. M. G***. Paris, 1823, 2 vols. in 8º.

Seud. de L. M. GUEBHARD.
Autor: PIERRE JEAN AGIER que un año antes había analizado la obra de Lacunza.

PRECIS DE L'HISTOIRE d'Espagne depuis l'origine de cette puissance jusqu'a 1814 [Par M. de Boissy], et continuation depuis 1814 jusqu'a ce jour, par M. Le Comte de Barrins. Paris, 1824

Los dos seudónimos Boissy y Barrins, corresponden a LOUIS FRANÇOIS RABAN.

PRECIS DE L'HISTOIRE générale des Jésuites, depuis la fondation de leur ordre, le 5 septembre 1540, jusqu'en 1826, par A. J. B. Paris, 1826. 2 vols in 8º.

Iniciales de AUGUSTE JEAN BAPTISTE BOUVET DE CRESSE.

PREDICCION político-religioso-espiritista Buenos Aires, mayo de 1875. Buenos Aires, 1875, in 8º.

Editado por la Sociedad Espiritista Bonaerense, lo firman el presidente LEANDRO CROIZAT y el secretario BLAS DESPOUY.

PREDIO NATAL. Poesías por Fel-Star. Catamarca, 1922, in 8º.

Seud. de (?) ITURRALDE.

PREGUNTAS que hizo Napoleón a las dos comisiones eclesiásticas que se reunieron en París por orden suya en 1809, 1810 y 1811; con sus contestaciones. Las publica el doctor P. I. de C., canónigo magistral de la iglesia de Salta. Buenos Aires, 1819.

Seud. de PEDRO IGNACIO CASTRO BARROS. Traducción de algunos capítulos de la obra de Depread.

PREMIER VOYAGE autour du monde par le Chev. Pigafetta, sur l'escadre de Magellan, pendant les années 1519, 20, 21 et 22, suivi de l'extrait du traité de navigation du même auteur; et d'une notice sur le chevalier Martim Behaim, avec la description de son Globe Terrestre. Orné de cartes et de figures. Paris, l'an IX (1801), in 8°.

El traductor fué el doctor AMORETTI [CARLOS], editor de la 1ª edición italiana (1800), y la noticia de BEHAIM, es de M. DE MURR, traducida del alemán por H. J. JANSEN, editor actual.

PRETOT. Búsquese por Philippe de Prétot.

PREVOST (El Abate) (Trad.), v.: Histoire universelle depuis 1543.

PRIMERA AMONESTACION a don Juan de la Cruz Varela. Buenos Aires, 1819, in 8°.

Autor: Fray FRANCISCO DE PAULA CASTAÑEDA.

PRIMERA AMONESTACION al "Americano". Semper ego auditor tantum? nunque ne reponam? [Buenos Aires, 1819], in 4°.

La firma: "El que ya está empachado con tanta merienda de negros". Seud. del Padre CASTAÑEDA.

PROCLAMA DE UN HABITANTE de esta ciudad a los habitantes de la Provincia de Buenos Aires [Buenos Aires, 1811].

Suscrita por CIVES, uno de los seudónimos del Deán GRE-GORIO FUNES.

PROCLAMA DEL GOBERNADOR de la provincia de Entre Ríos y gefe de las fuerzas de ella al heróico pueblo de Buenos Aires. Marzo de 1820.

El gobernador era FRANCISCO RAMIREZ.

PROCLAMA DEL MAS PERSEGUIDO americano a sus paisanos de la noble, leal y valerosa ciudad de Cochabamba. En castellano y quichua. [Buenos Aires, 1811].

Autor: FRANCISCO JAVIER ITURRI PATIÑO, que la firma.

PRODUCCION DE TRIGO en Chile, siembra de 1867, cosecha de 1868, i exportación de este cereal. Santiago, 1868, in 16º.

Autor: SANTIAGO LINDSAY.

PROISY D'EPPES (César), v.: Dictionnaire des girouettes.

PROMPTUAIRE DES MEDALLES des plus renommées personnes qui ont esté depuis le commencement du monde, avec brieve description de leurs vies et faicts, rec. des bons auteurs. Lyon, 1553, in 4º.

La segunda edición de esta obra, aumentada con los personajes destacados posteriormente, es de Lyon, 1576.

PROPHETIES CONCERNANT Jésus-Christ et l'Eglise, éparses dans les Livres Saints, avec des explications des notes. Paris, 1819. in 8º.

PROPOSICIONES que la ciudad de México hizo en su consistoria en 28 de setiembre a la Junta General que convocó, de religiones, Universidad y Consulado... México, 1630.

Autor: F. CARRILLO.

PROYECTO DE REVOLUCION por N. C. Sucre, 1857.

Seud. de NARCISO CAMPERO.

PROYECTO DE UN BANCO hipotecario destinado exclusivamente a fomentar la agricultura. Lima, 1868.

Autor: JOSE DE LOS SANTOS MORALES.

PROYECTO DE UN PUERTO artificial en Mar Chiquita. Ciudad y Puerto Rivadavia. Buenos Aires, 1900, in 8º.

Su autor fué ANGEL FLORO COSTA.

PRUDHOMME (Luis), v.: Une Société de Gens de Lettres; Une Société de Géographes (Seuds.).

PUBLICACION HECHA por un amigo del señor general Paunero, en desagravio de los gratuitos y calumniosos ataques que se le han dirigido por una publicación del "Eco Libre". Córdoba, 1862.

Seud. de DOMINGO F. SARMIENTO.

PUBLII OVIDII NASONIS tristium libri V, notis hispanicis illustrati. Santiago, 1847, in 4º.

Las notas son de ANDRES BELLO.

PUCCI SISTI (Valerio), v.: Istoria della vita...

PUENTE (Luis Fernández de la), v.: Luis Fernán. (Seud.).

PUEYRREDON (José Cipriano), v.: Contestación a la carta anónima

PUFFENDORF (Samuel), v.: An introduction to the history

PUISIEUX (Ph. Fl.) Trad., v.: Géographie générale composée

PUJOL (Alejandro Den. Jos.), v.: M. de P*** (Seud.).

PULTENEY (Conde de Bath, William), v.: A short vieu of the state of affairs.

PUYDT (Coronel de), v.: Mémoire sur le Guatemala.

Q

QUATRE ANS à Cayenne. Bruxelles, 1859, in 12º.

    Autor: LUIS WATTEAU.

QUATRELLES (*Seud. de Ernestò L'Epine*), v.: Un Parisien...

QUELQUES REFLEXIONS en réponse à la brochure publiée a Montevideo par don Florencio Varela sous le titre Développement et dénuement de la question française dans le Rio de la Plata. Buenos Aires, 1841.

    Autor: PEDRO DE ANGELIS.

QUELUS (D.), v.: Histoire naturelle du cacao.

QUERIDA DEL Tío Toño. Novela regional de costumbres surianas, por Delfino Ramírez, 1899, México, 1900, in 8º.

    Seud. de EUTIMIO ROLDAN.

QUERINI ALVISSE, v.: Ormildo Emeressio (Seud.).

QUESADA (Vicente G.), v.: Víctor Gálvez (Seud.).

QUESADA DE GONNET (María), v.: Mario Rébus (Seud.).

QUESTION CHILENO-BOLIVIENNE. Exposition du Ministre des
Affaires Etrangères du Chili sur les motifs qui justifient la
Révindication du territoire compris entre les parallèles 23 et
24 de latitude Sud. Valparaiso, 1879.

> Aunque Medina trae la versión francesa de una nota del
> mismo autor que es ALEJANDRO FIERRO, firmante de la pre-
> sente, no señala esta circular, ni la versión inglesa de ella: The
> Question... etc.

QUEVEDO (Quintin). v.: La campaña de Bolivia...

QUIEN SABE. (Seud. de Hillman), v.: "Old timers..."

QUIJARRO (Antonio), v.: Bolivia; Escritos notables.

QUIMPER (Manuel), v.: Descripción suscinta

QUINTA ENTREVISTA entre el Ilustrísimo señor Obispo D. D. José
Sebastián de Goyeneche, su hermano D. Juan Mariano, D.
Andrés Martínez, D. Pancracio y Tirabeque Pelegrin, que tuvo
lugar el 15 de setiembre del año de 49. Lima, 1849.

> Autor JOSE MARIA ALBIZURI.

QUINTANA (Juan Nepomuceno). v.: La intolerancia religiosa

QUIRNO COSTA (Norberto), v.: N. Q. C. (Seud.)

QUIRNO y ECHEANDIA (Norberto de), v.: Manifestación

R

R... (*Seud. del abate Jerôme Richard*), v.: Voyages chez les peuples sauvages

R.... (*Seud. de Jean - Baptiste - Antoine Suard*), v.: Voyoge autour

R. C. (*Seud. de Ramón Contreras*), v.: Cuestión-Misiones

R. P. (*Seud. de Roberto Payró*), v.: Un hombre feliz

R. V. (*Seud. de Raúl Villarroel*), v.: Los gobiernos, los parásitos y las masas

R. EL MUGIENSE (*Seud. de fray Antonio Folias*), v.: Emilia.

R. VIACELAN (*Seud. de Rafael Valencia*), v.: Pecoreo

RABAN (*Louis François*), v.: Boissy-Barins (Le comte de)

RADCLIFF (Guillermo), v.: Consideraciones sobre la navegación

RAMIREZ (Francisco), v.: Proclama del gobernador

RAMIREZ DE AGUILAR (Fernando), v.: Jacobo Dalevuelta (Seud.).

RAMPINI (Charles J. G.), v.: Letters from Jamaica

RANIERO, v.: Devocionario

RAPPORT de M. Drouyn de Lhumys et opinions de M. le contre-amiral Romain-Desfossés et M. le lieutenante-colonel du genie Coffinières, sur la questión de La Plata. Paris, 1851.

> Publicación mandada hacer por JUAN JOSE GALLARDO, del cual contiene además del prólogo, un resumen histórico y notas.

RASGO EPICO descriptivo de la victoria de Maipú alcanzada por las armas de la patria al mando del general Don José de San Martín sobre el ejército del rey de España, en el estado de Chile, el día 5 de abril de 1818, por M. de B. ciudadano de las Provincias Unidas del Río de la Plata, quien lo dedica al Exmo. señor Don Bernardo de O'Higgins, Director Supremo del Estado de Chile. Buenos Aires.

Es autor: MIGUEL DE BELGRANO.

RASGOS DE LA VIDA pública de S. E. el señor Brigadier General D. Juan Manuel de Rosas, ilustre Restaurador de las leyes, héroe del desierto, defensor heroico de la independencia americana, gobernador y capitán general de la provincia de Buenos Aires. Trasmitidos a la posteridad por decreto de la H. Sala de R. R. de la Provincia. Buenos Aires, 1842, in 8º. [Otra edición: Nueva York, 1844].

> La recopilación de estos documentos, que, como todos los de la época lleva el lema ¡Viva la Federación!, fué hecha por los representantes MANUEL DE IRIGOYEN, EDUARDO LA-HITTE y FELIPE DE EZCURRA.
> La "Introducción histórica", que es un panegírico de Rosas, pertenece a EDUARDO LAHITTE.

RASGOS DE LA VIDA PUBLICA del general Tomás Iriarte. Buenos Aires, 1876, in 8º.

Autor: DAMASO CENTENO.

RASTOUL de MONGEOT (Alphonse) Dictionnaire universel et classique

RATTO (Héctor R.), v.: Teniente H. Doserres (Seud).

RAUL WALEIS (*Seud. de Luis V. Varela*), v.: El doctor Whuntz; El gato blanco, Entre dos almas; La huella del crimen.

RAULIN (Trad.), v.: M***

RAVINET, née Mozard (L. A.), v.: Une créole du Port-au-Prince (Seud.).

RAWSON (Guillermo), v.: Estudio sobre las casas; Informe de la comisión.

RAXIS DE FLASSAN (Gaetan de), v.: De la servitude

RAYMOND (Rodolfo), v.: Causa Guido-Raymond

RAYNAL v.: Histoire philosophique

RAYOS CATODICOS y fuegos fatuos. Por Jack the Ripper. Guayaquil (Ecuador) 1907.

Seud. de JOSE A. CAMPOS.

RAZGOS BIOGRAFICOS del Illmo. y Rvmo. Sr. Arzobispo doctor Don Rafael Valentín Valdivieso. Santiago, 1859, in 4º.

Autor: CASIMIRO VARGAS.

RECIBIMIENTO del supremo Director provisorio del Estado de Chile, don Ramón Freire. Santiago, 1823, in 4º.

Autor: J. GABRIEL PALMA.

RECITS CALIFORNIENS. Par Francis Bret-Harte. Trad. Th. Bentzon. Nouvelle édition. 1844.

El seudónimo del traductor corresponde a Mme. Ch. BLANC.

RECLUS (Eliseo), trad., v.: Les dissentions des républiques

RECOPILACION DE LOS ARTICULOS del Código Civil y de Comercio más usuales en la práctica que se relacionan con contratos y poderes... Buenos Aires, 1906.

El recopilador es EDUARDO MUJICA FARIAS.

RECUEIL DE DIVERS VOYAGES, faits en Afrique et en Amérique, qui n'on point encore été publiez... avec des traites curieux touchant la haute Etiopie, le débordement du Nil, la mer Rouge et le prêtre Jean. Paris, 1674, in 4º. (Otra ed. Paris, 1684).

Los autores RICHARD LIGNON, DE LA BORDE y el padre TELLEZ; traducido del inglés y publicado por HENRI. JUSTEL.

RECUEIL DE LA DIVERSITE des habits, qui sont de present en usage, tant ès pays d'Europe, Asie, Afrique, Iles Sauvages, Le tout fait après le naturale. Paris, 1564, in 8º.

El autor es FRANÇOIS DESCERPZ.

RECUEIL DE POESIES d'un colon de Saint-Domingue. Paris, 1802. in 8º.

Autor: BERQUIN DUVALLON.

RECUEIL DE TRAITES de paix, d'amitié, etc., conclus entre la république française et les différents puissances de l'Europe depuis 1792 jusqu'à la paix générale en 1802. Par A. G. Hambourg, 1803. 4 vols. in 8º.

Seud. de A. GEBHART.

RECUEIL DES TRAITES DE PAIX, de trèves, de neutralités, de suspensions d'armes, de confédérations, d'alliances, etc., faits entre les empereurs, rois, républiques, etc., acompagné de notes et d'une table. La Haye, 1700, 4 vols in folio.

Autor: JACQUES BERNARD.

RECUEILS DE VOIAGES AU NORD, contenant divers mémoires très utiles au commerce et a la navigation. Amsterdam, 1715|18, 4 vols. in 12º. Otra edición de Amsterdam 1715|26, en 9 volúmenes.

Recopilador: J. F. BERNARD.

RECUEIL DES VOYAGES DANS L'AMERIQUE Méridionale...
traduits de l'espagnol et de l'Anglais. Amsterdam, 1728, 3 vols.

> Aunque Medina hace figurar esta obra en su Diccionario,
> la repetimos aquí para dejar constancia de que Sabin no dice
> que el recopilador fuera FEDERICO BERNARD; dice sencilla-
> mente BERNARD, y hay más aún, el último citado es J. F.
> BERNARD. Por lo demás, siendo Sabin una obra poco común,
> es fácil achacarle cualquier otra cosa.

RECUEIL DES VOYAGES INTERESSANS pour l'instruction et
l'amusement des enfants, par M. Campe. Traduit de l'allemand. Francfort, 1787, 1793. 8 vols, in 12º.

> Traductor: A. S. DARNAY ou D'ARNEX.

RECUEIL D'OBSERVATIONS curieuses sur les moeurs, les coutumes, les usages, les différentes langues, le gouvernement, la
mythologie, la chronologie, la géographie ancienne et moderne,
les cérémonies, la religion, les mechaniques, l'astronomie, la
physique particulière, les arts et les sciences de différents
peuples de l'Asie, de l'Afrique et de l'Amérique. Paris, 1749.
4 vols., in 12º.

> Autor: C. F. LAUSBERT.

RECUEIL HISTORIQUE et chronologique de faits mémorables pour
servir a l'histoire générale de la marine et à celle des décou-
vertes. Paris, 1777|1781. 2 vols., in 8º.

> Autor: LOUIS DOMAIRON.

RECUERDOS DE ANTAÑO. Hombres y cosas de la República Argentina; con un prólogo del general Mitre. Por Víctor Gálvez.
(Tomo 1º). Bs. Aires, 1888, in 8º.

> Seud. de VICENTE G. QUESADA.

RECUERDOS DE LA VIDA pública y privada del brigadier general
don Miguel de Azcuénaga. en el día de sus funerales. Buenos
Aires, 1834.

> Autor: MARIANO LOZANO.

RECUERDOS SOBRE LA REBELION de Caracas. Madrid, 1829, in 8º.

Autor: JOSE D. DIAZ.

RECURSOS Y DOCUMENTOS que manifiestan la necesidad que hay de traer al país colonos africanos para levantar a la agricultura por este medio conocido de la postración en que hoy se encuentra y promover el desarrollo de los demás elementos de la riqueza pública. Se dan a luz para que con conocimiento de los datos que ellos emiten, se pueda juzgar de la utilidad del proyecto que en aquel sentido se ha sometido al acuerdo del Supremo Gobierno. Lima, 1860, in 4º.

Publicación de JOSE GREGORIO N. GARCIA.

RECHERCHES HISTORIQUES ET POLITIQUES sur les Etats-Unis de l'Amérique septentrionale, par un citoyen de Virginie; avec quatre lettres d'un bourgeois de New Haven sur l'unité de la législation; des réflexions rédigées en 1776 par Turgot, à l'occasion d'un mémoire de M. de Vergennes, sur la manière dont la France et l'Espagne devoient envisager les suites de la querelle entre la Grande-Bretagne et ses colonies, et d'autres réflexions touchant l'influence de la révolution de l'Amérique sur l'Europe, par un habitant obscur de l'ancien hémiphère. París, 1788. 4 vols., in 8º.

"UN BOURGEOIS DE NEW HAVEN" y "UN HABITANT OBSCUR DE L'ANCIEN HEMISPHERE" son seudónimos de ANTOINE NICOLAS CARITAT, marquis de CONDORCET. "UN CITOYEN DE VIRGINIE", seud. de FELIPE MAZ-ZEI.

REDONNET DE SERRANO (María Felisa), v.: Marifel. (Seud.).

REFLEXIONES SOBLE LA IMPORTANTE cuestión, propuesta al Congreso Nacional acerca de la mejora de gobierno, que, la situación y la justicia reclaman en favor de las bastas Provincias Ultramarinas. Valencia, 1821, in 8º.

Su autor es JOSEPH RAFAEL CRESPO.

REFLEXIONES SOBRE LAS VENTAJAS del comercio marítimo por compañías de accionistas así en general como en especial respecto de Indias. Lima, 1739.

Autor: PEDRO GARCIA DE VERA.

REFLEXIONS D'UN PORTUGAIS sur le mémorial présenté par les
P.P. Jésuites a N. S. P. le Pape Clément XIII, heureusement
régnant, exposées dans une lettre á un ami demeurant a Rome.
Lisbonne, 1758.

> El autor fué el p. O. PINAULT, que lo hizo aparecer impreso
> en Lisboa cuando en realidad lo fué en París.

REFLEXIONS SUR LA COLONIE de Saint-Domingue, ou examen
approfondi des causes de sa ruine et des mesures pour la rétablir. 1796, in 8º.

> Autor: El conde Fr. BARBE-MARBOIS.

REFORMA DE LOS ESTATUTOS masónicos para el G.·. O.·. del
Perú. Mandado publicar por resolución del C.·. O.·. en su se-
sión del 16 de octubre de 1859. Or.·. de Lima... 1859.

> En la página 15 del mismo folleto figuran BLAS JOSE AL-
> ZAMORA y R. ROSAS MORALES, como autores de la nueva
> Constitucion.

REFUTACION A VARIAS aseveraciones que con respecto al general
Mendiburu, aparecen en el cuaderno titulado: "Historia del
general Salaverry". Lima, 1860, in 4º.

> Autor: MANUEL DE MENDIBURU.

REFUTACION DE LA CALUMNIA intentada contra don Carlos
Alvear inserta en la Extraordinaria de Buenos Aires del 28
de diciembre de 1818. Montevideo, in 8º.

> El autor de esta refutación es el propio GENERAL CARLOS
> ALVEAR.

REFUTACION SOBRE LA SUPREMACIA del Papa, especialmente
respecto a la institución de los obispos. Por el autor de las
Cartas Peruanas. Lima, 1831, in 4º.

> Seud. de JOSE IGNACIO MORENO.
> De esta obra hay una reimpresión de Buenos Aires, 1834, cu-
> ya segunda parte apareció con el nombre del autor en 1836,
> y una nueva edición completa en la misma forma en París, 1846.

REGLA CONSUETA, o instituciones eclesiásticas de la Santa Iglesia Cathedral del Cuzco en el Perú. Lima, 1783.

El autor fué: JUAN MANUEL DE MOSCOSO Y PERALTA, Obispo de Cuzco.

REGLAMENTO DE CONTABILIDAD e instrucciones para los colectores y avaluadores de campaña aprobado por el Poder Ejecutivo por decreto de 21 de noviembre de 1878. San Martín, 1887.

Recopilador: N. DIBUR.

REID (John) Compilador. v.: The American Atlas.

RELAÇAO VERDADEIRA dos sucessos do Conde de Castelmelhor, preso na cidade de Cartagena de Indias, e hoje livre por particular mercede de ese, e favor de El Rey dom João IV. Nosso Senhor, na cidade de Lisboa. Lisboa, 1642.

Según Silva, ''Diccionario bibliográfico portuguez'', el autor fué Fray JORGE DE CARVALHO.

RELACION DE COMO MARTIRIZARON los hereges Olandeses, Gelandeses y Pechilingues... al religioso y observante Varon... fray Alonso Gómez de Encinas... en la entrada que hicieron el mes pasado de junio de 1624 en la ciudad de Guayaquil en la provincia de Quito que es en las Indias y Reynos del Perú. Madrid, 1625.

Autor: A. REMON.

RELACION DOCUMENTADA de la causa seguida al ciudadano don Agustín Labra y sus mozos. Por el suceso ocurrido en la cordillera de Talca el día 13 de marzo de 1847. Santiago, 1848, in 4°.

Por ANTONIO MUNITA.

RELACION INSTRUCTIVA del origen, progresos, y estado actual de las colectaciones de los religiosos franciscanos que pasan a las misiones de Indias. Madrid, 1789.

Autor: MANUEL MARIA TRUXILLO.

RELATION DE CE QUI S'EST PASSE dans les îles et terre ferme de l'Amérique, pendant la dernière guerre avec l'Angleterre, et depuis, en exceeution du traité de Bréda; avec un journal du dernier voyage du Sr. de La Barre en terre ferme et île de Cayenne... Le tout recuilli... par J. C. S. D. V. Ou est joint le journal d'un nouveau voyage fait en Guinée... Paris, 1671. 2 vols., in 12º.

> Las iniciales corresponden a J. CLODORE, Secretaire de Vaisseau. Título incompleto en Medina, que lo toma de Quérard.

RELATION DE DIVERS VOYAGES dans l'Afrique, l'Amérique et aux Indes orientales avec la description du royaume de Juda... la relation d'une isle nouvellement habitée dans le détroit de Malaca en Asie. [Paris], 1726, in 12º.

> Autor: DRAHE DE GRAND-PIERRE.

RELATION DE LA DEPORTATION et de l'exil à Cayenne d'un jeune français, sous le consulat de Buonaparte, en 1802. Paris, 1816, in 8º.

> Autor: M. FERNAGUS DE GELONE.

RELATIONS DE LA LOUISIANE et du fleuve Mississipi... Amsterdam, 1720. 2 vols., in 12º.

> Autor: el caballero DE TONTI.

RELATIONS VERITABLES et curieuses de l'île de Madagascar et du Brésil, avec l'histoire de la dernière guerre faite au Brésil entre les Portugais et les Hollandais. Trois rélations d'Egypte et une du royaume de Perse. Paris, 1651.

> Estas obras fueron editadas por MORISSOT. Las obras sobre el Brasil, únicas que interesan a nuestro asunto, son, la "Relation", de ROULOUX BARO, traducida por P. MOUREAU, y la "Historia de la última guerra", de este último.

RELIGIEUX BENEDICTINS DE LA CONGREGATION DE SAINT Maur (Seud. de François Dantine; Ursin Durand; Charles Clémencet), v.: L'art. de verifier les dates

REMARKS ON COM· JOHNSTONE'S Account of his Engagement
with a French Equadron, under the command of Mons. de Suf-
freim, on April 16, 1781, in Port Praya Road, in the island
of St. Jago. London, 1781, in 8º.

Autor: el almirante BLAKE.

REMARQUES CRITIQUES sur le "Tableau historique et politique
de la colonie de Surinam" ou lettre d'un inconnu à Ph. Fer-
min. Londres, 1779, in 8º.

Seud. del barón EBERSTEIN, quien lo escribió en colaboración con CHION DUVERGIER.

REMINISCENCES of America in 1869; by Two Englishmen. London,
1870.

Seud. de RIVINGTON y HARRIS.

REMON (A.), v.: Relación de cómo martirizaron los hereges...

RENE de M..... (Seud. de Jacques Max Benjamín Bins de Saint
Victor), v.: Correspondence Litteraire; Deux lettres sur les
voyages.

RENE LEGLOND (Seud. de Bartolomé Moressino), v.: Teoría y práctica

RENOVACION [por remoción] del personal de la Escuela Graduada
Mixta de Concordia (Entre Ríos), 1904. [Impreso en Buenos
Aires].

Creemos que esta publicación sea de don JUAN R. ESPI-
NOSA, que sincera en ella su actuación.

REPLICA AL MANIFIESTO de la Legislatura de Vera Cruz.

Autor: J. R. POINSETT.

REPLIQUE A L'AUTEUR DU Pour et Contre.

Autor: M. DUBUCQ.

REPONSE A JEAN Skei Eustace.

El autor es F. X. MIRANDA.

REPONSE A UN ARTICLE intitulé Affaires de La Plata, publié le
19 Aout, 1851, dans le journal "La Patrie".

Autor: JUAN JOSE GALLARDO ayudante del general PA-
CHECO Y OBES.

REPONSE AUX ECRITS anglois sur les limites de l'Amérique. 1755,
in 12°.

Autor: M. F. PIDANSAT DE MAIROBERT.

REPONSE AUX OBSERVATIONS d'un habitant des colonies sur le
mémoire en faveur des gens de couleur ou sang melé, (Paris),
1789, in 8°.

Autor: el abate ANTOINE DE COURNAND.

REPONSE AUX PRINCIPAUX questiones qui peuvent être faites sur
les Etats-Unis de l'Amérique, par Un Citoyen adoptif de Pen-
sylvannie. Lausanne, 1795, 2 vols., in 8°.

Seud. de J. E. BONNET, que la reimprimió con su nombre
y el título "Etats Unis de l'Amérique a la fin du XVIII siécle".

REPORT and resolutions upon the mexican war.

Su autor: E. L. KEYES.

REPRESENTACION AL PRESIDENTE de Chile, [Lima, 1853], in 8°.

Firmada por FERNANDO URIZAR GARFIAS.

REPRESENTACION DE LOS ECLESIASTICOS contra los ritos fú-
nebres de los ingleses protestantes. Santiago, 1819, in 4°.

Autor: BERNARDINO BILBAO.

REPRESENTACION QUE LOS ECLESIASTICOS de Guadalajara
dirigen al soberano congreso constituyente. Guadalajara, 1856,
in 8°.

Por M. ESPAÑA.

RESEARCHES on America.

El autor de esta obra es J. H. Mc. CULLOH.

RESEÑA BIOGRAFICA DE DOMINGO F. Sarmiento. Por A. Bel. Seguida de los discursos pronunciados por el General Sarmiento en el Senado de la juventud, el 30 de marzo de 1880. 3ª edición. Buenos Aires, 1880, in 8º.

Autor: AUGUSTO BELIN SARMIENTO.

RESEÑA BIOGRAFICA DEL GENERAL Don Juan José Viamonte. La Plata, 1909.

Autor: JULIO SANCHEZ VIAMONTE.

RESPUESTA AL FOLLETO titulado Diplomacia de Buenos Aires y los intereses americanos y europeos en el Plata, con motivo del reciente tratado entre España y la República Argentina. Madrid, 1864, in 8º.

Lo firma: MANUEL R. GARCIA.

RESPUESTA AL PAPEL titulado continuación del Censor núm. 4º. Por el amante del pueblo y de la felicidad de la causa.

Creemos que el autor sea MANUEL VICENTE DE MAZA.

RESTREPO (Juan de Dios), v.: Emiro Kastos (Seud.).

RETABLISSEMENT des manufactures et du commerce d'Espagne... Traduit de l'Espagnol de don Bernardo de Ulloa... Amsterdam, 1753, in 12º.

Traductor: PLUMARD DE DONGEUL.

REVELY (William), Trad. v.: Diario histórico.

REVERDI, hijo (A), v.: Un ancien colon (Seud.).

REVERDIL (Elie-Salomon-François), Trad. v.: Fragmens sur les colonies

REVUE DE L'HISTOIRE UNIVERSELLE moderne, ou tableau sommaire chronologique des principaux événements arrivés depuis les premiers siécles de l'ère chretieme jusqu'a nos jours, ouvrage contenan des recherches sur les traditions, l'origine, les moeurs, le caractère, les usages, [etc.] de differents nations en particulier des.... habitants de l'Amérique du Nord et du Sud... tels que le Mexique, Pérou, Colombie, Buénos Ayres, Chili, Brésil, Paraguay, etc.... Paris, 1823, 2 vols., in 8º.

Autor: el conde EMMANUEL DE LAUBESPIN. (Colaboró BATELET).

(Véase también: Mémorial portatif de chronologie).

REYES (Antonino), v.: Un Argentino Federal (Seud.).

RHEES. v.: Philantropos (Seud.).

RICARDO COLT (Seud. de Rafael López de la Serna), v.: Costumbres de mineros

RICORDI DELLA PRIMA Esposizione Platense. 1885. In giro colla lettrice per C. V. Al primo cittadino platense al Dott. Dardo Rocha l'autore. Buenos Aires, 1885, in 8º.

Autor: VICENTE CERRUTI.

RICHARD (Jérome), v.: R... (Seud.).

RICHARD (Paulin), v.: Contemporains étrangers.

RICHELOT (Henri), Trad. v.: H. R. (Seud.).

RIDPATH (George), v·: Philo Caledon, (Seud.).

RIDPATH (George), v.: An enquiry into the causes of the miscarriage.

RIFFE (Colaborador), v.: Timajeff.

RISA AMARGA; de Baron de Arriba. Crítica política y social. Buenos Aires, 1896. in 8º.

Barón de Arriba es seudónimo de OSVALDO SAAVEDRA.

RIVA AGÜERO (José de la), v.: Los Patriotas de Trujillo; Un ciudadano de Ultramar (Seuds.).

RIVA AGÜERO (José de la), v.: Lima justificada.

RIVAIL (H. L. D.), v.: Allan Kardec (Seud.).

RIVAS (Miguel), v.: Bolivia, Arteche y Cía.; Bolivia. Dictadura de Linares.

RIVERA INDARTE (José), v.: Noticia sobre la...

RIVERO (Francisco de), v.: F. R.

RIVIERE (M. B.), v.: M. B. R. (Seud.).

RIVINGTON Y HARRIS, v·: Two Englishmen (Seud.).

ROBLES (Pablo), v.: Perroblillos (Seud.).

ROCAFUERTE (V.), v.: Bosquejo histórico...

ROCHEFORT (Charles de), v.: Natuurlyke en Zedelyke; Tableau de l'ile de Tabago.

RODRIGUEZ (Carlos), v.: A los extratócratas.

RODRIGUEZ (Carlos J.), v.: Cuestión chalanta

RODRIGUEZ BELTRAN (Cayetano), v.: Onateyac (Seud.).

RODRIGUEZ LARRETA (Eduardo), v.: Fradique Méndez (Seud.).

RODRIGUEZ LARRETA (Enrique), v.: Enrique Larreta (Seud.).

ROHENER (José), Trad. v.: Narración histórica del viaje ejecutado.

ROI DE LA ROCHE, gouverneur de la Tortue; premier chef des flibustiers, aventuriers et boucaniers d'Amérique, par M. A*** Paris, 1812, in 18º.

> Seud. de J. Fr. ANDRE, des Vosges

ROJO (Tadeo), v.: Un paisano de la Provincia de San Juan (Seud.).

ROLDAN (Eutimio), v.: Delfino Ramírez (Seud.).

ROMAN POLITIQUE sur l'état présent des affaires de l'Amérique, ou lettres de M*** a M*** sur les moyens d'établir une paix solide et durable dans les colonies, et la liberté générale du commerce extérieur. Amsterdam, Paris, 1756.

> M*** Seud. de SAINTARD.

ROMANCE CONTEMPORANEO sobre el Perú, 1867. "Los hombres de bien", primera parte del Becerro de oro. Por Segundo Pruvonena· Paris 1874.

> Atribuído al Dr. FERNANDO CASOS.

ROMBERT: A Tale of Carolina. New York, 1835. 2 vols., in 12º.

> Aunque personalmente no creemos sea obra de WILLIAM GILMORE SIMMS, es generalmente atribuída a él, por lo cual así la hacemos figurar.

ROMERO (Juan José), v.: Asunto Carranza Casal

ROMERO (Matías), v.: Estudio sobre la anexión

ROMERO JIMENEZ (Enrique), v.: Album de la Caridad

ROS (Manuel), v.: Corona fúnebre...

ROSAS DE RIVERA (Mercedes), v.: M. Sasor (Seud.).

ROSAS ET MONTEVIDEO devant la Cour d'Assises (14 octubre 1851), Paris, 1851, in 8º.

Es autor el general MELCHOR PACHECO Y OBES.

ROSAS MORALES (R.), v.: Reforma de los estatutos

ROSS LEWIN, búsquese por Lewin.

ROZA DE LA QUINTANA (Simeón de la), v.: Al Soberano Congreso

ROTUNDO (José), v.: Campoflores (Seud.).

ROUAUD (Manuel), v.: M. R. (Seud.).

ROUBAUD (Pierre Joseph André), v.: Histoire générale; Le politique indien

ROUCHER (Jean Antoine), v.: Bibliothèque universelle des dames

ROUILLE (Guillaume), v.: Promptuaire des medalles

ROULOX BARO. v.: Rélations véritables

ROUSSEAU (Abbé J. D.), v.: Un ancien professeur de l'Université.

ROUSSELOT DE SURGY (Jacques Philibert), v.: M. R. D. S. (Seud.).

ROUSSELOT DE SURGY (Jacques Philibert de), v.: Mélanges géographiques.

RUELLE (Charles), v.: Claudius (Seud.).

RUIZ (Bernardino), v.: El amante de la Justicia

RUIZ (Pedro), v.: Paráfrasis poética.

RUIZ DE LOS LLANOS (Julio), v.: J. R. de los Ll. (Seud.).

RUY BLAS. Novelas de costumbres chilenas, original de Avece. Santiago.

Seud. de ALBERTO VALENZUELA C.

S

S. A. L. Q. (*Seud. de Samuel A. Lafone y Quevedo*), v.: Libro primero

S. B. (*Seud. de Santiago Baibiene*), v.: El Gobierno Nacional

S. J. C. (*Seud. de José Clementino Soto*), v.: Yapeyú

SAAS (El abate) Col., v.: Nouveau dictionnaire

SAAVEDRA (Osvaldo), v.: Baron de Arriba. (Seud.).

SABATIER DE CASTRES (Antoine), v.: Dictionnaire des origines

SACKVILLE (Lord Germaine, visconde) (?), v.: Juniu's letters.

SAENZ ESCOBAR (José), v.: Dificultad imaginada

SAGARDIA (Juan Antonio), v.: J. A. S. (Seud.).

SAGASTUME (Fidel), v.: A los habitantes de la provincia de Entre
Ríos

SAINT CRICQ (Laurent), v.: Paul Marcoy (Seud.).

SAINT DOMINGUE. Appel a la justice et courtes observations. Par un ancien colon. Paris, 1825, in 8°.

Seud. de A. REVERDI (hijo).

SAINT HILAIRE (Mr. de), v.: M. D. S. H. (Seud.).

SAINT HYACINTHE. Trad. v.: Vie et aventures de Robinson; Vie et aventures suprenantes.

SAINT JOHN DE CREVECOEUR (J. Hector), v.: Auteur des Lettres d'un cultivateur américain, y Un Membre adoptif de la nation Oneida (Seuds.).

SAINT MICHEL (Maurile), Búsquese por Maurile.

SAINTARD, v.: M*** (Seud.).

SAINTARD, v.: Essai sur les colonies; Roman politique; Lettres d'un citoyen.

SAINTE FOIX (Ph. Aug. de), v.: Histoire du commerce.

SAIVE (B. de), v.: D. S. (Seud.).

SALAVERRI (Vicente A.), v.: Anton Martín Saavedra (Seud.)

SALAZAR (Juan de Dios), v.: La clave...

SALUSTIO DE NAPIA Y MAZARINO (Seud. de Amador Cordero de Austria), v.: Corcovos de la idea

SALVADOR DE LA FOSA (Seud. de Matías Calandrelli), v.: Lecciones de alta clínica

SALVAIRE (Padre), v.: Un sacerdote de la Congregación de la Misión.

SALZMANN (Frid. Rudolfo), v.: Tables chronologiques.

SAM FORMEY (J. H.), v.: Un citoyen prussien (Seud.).

SAN ANTONIO (Agustín de), v.: Lamentación Jurídica

SAN SEVERINO, v.: Vies des hommes et des femmes

SANCHEZ (Enrique), v.: Adolfo Alsina

SANCHEZ (Fortunato A.), v.: F. A. S. (Seud.).

SANCHEZ (Z.), v.: La frontera Argentino-Chilena

SANCHEZ NEGRETE (Antonio), Publ. v.: Cuestión Misiones

SANCHEZ VIAMONTE (Julio), v.: Reseña biográfica del general

SANSON CARRASCO (*Seud. de Daniel Muñoz*), v·: Colección

SANTINI (François), v.: Nouvel atlas géographique

SANTINI (P.), v.: Nouvel atlas géographique

SANTISIMO SACRAMENTO (Lorenzo del), v.: Lamentación jurídica.

SANTOS DE QUIROS (Mariano), v.: Adición

SANTOS MORALES (José de los), v.: Proyecto de un banco hipotecario

SARMIENTO (C.), v.: Bases fundamentales

SARMIENTO (Domingo Faustino), v.: "El Censor"; Un Amigo del señor General Paunero. (Seuds.).

SARMIENTO (Domingo Faustino), v.: ¿A quién rechazan y temen?; Una sentencia con cuerpo.

SARMIENTO (Domingo Faustino), Trad., v.: Una puerta.

SASTRE (Marcos), v.: Cartas a Genuaria.

SATANAS (*Seud. de Adolfo Isaac Alegría*), v.: El libro; La luz en las tinieblas.

SATIRAS ESPIRITISTAS. Por Castigat Ridendo. Buenos Aires, 1923. (Prólogo de Manuel Caro).

> Publican el libro: ISABEL PEÑA DE CORDOBA y ANGEL TASSITANO.

SATISFACCION DEL DEFENSOR de los tontos al señor Don David de Parra y Bedernoton. Santiago.

> Contestación a la "Carta del defensor de tontos" y última pieza de la polémica que provocó el artículo comunicado de RUFINO DE SAN PEDRO que ocultaba a MANUEL SALAS y que apareció en el "Monitor", de 17 de mayo de 1814.

SAUZE (Rodolfo), v.: Número...

SCANNAVECCHIO (F.), v.: A. B. M. (Seud.).

SCENES ET PAYSAGES dans les Andes par Paul Marcoy. Paris, 1861, 2 vols. in 12º.

> Seud. de LAURENT SAINT CRICQ.

SCOTTI (Carlos F.), v.: Abbaco

SCOTTO (José Arturo), v.: Corona Poética

SCHWAB (J. C.), v.: Histoire universelle à l'instruction

SE TIRÓ DE LA MANTA y se descubrieron los ladrones. Memoria sobre el proyecto de destruir los cuerpos religiosos, presentada por los prelados de la Orden de Predicadores a la asamblea nacional de Francia, que puede servir muy bien de respuesta al periódico "Centinela", de Buenos Aires. Córdoba, 1824, in 4º.

> Su autor: Fray JOSE MARIANO SERRANO.

SECONDE LETTRE a M****, conseiller au Parlement de ***** sur
l'édit du roi d'Espagne pour l'expulsion des Jésuites [1767],
in 12º.

Autor: D'ALEMBERT.

SECONDS (el P.), v.: Etat canonial.

SECRET HISTORY; or the horrors of St. Domingo, in a series of
letters, written by a Lady at Cape François to colonel Burr,
principally during the command of General Rochambeau. Pri-
ladelphia, 1808, in 12º.

Seud. de Miss HASSALL.

SEGOVIA (Lisandro), v.: Colección de datos y documentos

SEGUNDA RECONVENCION al "Americano". El uno nada. Y el
otro ni aun eso. [Buenos Aires, 1819], in 4º.

Suscrito por "El que sigue empachado con la merienda",
seud. de FRANCISCO DE PAULA CASTAÑEDA.

SEGUNDO HUARPE (Seud. de Narciso S. Mallea), v. Cuentos cortos;
Medicina de agujeros.

SEGUNDO PRUVONENA (Seud. del Dr. Fernando Casós), v.: Romance contemporáneo...

SELVA (Manuel), Col., v.: Catálogo metódico de la B. N., tomo VI.

SEMANARIO DEVOTO, u oraciones que han de rezarse en cada día
de la semana por los alumnos del Instituto Nacional. Santiago,
1835, in 18º.

Autor: VENTURA COUSIÑO.

¿SEMPER EGO auditor tantum?. Nunquam ne reponam? Lima, 1814.

Suscrito por "El amante de la justicia", seud. de BERNAR-
DINO RUIZ.

SENILLOSA, v.: Gramática española.

SENSUYT LE NOUVEAU monde et navigations faites por Emeric de Vespuce, Florentin, des pays et isles nouvellemente trouvez, auparavant à nos inconnus, tant en Ethiopie qu'Arabie, Calicut et autres plusieurs régions étranges, translaté d'italien en langue françoise par Mathurin du Redouer, licencié ès loys. Paris [1515], in 4º.

Autor deli libro italiano: ANTONIO FRAOANZANO DA MONTALBODDO.

SEPTENARIO de súplicas a la Divina Justicia interponiendo los Dolores de la Santísima Virgen María para alcanzar conformidad. Interesado en su alcance se lo ofrece Fr. P. N. Z. Año 1817.

Las iniciales corresponden al padre franciscano Fray PEDRO NOLASCO ZARATE, que también solía firmar ORTIZ DE ZARATE.

SERRANO (José Mariano), v. Breves pinceladas

SERRANO (Fray José Mariano), v.: Se tiró de la manta...

SEVERUS (Seud. de Pablo della Costa), v.: Fisiología; Trapos viejos.

SI Y NO acerca de la controversia ultramontana o trasandina, por Bauprés, extremo opuesto de Timón. Valparaiso, 1846, in 4º.

Autor: JUAN BAUTISTA ALBERDI.

SICILIA de Montoya, v.: Guatemala por Fernando VII

SICH VERSAGEN (Seud. de Juan Estevan Guastavino), v.: Al resplandor.

SIGNORA D***. Búsquese: D***.

SIGOURNEY (Lydia H.), v.: Traits

SIMMS (William Gilmore), v.: A Southern; A Southron; The Authour of "Guy Rivers"; The Authour of "The Yemassée" (Seuds.).

SIMMS (William Gilmore), v.: Osceola; Robert: a tale of Carolina.

SIMON (Th.), v.: Amélioration de nos colonies

SIMPLES AMORES. Por Pierre Maël. Buenos Aires, 1903, in 16º.

Seud. de CHARLES CAUSSE.

SIR HENHY MORGAN, the buccaneer. London, 1842, 3 vols. in 8º.

Autor: EDWARD HOWARD.

SKETCHES of travel in the Old and New World. By. G. W. W. Charleston, 1871.

Autor: WILLIAM W. GEORGE.

SKINNER (Joseph), v.: The present state of Peru

SKINNER (Joseph). Trad., v.: Traité sur le venin

SLAVE LAW of Jamaica; with proceedings and documents relating thereto. 1828, in 8º.

Autor: George HIBBERT.

SLOANE (Hans), v.: Histoire de Jamaique

SMALL (William F.), v.: One who served in the campaign of 1846-47 (Seud.).

SMITH (Adam), v.: Fragment sur les colonies

SOBRE-CARTA al ciudadano Pacífico de San Pedro. Santiago.

Suscripta por D. de P. y B. iniciales de DAVID DE PARRA Y BEDERNOTON, anagrama, como ya hemos dichos de BERNARDO DE VERA Y PINTADO. La Sobre-carta fué mencionada nominalmente en el bando del GENERAL OSORIO contra la prensa revolucionaria. (Véase también ''Carta del defensor de tontos'').

SOBRE LA RUTA de la anarquía. Novela libertaria, por Pierre Quiroule. Buenos Aires, in 8º.

Seud. de JOAQUIN FALCONNET.

SOBRY (A.), Trad., v.: Le Méxique en 1823

SOCIOLOGIA CRIOLLA. Profilaxis social y política. (Boceto de una provincia argentina, adaptable a las demás hermanas, por Franklin Harrow. Buenos Aires, 1909.

Seud. de JULIO LEONIDAS AGUIRRE. Se suicidó en Mendoza, su ciudad natal, el 27 de febrero de 1914, a los 40 años de edad.

SODRE (de), v.: C... de S... (Seud.).

SOIREES BERMUDIENNES, ou entretiens sur les evenemens qui ont opére la ruine de la partie française de Saint Domingue. Par F. C*** un de ses précedens colons. Bordeaux, 1802.

Seud. de FELIX CARTEAUX.

SOLÁ (Manuel), v·: Antecedentes sobre cuestión de límites

SOLARI BIDONDO, v.: Carlos Hume (Seud.).

SOLEMNES EXEQUIAS de don Manuel Ignacio González del Campillo, Obispo de la Puebla de los Anjeles. Méjico, 1814, in 4º

Autores: D. L. de MENDIZABAL y F. P. VASQUEZ.

SOLUCION DEL PROBLEMA en la cuestión Capital de la República Argentina. Buenos Aires, 1869.

(El autor parece ser ELEODORO LOBOS.

SOMMAIRE DE LA GEOGRAPHIE des différens âges et traité abrégé de sphere et d'astronomie à l'usage des maisons d'éducation. Lyon, 1807, in 8º.

Autor: el Padre J. N. LORIQUET; se reimprimió con las iniciales A. M. D. G. no como invocación usual sino como iniciales de autor.

SON OF A MILITARY OFFICER (Seud. de Frederick W. N. Bayley), v.: Four years...

SONETOS (Colección completa). Por Numael Ezper. Buenos Aires, 1921, in 8º.

Seud. de MANUEL PEREZ Y PEREZ.

SONETOS JUBILARES. Por Ipandro Acaico. Madrid, 1921, in 16°.

Seud. de IGNACIO MONTES DE OCA Y OBREGON.

SORIA (Pablo), v.: Informe del comisionado de la Sociedad del Río Bermejo

SORPRESAS DE LA VIDA. Novelas cortas. Por María Enriqueta. Biblioteca Nueva, Madrid, in 8°.

Seud. de MARIA ENRIQUETA CARAMILLO DE PEREYRA.

SOSA (Martín T.), v.: M. T. S. (seud.).

SOTO (José Clementino), v.: J. C. S. (Seud.).

SOUTH CAROLINA in the Revolutionary War : being a reply to certain misrepresentations and unistakes of recent writeres in relation to the course and conduct of this State. By a Southron. Charleston, 1853, in 12°.

Seud. de WILLIAM GILMORE SIMMS.

SOUVENIRS DES ANTILLES; Voyages en 1815 et 1816 aux Etats Unis et dans l'Archipel Caraïbe; aperçu de Philadelphie et New York; description de la Trinidad, La Granade [etc., etc.], par M. Paris, 2 vols. in 8°.

Seud. del Barón de MONTLEZUN.

SOUVENIRS D' UN JEUNE voyageur, ou récits et faits remarquables tirés des plus célèbres voyageurs modernes français et étrangers. Recueillis par M. J. O. D. Paris, 1834, in 12°.

Seud. de PIERRE JOSEPH ODOLANT-DESNOS.

SOZA (Mariano C.), v.: Manifestación de los trabajos

SPON (Jacob), v.: De l'usage du caphé

SQUIER (E. G.), v.: Waikna.

STANISLAO AGGAR LANDI (Seud. de Santiago Gandarillas), v.: Carta apologética

STASSART (Goswin-Joseph-Agustin, Baron de), v.: Abrégé élémentaire de géographie; Géographie élémentaire.

STATISTIQUE de Guatemala... son commerce, son industrie, son sol, sa température... Bruxelles, 1840, in 8º, con mapas y grabados.
Autor: OBERT.

STEMDAN, v.: Voyage a Surinam

STEVENS (John), v.: Histoire abrégé d'Espagne.

STICOTTI (Antoine Fabio), v.: Dictionnaire des gens du monde

STORIA DELL'AMERICA in continuazione del Compendio della storia universale del Sig. Conte di Segur. Opera originale italiana. Milano, 1820-1822. 28 vols. in 12º.

> Se incluye aquí, aunque figura en el "Diccionario", para salvar el error de Rich que le dá 29 tomos, y el de Medina que señala como fecha de impresión, 1820|23 y como impresor a la *Sooietá tipografica de' classici italiani* para toda la obra, cuando desde el tomo 22 fué la *Tipografia di Commercio*. Su autor GIUSEPPE COMPAGNONI.

STORK (William) y Bartram (John), v.: A Description of East Florida

STRUBBERG (Friedrich August), v.: In Mexico

STUART (Héctor A.), v.: Caliban (Seud.).

SUARD (Jean Baptiste Antoine), v.: R... (Seud.).

SUITE DU VOYAGE de l'Amérique ou dialogues de M. le baron La Hontan et d'un sauvage de l'Amérique. Contenant une description exacte des moeurs et des coutumes de ces peuples sauvages. Avec les voyages du même en Portugal et en Danemarc, dans lesquels on trouve des particularitez très curieuses, et qu'on n'avoit point encore remarquées. Le tout enrichi de cartes et tignres. Amsterdam, 1704, in 8º.

> Aun cuando Leibnitz creía estos diálogos del mismo LA HONTAN, el autor es NICOLAS GUEDEVILLE.

SUMMAIRE and true discours of Sir Francis Drake's West Indian voyage. Wherein weretaken the townes of Sain Jaga, Sancto Domingo, Cartagena and Saint Agustine. London, 1589, in 8º.

Autor: THOMAS CATES.

SUPLEMENTO a la Gaceta del Gobierno. Nº 46. Lima, 1821.

Autor: BERNARDO MONTEAGUDO.

SUPLEMENTO a la segunda amonestación. Manifiesto de Carancho contra el uno y el otro abogado del "Americano". [Buenos Aires, 1819].

FRANCISCO DE PAULA CASTAÑEDA, bajo el seudónimo de Carancho, ataca en este folleto al abogado del Americano JUAN C. LAFINUR.

SUPLEMENTO a la tercera amonestación. Segundo Manifiesto de Carancho. Buenos Aires, 1819, in 8º.

Seud. de Fray FRANCISCO DE PAULA CASTAÑEDA.

SUPPLEMENT a la "Maniere d'écrire l'histoire", ou reponse a l'ouvrage de M. l'abbé de Mably, par M. G*** de L. B*** [Paris], 1784.

Autor: P. P. GUDIN DE LA BRENELLERIE.

SUPPLEMENT au "Dictionnaire historique" de l'abbé F. X. de Feller, formant la suite de la nouvelle édition, revue et corrigée sur la 3e. et augmentée de quatre volumes. Paris, 1819, 4 vols. in 8º.

Autores: J. BOCOUS, J. B. L' ECUY, M. J. P. PICOT y otros.

SUPPLEMENT au "Dictionnaire historique et bibliographique portatif", de M. l'abbé Ladvocat. Paris, 1789, in 8º.

Autor: CHARLES GUILLAUME LE CLERC.

SUR LES FINANCES, le commerce, la marine et les colonies. Paris, 1802. 2 vols. in 8º.

Autor: CHARLES E. MICOUD D'UMONS.

SUR SAINT DOMINGUE et des moyens de le rétablir, par J. B. D.
Paris, 1814, in 8°.

Iniciales de J. B. DESMAULANTS.

SYLVIO DINARTE (*Seud. de A. de Escragnolle Taunay*), v. : Historia
da guerra

SYLVUS. Búsquese por Van den Bos o Bosch.

SYLLABAIRE des enfants, v. : Le parterre géographique.

T

T. G. P. (*Seud. de Thomas Galiot, prêtre*), v.: Inventaire de l'histoire.

TABLE ALPHABETIQUE des matières contenues dans les 15 vols. de l'Histoire générale des voyages. París, 1761. in 4º.

Autor: E. M. CHOMPRE. También otra ed. en 4 vols. que comprende los 40 tomos de dicha historia.

TABLEAU CHRONOLOGIQUE de l'histoire universelle, continué jusqu'a ce jour, à l'usage des colléges et des pensionnats. París, 1830.

Autor: JEAN HUMBERT.

TABLEAU DE CAYENNE ou de la Guiane française, contenant des reinseignements exacts sur son climat, ses productions, les naturels du pays, les différents ressources que l'on y trouve. Paris, 1799, in 8º.

Autor: el Visconde GALARD TERRAUBE.

TABLEAU DE LA GRANDE BRETAGNE, de l'Irlande et des possessions anglaises dans les quatre parties du monde. Paris, an VIII (1800), 4 vols. in 8º.

Autor: ALEXANDRE BALTHAZAR FRANÇOIS DE PAULE DE BAERT.

TABLEAU DE LA TERRE, ou exposition de ce que les voyages ont appris de plus remarquable et curieux... Abbeville, 1787, 2 vols. in 12º.

Autor: El Abate DE LAPORTE. (Erróneamente atribuido a L. A. DEVERITE).

TABLEAU DE L'ISLE DE TABAGO, ou de la Nouvelle Oualchre, l'une des isles Antilles de l'Amérique, dépendent de la souveraineté... des Provinces Unies des Pais Bas. Leyde, 1665, in 8º.

El autor: CESAR DE ROCHEFORT, que firma el prefacio.

TABLEAU DES MOEURS américaines mises en comparation avec les moeurs françaises. Paris, 1774, in 8º.

Autor: PEPIN DE DEGROUHETTE.

TABLEAUX SYNOPTIQUES de géographie ancienne et moderne des diverses parties du globe. Coutances, 1822, in 4º.

Autor: el Abate DANIEL.

TABLES CHRONOLOGIQUES pour servir a l'histoire universelle et á celle des Etats de l'Europe. Strasburg, 1774, in 4º.

Autor: FRID. RUDOLF SALZMANN.

TABLES SYNCRONIQUES de l'histoire de France, ou chronologie des princes et Etats contemporains sous les diverses périodes de la monarchie française, pour servir de suite á toutes les histoires de France. Par M. de V. Paris, 1818, in 8º.

Iniciales de J. B. VIENOT DE VAULBLANC.

TABLETTES GEOGRAPHIQUES contenant un abrégé des quatre parties du monde et un dictionnaire géographique des villes, abbayes, ordres militaires, chevaleries, etc., par le M. de C. Paris, 1725, in 8º.

Iniciales de LOUIS CHASSOT DE NANTIGNY.

TÁCITO (*Seud. de Manuel Blanco*), v.: El secreto.

TALES of a traveller. By Geoffrey Crayon.

Seud. de WASHINGTON IRVING.

TALLER DE LABORES Rosa Anchorena de Ibáñez. Dirigido por las Hermanas de la Merced del Divino Maestro. Buenos Aires, 1904, in 8º.

Lo firma PLACIDO MARIN.

TANEBLO PACAT (O.), búsquese por O. Taneblo Pacat.

TAPIA ZENTENO (Carlos de), v.: Arte novíssima de lengua Mexicana

TASSITANO (Angel), v.: Sátiras espiritistas

TASTU, v.: "Dictionnaire des girouettes"

TELEMETRO del Cap. Aubry. Trad. del francés por R. B. A., Valparaíso, 1900.
Traductor: BEAUGENCY.

TELLEZ (Soc. Jes.), v.: Récueil de divers voyages.

TEMA para una novela trágica. Sin fecha. Una serie de seis cartas de Angela a Marcela.
Autor: ALEJO I. DE MARQUIEGUI.

TENIENTE H. DOSERRES (Seud. de Héctor R. Ratto), v.: Mar de leva.

TENREYRO (Porfirio G.), v.: Ordenanza y estudio.

TEORIA Y PRACTICA de la justicia. Por René Leglond. Buenos Aires, 1925 (?).
Seud. de BARTOLOME MORESSINO.

TERCERA AMONESTACION al muy reverendo padre fray "Americano". Buenos Aires, 1819.
Lo suscribe "El que sigue empachado con la merienda y con síntomas de apoplegía", es decir, Fray FRANCISCO DE PAULA CASTAÑEDA.

TERNAUX-COMPANS, v.: Notice statistique sur la Guyane.

TERRY (José A.), v.: Informe de la comisión...

TESSIER (Henri Alexandre), v.: Avis aux cultivateurs

TH. ARMIN (*Seud. de Marine Witter*), v.: Das alte Mexico

TH. BENTZON (Trad.), *(Seud. de Mme. Ch. Blanc)*, v.: Récits Californiens

THAMES (José Ignacio), v.: Manifiesto del Congreso

THE AMERICAN. By An American in London. London, 1833, in 12º.

Seud. del Rev. C. COLTON.

THE AMERICAN Atlas; containing the following maps. New York [1796].

El grabador fué A. ANDERSON, y el recopilador el mismo impresor JOHN REID.

THE AMERICAN Mariners: or Atlantic Voyage. A moral poem. Prefixed is a vindication of the American Character, from the aspersions of the Quarterly Reviewers... Salisbury, 1822, in 8º.

Autor: JOHN DAVIS.

THE AMERICAN rebellion... By An American Citizen. London, 1861.

Seud. de J. VICTOR ORVILLE.

THE AUTHOR of "Guy Rivers" (*Seud. de William Gilmore Simms*), v. The Yemassee

THE AUTHOR of "The Yemassee" (*Seud. de William Gilmore Simms*) v.: The Lily and the Totem

THE BRITISH EMPIRE in America, containing the history of the discovery, settlement, progress and present state of all the British Colonies, on the Continent and Islands of America. With various maps. London, 1708, 2 vols. in 8º.

Aunque la dedicatoria está firmada por J. OLDMIXON, la obra se atribuyó a HERMAN MOLL, que preparó los mapas. Sin embargo, en la segunda edición (1741), aparece con el nombre de aquel autor que parece fué el verdadero.

THE DIPLOMACY of the United States; being an Account of the Foreign Relations of the country, from the Treaty with France in 1778, to the Treaty of Ghent in 1814, with Great Britain. Boston, 1826, in 8º.

Autor: THEODORO LYMAN.

THE GEOGRAPHICAL, natural and civil hitory of Chili. By abbé Ignatius Molina. Translated by An American Gentleman.

El seudónimo encubre a RICHARD ALSOP.

THE GEOGRAPHY of America and the West Indies. London, 1841, in 8º.

El autor principal de esta obra, que se reimprimió en 1845 con el título "America and the West Indies geographically described", fué GEORGE LONG.

THE GOLD fields of California, and struggles to win gold there and in England... By Grace Angove. 1868-9.

Seud. de Mrs. GRACE MICHELL.

THE HISTORY of Louisiana, particulary of the cession of that colony to the United States of America, with an introductory essay on the constitution and governement of the United States. By Barbé Marbois. Translated from the french by An American Citizen. Philadelphia, 1830, in 8º.

Seud. de WILLIAM BEACH LAWRENCE.

THE HISTORY of maritime and inland discovery... Búsquese en Histoire générale des voyages

THE INNOCENTS abroad or the new pilgrims progress. By Mark Twain. Leipzig, 1879, 2 vols. in 8º.

Seud. de SAMUEL LANGHORNE CLEMENS.

THE LAW of Chili as to the marriage of non catholics. By An Advocate. Valparaiso, 1880.

Su autor es HENRY GOOD,

THE LILY and the Totem, or, the Huguenots in Florida. A series of sketches, picturesque and historical, of the colonies of Coligni, in Nort America, 1562-1570· By the Author of "The Yemassee", "Life of Marion", "Life of Bayard" etc. New York, 1850.

Seud. de WILLIAM GILMORE SIMMS.

THE LIVE of St. Thomas of Villanova and St. Francis Solano, Apostle of Perú, of the order of St. Francis. London, 1847, in 12º.

COURTOT es el autor de la vida de San Francisco Solano.

THE PRESENT STATE of Peru; comprising ist geography, topography, natural history, mineralogy, commerce, the customs and manners of its inhabitants... etc., etc. The whole drawn from original and authentic documents, chiefly written and compiled in the Peruvian Capital.... London, 1805, in 4º.

Prefacio firmado por JOSEPH SKINNER. Se trata de una mala traducción extractada de "El Mercurio Peruano".

THE PRESENT STATE of this Magesties Isles and territories in America, viz. Jamaica, Barbadoes, St. Chrestophers, Nevis, Antego, S. Vincent, Dominica, New Jersey, Pensylvania, Monserrat, Angiulla, Bermudas [etc.]. With new maps of every place. London. 1687.

Autor: RICHARD BLOME.

THE PRESENT state of Colombia; containing an account of the principal events of its revolutionary war; the expeditions fitted out in England to assis in its emancipation, etc. By An Officer late in the colombian service. London, 1827.

El seudónimo es de FRANCIS HALL.

THE PROCEDINGS of the Governor and Assembly of Jamaica, in regard to the Maroon Negroes: published by order of the Assembly. To which is prefixed, an Introductory Account, containing observations on the disposition, character, manners; and habits of life, of the Maroons, and a detail of the origin, progress and termination of the later war between those people and the white inhabitants. London, 1796, in 8º.

Autor: EDWARDS BRYAN.

THE QUESTION between Chili and Bolivia. Exposition of the Minister of Foreign Relations of Chili of the motives which justify the Resumption of the territory, comprised between the 23^{td} and 24^{td} parallel of south latitude. Valparaiso, 1872.

(Véase lo que se dijo en: ''Question Chileno-Bolivienne,

THE SHIPWRECK and adventures of Monsieur Pierre Viaud, a native of Bordeaux, and Captain of a Ship. Translated from the French By Mrs. Griffith. London, 1771, in 8°.

Autor: J. G. DUBOIS-FONTANELLE.

THE SIMPLE COBLER of Aggawarn in America. Willing to help' mend his Native Country, lamentably tattered, both in the upper Leather and sole, with all honest sitches he can take. And as wiling never to bee paid for his work; by Old English wonted pay. It is his Trade to patch all the year long, gratis. Therefore Ipray Gentlemen keep your purses. London, 1647.

Autor: NATHANIEL WARD.

THE SON OF A MILITARY OFFICER, búsquese por: Son...

THE YEMASSEE. A romance of Carolina. By the authour of ''Guy Rivers'', Martin Faber'', etc... New York, 1835, 2 vols, in 12°.

Las primeras ediciones aparecieron en esta forma de seudónimo, las posteriores con el nombre del autor WILLIAM GILMORE SIMMS.

THESPIS (Seud. de Carlos Octavio Bunge), v.: Los colegas

THIM (Seud. de Emile Daurand Forges), v.: Histoire générale...

THOMPSON (Guillermo) [Colaborador de Stedman], v.: Voyage a Surinam.

THOUGHTS on the state of the American Indians. By A Citizen of the United States. New York. 1794.

Seud. de SILAS WOOD.

TIBY (Paul Alexandre), v.: Notices statistiques

TIERRA ADENTRO. Sierras de Córdoba. Excursiones por los departamentos Anejos Norte, Punilla, Cruz del Eje y Minas. Artículos publicados en parte; compilados, corregidos, aumentados y editados por Ashaverus. Buenos Aires, 1897.

Seud. de MANUEL J. APARICIO.

TIMAJEFF Y DE RIFFE, v.: Cours préparatoire d'histoire.

TIMON (Seud. de Louis Marie de La Haye, Vicomte de Comenin), v.: Fuego! Fuego!

TIMOTEO (Seud. de Washington P. Bermúdez), v.: Baturrillo Uruguayo; Una broma.

TOBAGO. Insulsae caraibicae in America sitae fatum, etc. Hagae-Comit, 1705.

Su autor es J. C. PRAETORIO.

TOMAS BATHATA (Seud. de Eduardo Ladislao Holmberg), v.: Viaje de un maturrango.

TONTI (El Caballero de), v.: Relations de la Louisiane

TORNQUIST (E.), v.: La conversión de hecho

TORO MELO (David), v.: Catálogo de los impresos

TORRES SALDAMANDO (Enrique), v.: Biografía del Jeneral Flores

TOUCHARD LAFOSSE (G.), v.: Une Société de Gens de lettres (Seud.)

TOURET (Vincent du), v.: Examen sur toutes les cartes

TOUSSAINT, v.: Grammaire géographique...

TRAICTÉ de la navigation et des voyages de decouverte et conqueste modernes, et principalement des François. Histoire de la première descouverte et conqueste de Canaries. Faite des l'an 1402, par Messire Jean de Bethencourt... Escrite du temps mesme par F. P. Bontier... et Jean le Verrier... et Mise en lumiére par M. Galien de Bethencourt. Plus un traité de la navigation... le tout recueilli de divers autheurs... Paris, 1629-30, in 8º.

Autor: PIERRE BERGERON.

Se reimprimió como introducción de los "Voyages faits principalement en Asie", de Van der Aa.

TRAITÉ ELEMENTAIRE DE GEOGRAPHIE astronomique, naturelle et politique: ouvrage aprouvé par la Convention nationale. Paris, an VI (1798), in 8º.

Autor: E. H. GARNIER DESCHESNES.

TRAITÉ GENERALE du commerce de l'Amérique v.: Le commerce de l'Amérique.

TRAITÉ SUR LE VENIN de la vipère, sur les poisons américains, sur le laurier-cerise et sur quelques autres poisons végétaux... Par M. Félix Fontana. Florence et Paris, 1781, 2 vols. in 4º.

El traductor del italiano al francés fué JUAN DARCET. Se tradujo también al inglés por JOSEPH SKINNER.

TRAITÉ USUEL du chocolat; édit. rédigée par l'éditeur. Paris, 1812, in 8º.

Autor: P. JOSEPH BUCHOZ.

TRAITS of the Aborigines of America. Cambridge, 1822, in 12º.

Autora: Mrs. LYDIA H. SIGOURNEY.

TRAPOS VIEJOS. Por Severus. Buenos Aires, 1886, in 8º.

Seud. de PABLO DELLA COSTA.

TRATADO SOBRE LA LEY de desahucio con inserción de sus referencias y el texto por separado. (Por M. A. L., según la "advertencia"). Lima, 1873.

Seud. de MIGUEL ANTONIO LAMA.

TRAVELS IN LOUISIANA and the Florida in the year 1802. Translated from the French with notes by John Davis. New York, 1806, in 8º.

Según Medina es traducción de la obra "Vues de la colonie espagnole du Mississipi". (Véase "Vues"). Su autor BERQUIN DUVALLON.

TRELLES (Manuel Ricardo), v.: Indice del Archivo

TREMOLO. Por Almafuerte. Buenos Aires, in 8º.

Seud. de PEDRO B. PALACIOS.

TRISTAN (*Seud. de Manuel Rogelio Tristany*), v.: La cristiana

TRISTANY (Manuel Rogelio), v.: Un solitario en América; Tristán Seuds.).

TRIVIGIANO (Angelo), v.: Libretto di tutta la navigatione

TRUMBULL (Henry), v.: A. Citizen of Connecticut (Seud.).

TRUXILLO (Manuel María), v.: Relación instructiva

TUNENS (Antoine de), v.: Orelie Antoine 1er.

TURMEAU DE LA MORANDIERE, v.: Appel des étrangers

TUSSAC (F. R. de) v. Auteur de la flore des Antilles (Seud.)

TWO ENGLISHMAN (*Seud. de Rivington y Harris*), v.: Reminiscences

U

UDAONDO (Enrique), v.: E. U. (Seud.).

UDAONDO (Enrique), v.: La Independencia

ULTIMO pensamiento. Por Pierre Maël. Buenos Aires, 1903, in 16º.
Seud. de CHARLES CAUSSE.

ULLOA (Ambrosio), v.: V. Jura (Seud.).

ULLOA (Bernardo de), v.: Rétablissement des manufactures.

UM BRAZILEIRO DEVOTO DE S. HUBERTO (*Seud. de Francisco Adolfo de Varnhagen*), v.: A caça no Brazil.

UM SOCIO DO INSTITUTO HISTORICO DO BRAZIL, NATURAL DE SOROCABA (*Seud. de Francisco Adolfo de Varnhagen*), v.: Historia geral do Brazil

UN AMERICAIN (*Seud. de Auguste Anicet Bourgeois*), v.: Christophe Colombo.

UN AMERICANO (*Seud. de Bernardo Monteagudo*), v.: Al bello sexo peruano

UN AMERICANO (*Seud. de Francisco de Paula González Vigil*), v.:
Defensa de la Iglesia

UN AMERICANO (*Seud. de José Damián Ceballos Guerra*), v.: Consideraciones sobre la América.

UN AMERICANO (*Seud. de Servando Teresa de Mier y Noriega*), v.:
Consideraciones sobre la América

UN AMERICANO DEL SUR (*Seud. del Dr. Palacio*), v.: Bosquejo de la revolución...

UN AMIGO DE LA JUSTICIA (*Seud. de Angel Navarro*), v.: El General Paz

UN AMIGO DEL SEÑOR GENERAL PAUNERO (*Seud. de Domingo F. Sarmiento*), v.: Publicación hecha por...

UN AMIGO SUYO [de Espora] (*Seud. de Agustín Wright*), v.: Noticia del señor coronel...

UN ANCIEN ADMINISTRATEUR (*Seud. de Kermellec*), v.: Lettres a M· le Comte de...

UN ANCIEN COLON (*Seud. de A. Reverdi hijo*), v.: Saint Domingue.

UN ANCIEN PROFESSEUR DE L'UNIVERSITE (*Seud. de J. D. Rousseau*), v.: Abrégé de géographie

UN ANCIEN PROFESSEUR D'HISTOIRE (*Seud. de J. G. Peeters*), v.: Petites biographies

UN ANTIGUO VECINO DE ESOS PAGOS (*Seud. de César Adrogué*), v.: Notas históricas

UN ARGENTINO (*Seud. de Henri Papillaud*), v.: Las relaciones.

UN ARGENTINO AMIGO DE LOS SERVIDORES DE LA PATRIA (*Seud. de Gregorio Funes*), v.: Biografía del doctor...

UN ARGENTINO FEDERAL (*Seud. de Antonino Reyes*), v.: Clamor y protesta

UN BIBLIOPHILE (*Seud. de Pierre Deschamps*), v.: Dictionaire

UN BIBLIOPHILE RUSSE (*Seud. de Poltoratzky*), v.: Anonymes et pseudonymes.

UN BOURGEOIS DE NEW HAVEN (*Seud. de Ant. Nic. Caritat, marquis de Condorcet*), v.: Recherches historiques et politiques.

UN CAMPAGNARD (*Seud. de De Thier Neuville*), v.: Le maïs

UN CITADIN (*Seud. de Chambon*), v.: Le Commerce de l'Amérique

UN CITOYEN ADOPTIF DE PENNSYLVANIE (*Seud. de J. E. Bonnet*), v.: Réponse aux principales...

UN CITOYEN DE VIRGINIE (*Seud. de Felipe Mazzei*), v.: Recherches historiques et politiques

UN CITOYEN PRUSSIEN (*Seud. de J. H. Sam Formey*), v.: Encyclopédie portative.

UN CIUDADANO ARGENTINO (*Seud. de Félix Frías*), v.: La República Argentina a los 37 años.

UN CIUDADANO DE AQUEL PAIS (*Seud. de Juan B. Alberdi*), v.: La República Argentina treinta y siete años después...

UN CIUDADANO DE ULTRAMAR (*Seud. de José de la Riva Agüero*), v.: Ligera idea del abandono.

UN COLON DE SAINT DOMINGUE (*Seud. de Berquin Duvallon*), v.: v.: Recueil de poésies

UN COLON DE SAINT DOMINGUE (*Seud. de Duval Sanadon*), v.: Discours.

UN CONTEMPORANEO (*Seud. de Claudio Mamerto Cuenca*), v.: El doctor D. José M. Gómez de Fonseca

UN CORONEL MAYOR DEL EJERCITO (*Seud. (?) de Dauxion Lavaysse*), v.: Opinion de los publicistas.

UN DE LEURS COMPATRIOTES (*Seud. de Juan Pablo Viscardo y Guzmán*), v.: Lettre aux Espagnols...

UN DEPORTÉ NON JUGÉ. Búsquese por Barbé de Marbois.

UN DES SUSDITS PERES [Carmes de la province de Touraine] (*Seud. de Maurile de S. Michel*).

UN DRAMA PASIONAL (La tradición de Santa Felicitas), por Oscar C. Bermúdez. Buenos Aires, 1906.

Su autor es OCTAVIO C. BATOLLA.

UN ECCLESIASTIQUE ORIGINAIRE DE CETTE MESME TEPRE (*Seud. de Paulmyer*), v.: Memoires touchant...

UN ENTUSIASTA DEL AUTOR (*Seud. de Fernando de Castro*), v.: El ingenioso Hidalgo.

UN ERROR económico. La conversión del papel en 1883. Buenos Aires, 1885, in 8º.

Artículos publicados, bajo el seudónimo de HILL, por JUAN JOSE LANUSSE, en "El Diario".

UN EX IRIGOYENISTA (*Seud. de Luis A. D'Abreu*), v.: El Dr. Bernardo...

UN H. DE LAS E. E. C. C. (*Un hermano de las Escuelas Cristianas*), v·: Geografía de Chile; Pequeño compendio. Búsquese también por H. E. C.

UN HABITANT OBSCUR DE L'ANCIEN HEMISPHERE (*Seud.
de Antoine Nicolás Caritat, marquis de Condorcet*), v.: Recherches historiques

UN HABITANTE DE ESTA CIUDAD. Búsquese en Cives (*Seud. del
dean Gregorio Funes.*).

UN HEREJE y un musulmán: México hace trescientos años. Novela
histórica por Natal del Pomar. México, 1870, in 4º.
Seud. de PASCUAL ALMAZAN.

UN HERMANO de las Escuelas Cristianas... v.: Geografía de Chile;
Pequeño compendio de historia de Chile.

UN HOMBRE DEL PUEBLO (*Seud. de Santiago Elejalde*), v.: Actualidad política.

UN HOMBRE FELIZ. Poema en dos cantos por R. P. [Buenos Aires,
1883], in 8º.
Iniciales de ROBERTO PAYRO.

UN INCONNU (*Seud. del barón Eberstein*), v.: Remarques critiques

UN JEFE AMANTE DE LAS GLORIAS DE SU PATRIA (*Seud.
de Jerónimo Espejo*), v.: Compendio de las campañas...

UN LITERATO ALEMAN (*Seud. de Roberto Marlov*), v.: La Odisea.

UN MATRIMONIO NULO. Primera parte. Breve exposición de ante-
cedentes· Buenos Aires, 1884.
El autor es un antiguo médico argentino, según NAVARRO
VIOLA, que no dá el nombre.

UN MEMBRE ADOPTIF DE LA NATION ONEIDA (*Seud. de J.
Héctor Saint John de Crevecoeur*), v.: Voyage dans Haute
Pensylvanie.

UN OBSERVADOR (*Seud. de Julián Segundo Agüero*), v.: Impugnación.

UN OBSERVATEUR, AMI DE LA PAIX,... (*Seud. de Albert*), v.: Des veritables causes...

UN OBSERVATEUR RESIDENT SUR LES LIEUX (*Seud. de Berquin Duvallon*), v.: Vue de la Colonie.

UN OFFICIER DE L'ARMÉE ROYALE (*Seud. de Thomas Anbury*), v.: Voyages dans les parties interieures de l'Amérique

UN OFFICIER DE L'ETAT MAJOR DE L'ARMEE (*Seud. de Armand Levasseur*), v.: Evénements qui ont précédé.

UN PADRE MODELO. Por David Christie Murray. Traducido del inglés por Arodio - El - Efo. (Biblioteca del Hogar). Buenos Aires, 1896, in 8º.

El seudónimo del traductor corresponde a RODOLFO DILLON.

UN PAISANO DE LA PROVINCIA DE SAN JUAN (*Seud. de Tadeo Rojo*), v.: Jurisprudencia constitucional

UN PARISIEN dans les Antilles; Saint Thomas, Puerto Rico, La Havane, la vie de province sous les tropiques. Par Quatrelles. París, 1883.

Seud. de ERNESTO L'EPINE.

UN PATRIOTA (*Seud. de Gregorio Funes*), v.: La voz de la libertad.

UN PERUANO (*Seud. de Antonio Terán de González*), v.: Carta de...

UN PETIT MOT sur les colonies. La France possede des colonies á sucre et elle en retirera encore des denrées coloniales. París, An. VIII, 1800), in 4º.

Autor: E. MILLOT.

UN PORTUGUES (*Seud, de P. O. Pinault*), v.: Réfléxions

UN RUSSE (*Seud. de Pierre Polétika*), v.: Aperçu de la situation intérieure...

UN SACERDOTE de la Congregación de la Misión (*Seud. del P. Salvaire*), v.: Historia de Nuestra Señora de Luján

UN REPUBLICANO (*Seud. de Angel Justiniano Carranza*), v.: Bosquejo histórico

UN SOLITARIO EN AMERICA (*Seud. de Manuel Rogelio Tristany*). v.: La Argentiada

UN SUBRECARGUE (*Seud. de Nonay*), v.: La verité sur Haïti

UN SUISSE (*Seud. de Girod Chantrans*), v.: Voyage d'Un Suisse

UN THABORIANO (*Seud. de Felipe Masias*), v.: El examen comparativo

UNA ACLARACION. Iquique, 1872, in 4º.

Firmado por CONRADO DE LA BORDA, JOSE S. G. DE PRADA, BENJAMIN RAMOS y CALIXTO VIZCARRA.

UNA AUTO NOVELA tapatía. Por V. Jura. Guadalajara, 1908, in 16º.

Seud. de AMBROSIO ULLOA.

UNA BILLETERA. (Del natural). Por V. Jura. Guadalajara, 1907. in 16º.

Seud. de AMBROSIO ULLOA.

UNA BROMA de César. Comedia en cuatro actos y algunos cuadros vivos, escrita en verso y en idioma nacional. Por Timoteo. Montevideo, 1881, in 8º.

Seud. de WASHINGTON P. BERMUDEZ.

UNA CONMEMORACION a bordo de la "Richmond". Buenos Aires, 1895, in 8º.

Autor: ANJEL JUSTINIANO CARRANZA.

UNA DOCENA de cuentos por Onateyac. Con prólogo de don Rafael Delgado. México, 1900, in 8º.

Seud. de CAYETANO RODRIGUEZ BELTRAN.

UNA PUERTA ha de estar abierta o cerrada. Por Alfredo de Musset. Buenos Aires, 1886.

Traductor: DOMINGO F. SARMIENTO. (Esta edición ofrece la particularidad de haberse tirado sólo en seis ejemplares).

UNA SENTENCIA con cuerpo de delito y sin reo, sin rey, sin ley, sin delito, sin fuero, sin tradición, sin verdad, sin efecto. Autor (que lo firme el diablo, cuando las papas queman).

El autor fué el General DOMINGO FAUSTINO SARMIENTO.

UNE CREOLE DU PORT AU PRINCE (Seud. de L· A. Ravinet, née Mozard; o Laurette Marie Mozard), v.: Memoires d'une créole...

UNE SOCIETE DE GENS DE LETTRES (Seud. de G. Touchard Lafosse), v.:Dictionnaire chronologique et raisonné.

UNE SOCIETE DE GENS DE LETTRES (Seud. de Henri Louis Coiffier de Verseux), v.: Dictionnaire bigraphique et historique

UNE SOCIETE DE GENS DE LETTRES (Seud. de J. P. Costard, Nic. Fallet y Contant), v.: Dictionnaire universel, historique...

UNE SOCIETE DE GENS DE LETTRES (Seud. de Louis Prudhomme), v.: Dictionaire universel, géographique.

UNE SOCIETE DE GENS DE LETTRES (Seud. de L. Mayeul Chandon), v.: Nouveau dictionnaire...

UNE SOCIETE DE GENS DE LETTRES ET DE CULTIVATEURS (Seud. de Ch. M. Boutier), v.: Leçons élementaires).

UNE SOCIETE DE GENS DE LETTRES ET DE SAVANTS *(Seud· de Eusébe Girault)*, v.: Encyclopédie des jeunes étudiants.

UNE SOCIETE DE GEOGRAPHES *(Seud. de Louis Prudhomme)*, v.: Dictionnaire géographique, historique.

UNE SOCIETE DE GIROUETTES *(Seud. de Alexis Eimery o tal vez de César de Proisy d'Eppes)*, v.: Dictionnaire des girouettes

UNE SOCIETE DE PROFESSEURS ET DE GENS DE LETTRES *(Seud. de Adrien Jarry de Mancy)*, v.: Dictionnaire historique a la Franklin

UNE SOCIETE DE SAVANS ET d'HOMMES DE LETTRES *(Seud. de H. Caritat)*. v.: Bibliothéque Américaine.

UNIVERSAL HISTORY by Peter Parley. New York, 1850, 2 vols. in 12°.

Seud. de SAMUEL GRISWOLD GOODRICH.

UNO DE LA PLATEA *(Seud. de Samuel Blixen)*, v.: Desde mi butaca

UNO DE SUS DISCIPULOS *(Seud. de Juan María Gutiérrez)*, v.: Noticia sobre la persona.

URIZAR GARFIAS (Antonio), v.: A. U. G. (Seud.).

URIZAR GARFIAS (Mariano), v.: Representación al presidente.

URQUIZA EN LA PATRIA NUEVA o Dos gauchos orientales platicando en los montes del Queguay, en el 24 de julio de 1851· Folleto de 32 páginas publicado en la Imprenta del Colegio.

Es obra de HILARIO ASCASUBI.

URQUIZA, su vida, su personalidad y su obra. Buenos Aires, 1911.

La advertencia está firmada con las iniciales J. A. G. C. y F. C. G., que corresponden a los señores JUAN A. GONZALEZ CALDERON y CESAR FLORENCIO GONZALEZ, malogrado fundador y director de la revista "Renacimiento".

US ET COUTUMES de la mer, de la navigation, du commerce naval et contracts maritimes de la jurisdiction de la marine... Bourdeaux, 1647, in 4º. Otra ed. Rouen, 1671, in 4º. Otra ed. (revisada y puesta al día por Pardessus), París, 1847, 2 vols. in 4º.

Autor: CLEIRAC.

USSIEUX (L. d'), v. Trad. Histoire universelle depuis le commencement

V

V. D. C. (*Seud. de Valentín de Cullion*), v.: Examen de l'esclavage.

V. JURA (*Seud. de Ambrosio Ulloa*), v.: Entre dos abismos; La chismografía; Una autonovela; Una billetera.

VACA GUZMAN (Santiago), v.: Comercio de armas; Memorandum.

VALDEZ (Antonio), v.: Los vínculos de Ollanta

VALDES (Rafael), v.: Juan Evangelista Montes de Oca... (Seud.).

VALDES VERGARA (Francisco), v.: Cuestión Chileno Argentina

VALENCIA (Rafael), v.: R. Viacelan (Seud.).

VALENZUELA (Juan), v.: Colección de datos y documentos.

VALENZUELA C. (Alberto), v.: Avece (Seud.).

VALET DE CARREAU (*Seud. de Ernesto Weigel Muñoz*), v.: Congreso de 1886

> Medina, aunque cita la obra omite este seudónimo en el índice correspondiente.

VALET DE PIQUE (*Seud. de Ernesto Weigel Muàoz*), v.: Congreso de 1886

VALLA (Joseph), v.: Dictionnaire historique litteraire

VALLE (Lorenzo del), v.: Contestación al impreso

VALLETTE LAUDUN (Joseph de la). v.: M***.

VAN DEN BOS o BOSCH (en latín Sylvius) (Lambertus) v.: Leben und Thaten; Leeven en daden...

VAN EFFEN· Trad., v.: Vie et aventures de Robinson; Vie et aventures surprenantes.

VARELA (Héctor F.), v.: Juárez y Maximiliano.

VARELA (Héctor Florencio), v.: Orión (Seud.).

VARELA (Luis V.), v.: L. V. V.; Raúl Waleis (Seuds.)

VARELA (Luis V.), v.: Las Provincias

VARGAS (Casimiro), v.: Rasgos biográficos del Illmo...

VARIACIONES sobre temas de costumbres mexicanas. Por Figarete. (2ª ed.), México. 1888, 5 vols, in 8º.

Seud. de BERNABE BRAVO.

VARNHAGEM (Francisco Adolfo de), v.: Um brazileiro devoto de S. Huberto; Un socio do Instituto Histórico do Brazil, natural de Sorocaba (Seuds.).

VASQUEZ (Fr. P.), v.: Solemnes exequias

VASSEUR (Armando), v.: Américo Llanos (Seud.).

VAUGONDY (Roberto de), v.: Grammaire géographique...

VAYSSE DE VILLIERS v.: Adresse de la societé democratique

VEDIA (Agustín de), v.: El teniente general Julio A. Roca; Jacobo Z. Berra.

VEDIA DE MITRE (Delfina), v.: D. V. de M. (Seud.).

VEGA BELGRANO (Carlos), v.: C. V. B. (Seud.).

VEGA GARCILASO DE LA. Búsquese por Garcilaso de la Vega.

VELEZ GUTIERREZ (Bernardo), v.: Leandro Bervez (Seud.).

VELLOZO (José Mariano da Conceição) (Seud. ***), v.: Diccionario portuguez...

VENIDA DEL MESIAS en gloria y magestad. Por Juan Josaphat Ben Ezra. Tomo primero. Compuesto por Juan Josephat Ben Erza. Cádiz, 1812.

Seud. del jesuita MANUEL LACUNZA.

Aun cuando Medina señala el autor de la obra, la incluímos aquí para dejar constancia del error en que incurre en la Biblioteca Hispano-Chilena, al dar como editor argentino a Manuel Moreno, cuando en un erudito y bien fundado estudio el señor PABLO BESSON prueba que fué MANUEL BELGRANO, dato posteriormente confirmado por el reverendo Guillermo Furlong en un estudio publicado en la revista "Estudios" de los P. Pde la S. J. en Buenos Aires, trabajo que es una réplica al Dr. Abel Chaneton.

VERA Y PINTADO (Bernardo de). v.: David de Parra y Bedernoton (Seud.).

VERBIEST (Ferdinand), v.: Voyages de l'empereur de Chine.

VERBO ANDINO (Seud. de Edmundo Gutiérrez), v.: El litigio del Pacífico.

VERDUGO (Manuel José), v.: Clamor de la Justicia; El Patriotismo; La Justicia.

VERLOREN ARBEYT ofte klaar en korthondigh vertoogh van in de Lantstreeke Guyana aan de vaste kuste van Amerika op de river Wiapoca gelegen colonie. Amsterdam, 1678, in 4º.

Autor: GERARDUS DE MEYST.

VERNAZA (Cornelio E.), v·: El amor de un padrasto

VERON DE FORBONNAIS. Búsquese por Forbonnais.

VERSOS RANTIFUSOS. Por Yacaré. Buenos Aires, in 8º.
Seud. de FELIPE H. FERNANDEZ.

VIAJE DE UN MATURRANGO. Por Tomás Bathata. Buenos Aires, 1893.
Seud. de EDUARDO LADISLAO HOLMBERG.

VIAUD (P.) Búsquese por "Effets des passions"

VICTOR GALVEZ (Seud. de Vicente G. Quesada), v.: Memorias de un viejo; Recuerdos de antaño.

VICTORICA (Benjamín), v.: Apuntes biográficos de Monseñor Dr. Juan José Alvarez.

VICTORICA (Julio), v.: El Departamento de Agricultura.

VICUÑA (Claudio), v.: Política chilena.

VICUÑA PEREZ (Alejandro), v.: J. Alvear (Seud.).

VIDAL GORMAZ (F.) v.: Apuntes hidrográficos sobre la costa de Chile.

VIDAL Y ARANDA (Aquilina), v.: El montonero,

VIDAURRE (Pablo de), v.: Advertencias en hecho

VIE ET AVENTURES de Robinson Crusoé, par Daniel de Foe, traduction, corrigée sur la belle edition donnée par Stockdale en 1790, augmentée de la vie de l'auteur qui n'avait pas encore paru (Avec une préface). París, an VII, (1799), 3 vols. in 8º.

Esta novela de DE FOE, traducida por VAN EFFEN y SAINT HYACINTHE, aparece ahora con la vida de DE FOE por autor anónimo. Este fué GRIFFET LABAUME y el del prefacio el Abate de MONTLINOT.

VIE et AVENTURES surprenantes de Robinson Crusoé, par Daniel de Foe. Traduit de l'anglais. Amsterdam, 1720|21, vols. in 12º.

Los traductores franceses fueron SAINT-HYACINTHE y VAN-EFFEN.

Hay otras traducciones de los mismos bajo los títulos: "Aventures de Robinson Crusoé", 1761|82; "Aventures suprenantes de Robinson Crusoé", 1796, etc.

VIENOT DE VAUBLANC (J. B.), v.: M. de V. (Seud.).

VIES DES HOMMES et des femmes illustres d'Italie, depuis le rétablissement des sciences et des beaux arts. Paris, 1767, 2 vols. in 12º. Otra ed. Iverdun, 1768.

Autor: SAN SEVERINO. Traducido por D'AÇARO.

VIES ET AVENTURES remarquables des plus célèbres voyageurs modernes, ou récit anecdotique de leurs courses maritimes ou terrestres; de leurs dangers, de leurs succés, etc. Paris, 1835, 2 vols.

El autor es J. B. J. CHAMPAGNAC, que, como hemos dicho usaba el apellido materno J. B. J. CHANTAL.

VIGIL (Francisco de Paula). v.: Apéndice al opúsculo

VILLALOBOS (Luis de), v.: Lionel Vander (Seud.).

VILLARROEL (Raúl), v.: R. V. (Seud.).

VILLAURRUTIA (Antonio de), v.: Disertación histórico canónica

— 324 —

VILLE (Juan Bautista de), v.: Histoire des plantes

VILLE (Nicolás de), v.: Histoire des plantes

VILLEGAGNON (Nicolás Durand, chevalier de), v.: Historia navigationis

VILLY LOUIS DE, v.: L. D. V. (Seud.).

VINCENS SAINT LAURENT (J.), Trad., v.: Manuel historique du sistema.

VINCENT, cura de Quincey, v.: Dictionnaire des voyages.

VINCHUCO (Seud. de José Luis Murature), v.: Curamalal.

VINDICACION del papel continuación al número 4 del "Censor". [Buenos Aires] 1815.
Firmado por MANUEL VICENTE DE MAZA.

VIÑAS (Jacinto R.), v.: J. R. V. (Seud.).

VIOLET (Juana), v.: Guy de Chantepleure (Seud.).

VIOLIER (Pierre), v.: Le jeu de géographie.

VIRGINIA PAUL DE GUEVARA (Seud. de Vicente Passarelli), v.: Las Chicas

VISCARDO Y GUZMAN (Juan Pablo), v.: Un de leurs compatriotes (Seud.).

VIVANCO (Manuel Ignacio), v.: Algo sobre Yumina

VIVERO (Domingo de), v.: Obispos y arzobispos

VOGEL (Charles), Trad., v.: C. V. (Seud.).

VOGT (Federico), v.: La colonización polaca.

VOLTAIRE, v.: Additions a l'Essai sur l'histoire.

VOSGIEN (*Seud. de J. Bapt Ladvocat*), v.: Dictionnaire géographique portatif.

VOYAGE A LA LOUISIANE et sur le continent de l'Amérique septentrionale, fait dans les années 1794 a 1798. Par B. D***. París, 1802, in 8º.

Seud. de L. N. BAUDRY-DES-LOZIERES.

VOYAGE A SURINAM et dans l'intérieur de la Guiane, par le cacapitaine Stedman; traduit de l'anglais par F. P. Henry. París, 1799, 3 vols in 8º y 1 atlas in 4º.

GUILLERMO THOMPSON fué colaborador de STEDMAN, en la obra.

VOYAGE A TRAVERS l'Amérique du Sud de l'Océan Pacifique á l'Océan Atlantique, par Paul Marcoy. Ilustré de 626 vues par E. Rion, et acompagné de 20 cartes. París, 1869, 2 vols. in 4º.

Seud. de LAURENT SAINT-CRICQ.

VOYAGE AUTOUR du monde fait en 1764 et 1765, dans lequel on trouve una description exacte du détroit de Magellan; traduit de l'anglais par R. París, 1767, in 8º.

Seud. de JEAN PAPTISTE ANTOINE SUARD.

VOYAGE AUX ILES françaises de l'Amérique, par le R. P. Labat, Nouvelle édition, d'après celle de 1722. Paris, 1831.

Esta edición fué publicada por M. CARDINI.

VOYAGES CHEZ LES PEUPLES sauvages, ou l'homme de la nature; histoire morale des peuples sauvages des deux continents et des naturels dss îles de la mer du Sud, par F. Balue; d'après les Mémoires du cit R... París, An IX (1801), 3 vols. in 8º (2ª edición), París, 1808; 3 vols. in 8º).

La inicial corresponde a l'Abbé JEROME RICHARD.

VOYAGE DANS LA HAUTE PENSYLVANIE, et dans l'Etat de New York, par Un Membre Adoptif de la Nation Oneida. Traduit et publié par l'Auteur des Lettres d'Un Cultivateur American. París, 1801, 3 vols. in 8º.

Se trata de una obra original, y su autor fué J. HÉCTOR SAINT JOHN DE CREVECOEUR.

VOYAGE DANS l'AMERIQUE méridionale, a l'intérieur de la côte ferme... depuis 1808 jusqu'á en 1819... Par Julien M*****. Agen, 1823, in 8º.

La inicial corresponda a MELLET. En la 2ª edición (París, 1824), aparece el nombre del autor.

VOYAGES DANS LES PARTIES INTERIEURES DE L'AMERI-QUE, pendant le cours de la derniére guerre, par un officier de l'armée royale, traduit de l'anglais. Paris, 1790. 2 vols. in 8º.

En este el autor, THOMAS ANBURY, se oculta bajo el seudónimo mientras que la edición de 1793 figura como anónima, según creemos; el traductor fué P. L. LEBAS para la de 1790; no figura en la portada.

VOYAGE DANS LES TROIS PARTIES intérieures de l'Amérique septentrionale, en 1766, 1767 et 1768; trad. de l'anglais par M. de C., avec des remarques et quelques additions du traducteur. París, 1784.

Las iniciales M. de C. designan probablemente, según Quérard, a CHANLA, seudónimo del autor en otra obra.
El autor fué JONHATAS CARVER, y el traductor MONTLUCA.

VOYAGE DE CANDIDE fils au pays d'Eldorado vers la fin du XVIII siécle, pour servir de suite aux aventures de M. son pére. París, 1805, 2 vols. in 8º.

Autor: BELLIN.

VOYAGE DE l'AMERIQUE, contenant ce qui s'est passé de plus remarquable dans l'Amérique septentrionale depuis 1534 jusqu'a présent. Amsterdam, 1723, 4 vols.

Autor: BACQUEVILLE DE LA POTHERIE, nativo de Guadalupe y Gobernador de ella.

VOYAGE DES ISLES AMERIQUES. Qui font partie des Indes Occidentales. Et l'establissement des R. R. P. P. Carmes de la province de Touraine en celles. Le tout compose, revue et corrigé par un des susdits Peres, depuis son retour en France, 1651.

Autor: MAURILE DE S. MICHEL.

VOYAGE d'INGLATERRE á la Martinique. París, 1825, in 8°.

Autor: JEAN LOUIS DURIEU.

VOYAGE DU CHEVALIER Des Marchais en Guianne, iles voisines et a Cayenne, fait en 1725|27... Redigé par la R. Père Labat. París, 1730, 4 vols in 12°.

Suivi d'une Rélation sur les missions de la Guianne, par le pére LOMBARD, jesuite, et sur celle des P. P. JEAN GRILLET et FRANÇOIS JEAN BECHAMEL, de la meme société.

VOYAGE d'UN SUISSE dans différents colonies d'Amérique, pendant la dernière guerre; avec une table d'observations météologiques faites a Saint Domingue. Neuchâtel, 1785.

Autor: GIRORD-CHANTRANS.

VOYAGE D'UN PHILOSOPHE, ou observations sur les moeurs et les arts des peuples de l'Afrique, de Asie et de l'Amérique. Londres, 1769.

Autor: POIVRE.

VOYAGE et AVENTURES au Méxique, par Gabriel Ferry. París, 1847, in 12°

Aunque Medina duda entre LUIS DE LA HOMIERE y LOUIS DE BELLEMARE, queda definido que el seudónimo corresponde a este último, colaborador de la "Revue des Deux Mondes", con aquel mismo seudónimo, fallecido en el incendio del "Amazonas", en viaje entre Southampton y América.

VOYAGES et AVENTURES du capitaine Boyle oú l'on trouve l'histoire de Mlle. Villars, avec qui il se sauva de Barbarie... avec la Relation du voyage, du naufrage et de la conservation miraculeuse du sieur Castelman, oú l'on voit une description de la Pensylvanie et de Philadelphie, sa capitale. Traduit de l'anglais, 1730, in 12°

Autor: WILLIAM-RUFUS CRETWOOD.

VOYAGES DE L'EMPEREUR de Chine dans la Tartaríe, auxquels ou a joint une nouvelle découverte au Méxique. Paris, 1685, in 8º.

Autor del viaje: FERDINAND VERBIEST; el de la "Nueva descubierta de México", ISIDORO DE OTONDO.

VOYAGES INTERESSANS dans différents colonies françaises, espagnoles, anglaises, etc., avec des anecdotes singuliéres qui n'avayent jamais eté publiées; le tout redigé et mis au jour d'aprés un grand nombre de manuscrit. Par M. N***. Londres, 1788, in 8º.

Aun cuando esta obra figura en Medina, nos mueven a intercalarla aquí dos razones: 1º Medina la dá simplemente como de BOURGEOIS, cuando, si bien los manuscritos en que ella se basó eran de BOURGEOIS, la obra, aunque hecha a base de ellos, es de PIERRE JEAN BAPTISTE NOUGARET, a quien corresponde la inicial N*** que figura en el libro como seudónimo del autor; 2º porque ni en el índice de iniciales figuran M. N***, ni el nombre Nougaret en parte alguna.

VOYAGES INTERESSANS pour l'instruction et l'Amusement de la jeunesse, dans le gôut du recueil de Campe. Utrecht, 1792, in 8º.

Autor: JACQUES BREZ.

VUE DE LA COLONIE espagnole du Missisipi, ou des Provinces d la Louisiane et Floride occidentale, en l' anne 1802. Par Un observateur résident sur les lieux... B... Duvallon, Editeur. París, An XI, 1803, in 8º Hay otras eds. de París 1804 y 1805.

Medina la señala, pero con el título incompleto, no haciendo figurar en el texto ni en el índice el seudónimo del autor que corresponde a BERQUIN DUVALLON, como casi lo dice el libro. En cuanto a la traducción inglesa que menciona, no la conocemos, pero parece ser la que se titula: "Travels in Louisiana and the Florida", y que hicimos figurar en la letra T.

VUE SUR LE SECOND AVENEMENT DE JESUS CHRIST, ou analyse de l'ouvrage de Lacunza sur cette importante matiere.

Autor: PIERRE JEAN AGIER.

W

WALKER (A.), v.: Columbia.

WAIKMA; or, adventures on the Mosquito Shore. New York, 1855
Con mapas y grabados.
Autor: E. G. SQUIER.

WALTZEEMULLER (Martín), v. Cosmographiae

WARD (Nathaniel), v.: Old English wonted pay (Seud.)

WARDEN (David Bailie), v.: Biblioteca americana; Biblioteca Américo septentrionales.

WARIN THIERRY v.: Briand de Verze.

WASHINGTON. Estudio histórico por Guizot. Traducido del francés
por D. V. de M. Buenos Aires, 1875·
Las iniciales corresponden a la señora DELFINA VEDIA DE
MITRE.

WATKINS (Tobías) y NEAL (John), v.: Paul Allen (Seud.).

WATTEAU (Louis), v.: Quatre ans

WEIGEL MUÑOZ (Ernesto), v.: Valet de Carreau; Valet de Pique
(Seuds).

WELSTEIN (R. G.), Trad., v.: Het Britannische Ryk.

WENTWORTH (General), v.: A Journal of the expedition...

WITTER (Marine), v·: Th. Armin (Seud.).

WULFF (Harold), v.: Ein Ausflug.

WOOD (Silas), v.: A Citizen of the United States (Seud.).

WRIGHT (Agustín), v.: Noticia del señor Coronel...

WURDERMAN (Dr.), v.: A. Physician (Seud.).

WYBICKI (Antoine Joseph), v.: Eléments de la géographie moderne.

WYRWIEZ (Charles), v.: Abrégé raisonné de l'histoire

WYTFLIET (Cornelio), v.: Histoire universelle des Indes

X. B. SAINTINE (Seud. de Joseph Xavier Boniface), v.: Picciola.

YACARÉ (Seud. de Felipe H. Fernández), v. Con toda mi alma; Versos rantifusos.

YOREM TAMEGUA. Novela. [Por] Djed Bórquez. Guatemala, 1923, in 4º.

Seud. de JUAN DE DIOS BOJORQUEZ.

Z

ZACHARIAE (Antonio), v.: Travels

ZACHARY MACAULAY, v.: Haiti...

ZAÑARTU (José Ignacio), v.: Documentos justificativos

ZAÑARTU (Miguel), v.: Cuadro histórico.

ZARATE (Agustín de), v.: Citri (S. D.) Trad.

ZARATE (Pedro Nolasco), v.: P. N. Z. (Seud.).

ZIERHAIM (Ignacio), v.: Histoire de Nicolás; Nicolás premier

ZIMMERMANN SAAVEDRA (Alfredo), v.: A. Z. S. (Seud.).

ZIMMERMANN SAAVEDRA (Alfredo), v.: El ingeniero Zimmermann Resta; Don Cornelio Saavedra; In Memoriam.

ZOGOIBI, por Enrique Larreta.
    ENRIQUE RODRIGUEZ LARRETA usa al escribir solamente el apellido LARRETA.

ZUBIAURRE (Cornelia), v.: La insanía de la señorita...

ZUCCHI (Charles), v.: Angelis (Pedro de), Pensées sur le monument.

ZURITA. Búsquese por José Sáenz Escobar.

*** (*Seud. de Carlos G. Avalos*), v.: Algunos apuntes...

*** '(*Seud. de José Mariano da Conceiçao Vellozo*), v.: Diccionario portuguez.

ADDENDA ET CORRIGENDA

AGIER (Pierre Jean), v. : Propheties concernant Jesús-Christ) ; Vue sur le seconde advenement...

ANGHIERA (Pedro Martyr D'), búsquese por Martir D'Anghiera (Pedro).

ANNALES DE LA SOCIETE des soi-disant jésuites, ou recueil historique chronologique de tous les actes, écrits dénonciations, avis doctrinaux, requêtes, ordonnances, mandements, instructions, pastorales, décrets, censures, bulles, brefs, édits, arrêts, sentences, jugements émanés des tribunaux ecclesiastiques et séculiers, contre la doctrine, l'enseignement, les enterprises et les forfaits des soi-disant jésuites, depuis 1552, époque de leur naissance en France, jusqu'en 1763. Paris, 1764-1769. 5 vols. in 4º.

> Esta obra fué publicada por J. ANTOINE GAZAIGNES y, según algunos, bajo el nombre de EMMANUEL ROBERT DE PHILIBERT.

BERMEJO (Antonio), v. : Informe que la delegación...

BESCHRIJV VAN DE VOLK : Plantingen Zuriname : vertonende de opkomst dier Colonie, de Aambouw en Bewerkinge der Zuiker-Plantagien Neffens de aard der Indianen, enz. Leeuw, 1718, in 4º.

> Autor: J. D. HERLEIN.

CONMEMORACION DE 18 de Junio de 1821. Homenaje a la memoria del patriota Guemes.

Las iniciales corresponden a ANJEL JUSTINIANO CARRANZA.

CORBALAN (Manuel), v.: Documentos

CORONA FUNEBRE del General Necochea. Por Unos Argentinos. Mendoza, 1849.

Seud. de BERNARDO DE IRIGOYEN.

CORONA FUNEBRE del Jeneral Necochea, Lima, 1849.

Autor en parte y recopilador de todo: MANUEL ROS.

DOCUMENTOS sobre la execución de D. Juan José y D. Luis Carreras. Buenos- Ayres, 1818.

Medina da esta obra tomando como portada la primera página del texto y catalogándola como: ''Manifiesto que hace el Gobernador Intendente...''.
El autor fué MANUEL CORBALAN.

F. P. B. (Seud. de Felipe Bransiet), v.: Abrégé de géographie commerciale...

FILOSOFIA ESPIRITUALISTA (figura equivocado el título; aparece como filósofo espiritualista).

GAZAIGNES (J. Antoine), v.: Annales de la société des soi-disant jésuites

HERLEIN (J. D.), v.: Beschrijv. van

HESSELING (D. C.), v.: Het Negerhollands

HET NEGERHOLANDS der Deense Antillen. [Amsterdam, 1905], in 8⁰.

Autor: D. C. HESSELING.

LE MONDE MARITIME, ou tableau géographique et historique de l'archipel d'Orient, de la Polynésie ét de l'Australie, par M. W.....r. Paris, 1813, 3 vols.

Seud. de CHARLES ATHANASE WALKENAER.
En el prefacio se habla extensamente de las condiciones geológicas de la América del Sud.

LEEVEN en daden der doorluchtighste Zee-Helden en ontdeckers van Landen beginnende met Christoffeld Columbus, eynding met M. A. de Ruyter. Amsterdam, 1676.

Autor: LAMBERTUS VAN DEN BOS.

LEROUX (A.), v.: Litterae annua

LITTERAE ANNUA provinciae Franciae societatis Jesu ab oct. 1858 ad oct. 1859. Paris, 1861.

Se deben a A. LEROUX.

M. de B. (*Seud de Charles Fréderic de Behrens*), v.: Histoire de l'expedition...

M. W......r (*Seud. de Charles Athanase Walkenaer*), v.: Le Monde maritime...

MEXICO UND DIE Mexicaner. Darmstadt, 1852, in 8⁰.

Autor: G. SARTORIUS.

NEUE REISE NACH CAYENNE. Oder zuverlässige Nachrichten von d. französischen Guiana. Leipzig, 1802.

Autor el Vizconde de GALLARD TERRAUBE.

SARTORIUS (G.)   v.: Mexico und

WALKENAER (Charles Athanase), v.: M. W.....r (Seud.).

_____

Cerramos esta última página, señalando, solo para que sirva
de indicación a quienes deban manejar el Diccionario de Medina, otros
errores sobre los que no hemos creído necesario insistir por considerar
que ellos se deben más que al autor, a quienes tuvieron a su cargo la
impresión y corrección de la obra.

Yerros de ordenación, falta de nombres en el índice, errores de
número de página, etc., etc.:

TOMO I

Pág. 32 — "Apuntes sobre los principales sucesos..."
El nombre del autor parece ser JOSE MANUEL DE VADI-
LLO y no JOSE MANUEL VADILLO. Hay una edición de Bru-
selas, 1839. no señalada por Medina.

Págs. 49 a 52 — La palabra "Biografía", se halla en pérfecto desorden
alfabético.

Pág. 77 — "Carta", "Cartas", idem.

Pág. 97 — Colomb; ou l'Amérique: poëme y

Pág. 132 — Christophe Colomb, ou l'Amérique découverte, poëme.
No hemos conseguido saber qué significan estas dos citas
concordantes y discordantes.

Pág. 134 — "Découvert (La) des Indes Occidentales...
El autor es BELLEGARDE y no BELLEGRADE.

Págs. 145-146 — Las palabras "Description" y "Descripción", en mal
orden alfabético.

Págs. 165-167 — Las palabras "Doctrina" y "Don.." en mal orden
alfabético.

Pág. 172 — "Ecuador (El) de 1825 a 1875".

En el Catálogo del Museo Mitre, la fecha de imprenta es 1886 y no 1885.

Pág. 185 — "Entendimiento de la memoria...".

ANRIQUE Y SILVA en la "Bibliografía histórica", le dan 167 páginas y formato in 4º, en lugar de las 67, in 8º, de Medina.

Pág. 205 — "Excursion dan l'Amérique du Sud".

Según Barbier "Excursions dans l'Amérique du Sud".

Pág. 205 — "Excursions dans l'Amérique Méridionale".

BARBIER establece que la noticia sobre los salvajes es de WASHINGTON IRVING, es decir, un anónimo que Medina suprime.

Págs. 234, 246 — "Histoire de l'ile de Saint Domingue..." y "History of the island of Saint Domingo...".

No sabemos por qué razón, expresándose que es la segunda traducción de la primera se da como autor de una a CHARLES MALO y de otra a JAMES BASKET, errando, además, data y número de página.

TOMO II

Pág. 50 — "Manifiesto que hace el Gobernador Intendente...".

Ya hemos dicho que Medina da el principio del texto como portada, por lo cual pasa a "Documentos...", etc.

Pág. 58 — "Martin Hylacomylus...".

Ya que solo se dice: Por D'AVEZAC, pudo, para identificar mejor al autor, decirse MARIE ARMAND PASCAL D'AVEZAC MACAYA.

Pág. 61 — "Mémoires sur l'Afrique et l'Amérique".

Medina, al copiar a Barros Arana sin confrontar con el libro, incurre en el mismo error de título que aquél. El vedadero es: "Memoires sur l'Amérique et sur l'Afrique.Donnés au mois d'avril 1752. s||l., 1752, in 4º.

Págs. 248, 250 — "Summa" y "Sumarias", orden alfabético errado.

Pág. 270 — "Valbuenismos y Valbuenadas..."

Tiene 47 páginas y no 32.

Pág. 304 — "C. de la B.". El seudónimo es "Madame C. de la B.".

Pág. 305 — "E. G. D.", debe decir pág. 231 y no 230.

Pág. 307 — "J. A. G.", debe decir pág. 29 y no 28.

Pág. 309 — "M. Vice Cónsul...", debe decir "M. T. Vice Cónsul".

Págs. 313-314 — El orden alfabético es un laberinto.

Pág. 314 — "Buqcellos", en lugar de II, 95, debe decir I, 45.

Pág. 315 — Daniel: "Eduardo García".
Debe decir: EDUARDA MANSILLA DE GARCIA.

Pág. 316 — "El Pensador...", donde dice "Joaquín" debe decir "José Joaquín".

Pág. 321 — "Santos Vega", donde dice "Enrique R. Rivarola", debe decir "Enrique E. Rivarola".

Pág. 329 — "Biddle", donde dice II, 66, debe decir II, 60.

Pág. 329 — "Borde", donde dice 232, debe decir II, 232.

Pág. 332 — Falta "Falkner (Th.)", I, 146.

Pág. 334 — "Jenyns (Soane)", debió ir al índice de seudónimos y no a este.

Este
libro acabóse de
imprimir en Buenos Aires
el 5 de diciembre de 1928
en la imprenta de Nicolás Rondinone
habiéndose tirado 5 ejemplares en
papel Japón —I al V— firmados por el autor, fuera de
comercio; y 245 en
papel pluma nu-
merados del 1
al 245